무례한 복음

무례한 복음

CULTURAL CHRONICLE 2008~2009

이택광의 쾌도난마 한국문화

일러두기

1. 『무례한 복음』은 도서출판 난장과 지은이가 '한국문화 연대기'를 체계적으로 기록할 필요가 있다는 점에 공감해 공동으로 기획한 "이택광의 쾌도난마 한국문화" 시리즈의 첫 번째 권이다. 본서에 수록된 모든 글들은 지난 2007년 12월 4일부터 2009년 2월 13일까지 지은이의 공식 블로그 '이택광의 WALLFLOWER'에 실린 글들에 바탕을 두고 있다. 각 글의 맨 위에 적힌 날짜는 해당 글의 토대가 된 블로그 포스트가 작성된 날짜를 뜻한다.

2. 연대기라는 특성상, 해당 사건의 전후 맥락을 일목요연하게 보여줄 필요가 있다고 판단될 경우에는 별도의 사건일지를 작성해서 본문에 삽입했다. 또한 읽는이들의 이해를 돕기 위해 주요 용어 등도 설명해놓았다.

3. 인명, 지명, 작품명은 국립국어원이 2002년 발간한 『외래어 표기 용례집』을 따랐다. 단, 이미 관례적으로 쓰이는 표기는 그대로 따랐다.

4. 해외 정기간행물이나 단체의 이름은 관례적으로 쓰이는 표기법이 있는 경우를 제외하고는 우리나라 말로 옮겼다.
   예) *The Economist* →『이코노미스트』, *The Socialist Register* →『사회주의 연감』

5. 단행본·전집·정기간행물·팸플릿·영상물 등에는 겹낫표(『 』)를, 논문·논설·기고문·단편·미술 등에는 홑낫표(「 」)를 사용했다.

나의 문화비평

내게 문화비평은 생선회를 뜨는 '일' 같다. 뼈에서 살을 발라내 한 겹씩 물기를 제거하고 배열하는 것, 거기에 문화비평의 묘미가 있다. 쟁반 위에 놓인 살은 더 이상 '생선'이 아니라 '회'로 거듭난다. 생선은 사라지지만 입을 즐겁게 하는 맛이 태어난다. 회가 살아 있지 않다고 투정 부리는 사람은 없을 테다. 문화비평은 간장과 초장을 버무린 알싸하고 고소한, 죽은 생선의 맛을 위해 칼끝을 겨누는 행위이다.

본격적으로 한국 문화를 비평해온 지 이제 햇수로 10여 년이 되어간다. 『한국 문화의 음란한 판타지』라는 문화비평서를 발간한 지도 대략 일곱 해 전의 일이다. 『민족, 한국 문화의 숭고대상』이라는 작은 책도 내긴 했지만, 그건 '민족'과 '한국 문화'의 관계를 해명하기 위한 조금 긴 논문 같은 것이어서 쫀득쫀득한 문화비평의 맛이 떨어지는 편이었다. 뭐니 뭐니 해도 문화비평은 번개처럼 빠르면서도 천둥처럼 둔중한 사유의 반전을 줄 수 있는 '짧은 글'이어야 한다.

내가 최고로 치는 문화비평 중 하나가 롤랑 바르트의 『신화들』이다. 냉철한 시선, 정확한 자세, 기발한 발상은 바르트의 전매특허이자 문화비평의 모범이라고 할 수 있겠다. 바르트의 비평처럼 숨어 있는

문화의 구조를 드러내는 것은 즐거움이다. 그러나 이 작업에서 문화비
평이 멈춘다면, 그것은 그냥 저냥 글쓰기에 지나지 않을 것이다. 바르
트처럼 서늘하다가도 뜨겁게 '개입'해야 할 사안들이 있기 때문이다.
요컨대 나는 문화적인 것에서 정치적인 것을 발굴해내는 것을 문화비
평의 사명이라고 생각한다.

주목해야 할 점은, 바르트의 문화비평이 '구조주의'라는 이론에
대한 반성을 통해 나온 실천의 산물이라는 사실이다. 이런 사실에서
문화비평의 본분이 어디에 있는지를 확인할 수 있을 것이다. 문화비평
은 이론의 자기지시성을 벗어나서 그 이론의 대상을 현실로 돌려 세우
는 실천적이고 수행적인 작업이라고 할 수 있다. 이런 맥락에서 미국
의 문화비평가 프레드릭 제임슨은 문화적 실천의 순간을 포착해서 기
록하고 논평하는 현장 문화비평가들이야말로 문화연구자들에게 고마
운 존재라고 말한 적이 있다. 그러나 제임슨의 말이 암시하듯이, 시시
때때로 발생하는 문화현상을 추적하고 분석하는 것은 쉬운 일이라고
보기 어렵다. 이렇게 쉽지 않은 일을 능력도 부족한 내가 맡겠다고 나
선 것이 과욕일지도 모른다.

1990년대에 문화연구가 들어온 이래 한국에서도 다양한 문화비
평가들이 활동했다. 문화비평의 특성상 아카데미즘과 저널리즘이 서
로 뒤섞여서 그랬는지, 초기 문화연구의 도입 시절은 가히 한국 문화
비평의 황금기라고 부를 만큼 뜨겁게 달아올랐다. 학문적 훈련을 받은
이들이 대거 현장 문화연구와 비평작업에 뛰어든 것도 이때였다. 현실
문화연구와 문화과학이 현실에 적극적으로 개입하며 구체적인 문화
정치를 도모했고, 또하나의문화도 탈식민주의와 페미니즘적인 관점

에서 현장 문화비평과 문화연구를 결합하는 작업을 수행했다. 강내희와 조한혜정 같은 학자들이 한국 사회의 문제에 문화비평을 통해 개입했던 과정은 지금 생각해도 가슴 설레는 사건이었다고 할 수 있다. 일본어에서 중역된 사회과학 서적을 통해 어설프게 외국의 담론을 접하던 시절이 가고 바야흐로 한국의 언어로 한국 사회의 문화를 논하는 르네상스가 도래한 것이다.

그 생소하지만 경이로웠던 경험에 이끌려 나는 문화비평을 글쓰기의 목표로 삼는 현재의 삶을 선택했다. 문화연구가 태동한 영국으로 유학을 간 것도 이 때문이었고, 한 이론가만 논문에서 다루라는 지도교수의 충고를 무시하고 문화이론의 계보학을 몽땅 다루는 만용을 부린 것도 이 때문이었다.

물론 문화에 대한 관심은 훨씬 이전부터 나를 유혹하고 있었다. 그러나 나는 구체적으로 그것이 '문화연구'를 통해 해결할 수 있는 문제라는 것을 몰랐다. 어떻게 생각하면, 문화비평으로 나를 인도한 경험들은 고등학교 시절부터 잠재해 있었다고 할 수 있다. 지금도 내 기억의 한 편에 자리 잡고 있는 에피소드가 있다. 볕 좋은 어느 봄날이었다. 방과 후 교실에 남아 잡담을 나누던 우리 중 하나가 "도대체 입센의 『인형의 집』을 왜 명작이라고 하는지 모르겠어. 아무리 생각해봐도 '아름다운 작품'은 아닌데 말이야"라고 질문을 던졌다. 여학생들에게 '간지'나게 보이려고 어쭙잖게 철학책과 문학책을 읽으며 자기도 모르는 말을 떠들어대곤 했던 우리는 앞 다퉈 그 말에 대답해보려고 했지만 쉽지 않았다. 시간이 한참 흐른 뒤에야, 숱한 '이론'의 숲을 배회한 뒤에야 나는 어렴풋이 답을 찾을 수 있었다. 내가 문화비평가 노릇을 자임하고 나선 건 이런 궁금증을 가진 이들이 많을 것 같다는 다소 순진한 추측 때문이었다.

2008년은 나에게 하나의 전환기처럼 읽혔다. 노무현 정부를 거치면서 한국 사회는 급격하게 보수화됐고, 모든 사회적 모순을 '노무현 탓'으로 만들어버리는 '발화구조'가 발생했다. 물론 이 구조는 종래의 정치공학이나 사회학을 통해 해명할 수 없는 '복잡한 욕망의 변증법'을 물씬 함유하고 있었다. 그래서 어떨 때는 천사 같던 대중이 돌연 악마처럼 변신하는 현상을 속속 목격할 수 있었다. 합리적 이성이나 논리적 분석보다 감정과 정서의 판단을 우선시하는 '낯선 윤리'가 출현했고, 나는 이런 현상의 해명을 우선 과제로 삼았다.

사실 영국에서 학위를 마친 뒤 연구원으로 남을 가능성을 버리고 귀국을 결정한 원인 중 하나가 한국 문화의 특수성을 분석하고 싶었기 때문이다. 이런 특수성은 한국 사회의 자본주의 구조와 무관한 것이 아니었다. 나는 이 특수성의 규명을 통해 문화연구라는 성벽에 벽돌 하나를 얹을 수 있을 것 같다고 생각했던 것이다. 민주주의를 지지하는 대중이 박정희에 대한 숭배를 용인하는 상황이 좋은 예이다. 대표적인 것이 1987년 6월 항쟁에 대한 보수주의자들과 보수언론의 평가였다. 민주주의를 완성했으니, 이제 경제발전을 통해 선진화를 달성하자는 이들의 부흥회에 꼭 빠지지 않는 것이 바로 박정희 식 경제발전이라는 '신앙 간증'이었다.

이 '무례한 복음'은 2008년 자연인 이명박을 대통령으로 만드는 결정적 역할을 했다. 모두가 '경제'를 외쳤고, 그 외중에서 '정치'는 오롯이 사라졌다. 종적을 감춘 정치는 2008년 촛불에서도 복귀하지 않았다. 오히려 기성의 정치와 정치인은 거부당하고, 10~20대 소녀들과 직장여성들이 새로운 정치적 주체로 출몰했다. 이들을 촛불로 이끈 것은 인터넷이었지만, 미국 정치학자 조지 카치아피카스가 지적하듯이 인터넷만으로 이들이 거리에 나선 것은 아니었다. 카치아피카스의 말처럼, "촛불시위는 새로운 테크놀로지가 아니라 인간의 의지와 상상력에 더 밀접한 것"이었기 때문이다. 미국도 "한국만큼이나(혹은 더 많이) 컴퓨터 관련 장치들이 있지만 촛불시위에 상응하는 운동을 일으키지 못했다"는 지적은 그래서 의미심장하다.

나는 카치아피카스가 언급하는 의지와 상상력을 해명할 수 있는 사유방식 중 하나가 인문학적 문화비평이라고 생각한다. 주체를 해명하고, 정치적인 것을 가장 효과적으로 분별해낼 수 있는 감식안이 문화비평을 통해 나올 수 있다는 확신을 나는 그동안 다시 시작한 한국 생활에서 깨달을 수 있었다. 이런 나를 두고 몇몇은 '방외자'라는 딱지를 붙이기도 했고, 이론적 현학에 취한 '엘리트주의자'라고 평가하기도 했다. 그러나 영화 『숏버스』에 나오는 뉴욕 시장의 대사처럼, "나는 최선을 다했을 뿐이다."

이 책을 묶는 데 결정적 역할을 한 사람은 이재원 씨이다. 책 만드는 것 못지않게 책 쓰는 것도 즐기는 이재원 씨의 맑은 눈이 없었다면 이 책은 세상에 나올 수 없었을 것이다. 발터 벤야민의 말처럼 "기억은 그것을 환기하는 사람의 이미지"를 드러내야 한다면, 이재원 씨가 바로 이 책을 쓴 '다른 저자'의 이미지일 것이다.

2009년 7월
이택광

| 차례 |

제1부

정치를 넘어선 경제/ 정치적인 것의 종언

경제를 정치에서 떼어놓는 것은 일반적인 부르주아 정치의 전략이었다. 그러나 정치와 분리되어, 정치 자체보다 더 정치적으로 바뀐 경제라는 괴물은 이제 자신을 낳아준 그 부르주아 정치를 집어삼키고 있다.

12.04.

◎ 1. 이상한 대선

2007년 제17대 대통령선거(이하 대선)의 판도는 과연 완전한 보수의 승리인가? 이 질문에 "그렇다"고 대답할 이들이 많을 듯하다. 보수주의를 상징하는 정당에서 후보가 두 명(이명박, 이회창)이나 나왔고, 여론조사에서 이들이 얻고 있는 지지표가 반수를 넘고 있으니 이렇게 대답하는 게 크게 틀린 건 아닐 테다. 그러나 이런 판단은 다소 막연하다는 생각이 든다. 겉으로 보이는 구도가 감추고 있는 다른 무엇이 있는 것 같기 때문이다.

확실히 이번 대선은 뭔가 이상하다. 특정 후보에 대한 지지율이 온갖 파란에도 요지부동이었기 때문이다. 이 해괴한 상황을 해명해줄 실마리가 바로 이회창 후보의 출마라고 한다면 좀 생뚱맞을까? 그러나 이회창 후보의 등장과 그에 대한 지지야말로 이 이상한 대선 판도를 이해할 수 있는 하나의 문을 열어준다. 이회창 후보의 출마를 대통령직에 눈이 먼 '노욕'의 산물로 보는 건 너무 안이한 태도다. 욕심만 낸다고 정치판에서 지지를 획득할 수 있는 게 아니다. 이회창 후보의 출마는 치밀한 정치공학의 계산에 따른 것이다. 이 정치공학이 말하는 현실, 여기에 우리가 알고 싶은 비밀이 숨어 있다.

결론부터 말하자면, 이회창 후보는 한국 보수주의의 위기라는 새로운 국면을 드러내는 증상이다. 왜 위기인가? 이번 대선에서 진보 대 보수라는 진영론에 입각한 대립구도가 전혀 먹혀들지 않고 있기 때문이다. 진보 대 보수는커녕 이번 대선에서 유권자들은 어떤 '정치'도 보려고 하지 않는다. 유권자들에게는 진보든 보수든 정치 자체가 신물난 무엇일 뿐이다.

정치가 신뢰를 잃고 이념마저 실종된 시대, 그래서 유권자들은 '정치인'처럼 보이지 않는 특정 후보에게 몰표를 던지려고 하는 게 지금 대선 판도다. 강준만 교수는 이런 상황을 만든 장본인이 참여정부라고 지적했는데, 크게 틀린 말은 아니다. 참여정부는 보수주의와 대결하기 위해 진보의 언어를 즐겨 사용했지만, 실제로 행한 일들은 많이 달랐다. 이게 결정적으로 참여정부에 대한 신뢰를 접도록 만들었다는 게 강준만 교수의 요지다.

그러나 참여정부의 불찰은 진보진영에 대한 신뢰 상실에만 그치지 않는 것 같다. 정치와 정치인 전반에 대한 신뢰 상실이 이번 대선 판도를 뒤덮고 있기 때문이다. 정치를 믿지 않는 유권자들이 지금 매달려 있는 마지막 동아줄이 경제다. 이런 상황은 보수진영도 위기에 빠뜨리고 있다. 유권자들은 이명박 후보가 보수주의를 대표하기 때문에 지지하는 게 아니라 가장 친경제적 인물처럼 보이기 때문에 지지할 뿐이다. 이회창 후보의 출마는 이런 경제주의의 '무개념'을 껄끄럽게 여긴 일부 보수세력이 불편한 심기를 드러낸 사건이라고 할 수 있다.

이회창은 한국에서 더 이상 보수주의가 제대로 작동하지 않는다는 사실을 보여준다. 탈냉전 이후 지역감정에 의지해서 근근이 생명력을 연장해왔던 보수주의의 절박한 자기존재 증명이 바로 이회창인 것이다. 물론 이렇게 반문할 수 있다. 아니, 그렇다면 이명박 후보는 보수가 아니란 말인가. 대답은 이렇다. 보수가 아니라는 게 아니라 진보와 대결하면서 작렬하는 그 보수의 스펙터클이 없는 것이다. 이명박 후보는 진보와 대립하지 않는다. 이런 사실은 한국에서 통용되고 있는 그 '진보'의 상이 자본주의체제에 내장되어 있는 '해방적 속성'과 일치해왔기 때문이다.

자본주의는 근본적으로 권위주의나 이기주의에 적대적이다. 권위주의에 대한 반발은 '개혁'이라는 이름으로, 이기주의에 대한 비판은 '박애'라는 이름으로 자본주의를 치장한다. 불평등한 구조를 용인하는 한에서 자본주의는 진보적이다. 지난 10년간 이른바 한국의 민주화세력은 이런 자본주의의 진보성을 자신의 정체성으로 추인해왔다. 그 결과가 이렇게 요지부동한 이명박 후보에 대한 지지율로 나타났다고 보는 게 옳다. 한국의 유권자들은 지금 우리가 알고 있는 '그' 보수주의를 지지하는 게 아니다. 이들은 자본주의의 '불평등한 진보성'을 지지하고 있을 뿐이다. 말하자면, 이명박 후보가 가장 친자본주의적 인물로 비치기 때문에 절대적 지지를 보내고 있는 것이다. 부패와 반부패라는 고전적 판 가르기가 잘 먹혀들지 않는 것도 이 때문이다. 한국의 자본주의는 법을 위반하는 자에게 쾌락을 선사한다. 이걸 시장의 왜곡이라고 훈계했던 게 참여정부였다면, 유권자들은 왜곡이야 있든 말든 즐겁기만 하면 그만이라고 외치고 있는 것이다.

이회창은 이런 상황에 대한 한국 보수주의의 대응이다. 이회창이 대변하고자 하는 그 이데올로기의 종언이 임박했다는 걸 그의 출마가 역설적으로 보여준다. 그러나 아이러니하게도 그 이데올로기를 쓸모 없게 만든 원인은 우리가 알고 있는 '그' 진보가 아니라 자본주의 자체 였다. 이런 상황은 보수 대 진보라는 구도를 넘어 한국 사회가 다른 어 딘가로 가고 있다는 사실을 암시하고 있다. 그곳이 천국일지 지옥일지 아직 아무도 모르는 것 같지만 말이다.

보수주의도 하나의 정치이념이다. 경제는 진보든 보수든 모든 정 치이념과 적대적이다. 참여정부가 진보를 표방하면서 시장주의적 개 혁개방에 열을 올린 건 이런 경제의 탈정치성이 보수주의를 무력화시 킬 수 있을 것이라고 생각했기 때문이다. 한미 자유무역협정(FTA)을 추진한 참여정부의 논리가 바로 이것이었다. 그리고 그 결과는 진보와 보수의 차이를 없애버린 것. 아이러니하긴 하지만, 이회창의 대선 출 마는 이 차이를 다시 복원하기 위한 보수세력의 시도인 셈이다. 그러 나 이미 진보라는 한쪽 날개가 무력해져버린 상황에서 이회창 식 보수 주의의 차별화가 가능할지는 모를 일이다. 정치 대 경제, 이것이 대선 을 보는 또 다른 관전 포인트였던 것이다.

◎ 2. '경제'라는
SF괴수물

결국 BBK라는 맥거핀은 작동하지 않았다. 대선 최후의 흥행은 무산됐다. 정책도 없고 공약도 없다. 오직 '경제'라는 주박이 짙게 드리워져 있다. 그러나 굳이 따지자면 경제도 아니다. 경제는 그냥 핑계고 실제는 복수다. 자본주의가 부여하는 즐거움을 다시 돌려받고 싶다는 강렬한 욕망이 이런 복수심과 엮여 있다. 복수와 보상이라는 두 축 사이에서 지지율은 요지부동이다. 이 코드를 이해하지 못했으니 BBK가 작동하지 않을 걸 예측하지 못했을 테다. 지금 대중은 인식론을 포기했다. 그래서 남은 것이 '윤리'인데, 이게 아주 낯선 것이다. 이전까지 윤리일 수 없던 것이 갑자기 윤리 행세를 하기 시작했다. 이게 바로 "살 놈만 살게 하자"는 슬로건이다.

모든 문제는 이렇게 살 놈이 살 수 없는 환경 때문에 발생하는 것처럼 치장된다. 말 많은 입시 문제도 살 놈만 살지 못하게 만드는 정책

탓이다. 이런 정책을 입안한 취지나 목적은 언급되지 않는다. 취지와 목적이 틀렸다면 그것부터 바로 잡아야 할 텐데 관심이 없다. 사정이 이러니 BBK의 진실 같은 게 궁금할 리가 없다. 거대한 포퓰리즘의 덩어리가 되어버린 정치라는 괴물은 진실 같은 건 먹지도 않는다. 이렇게 2007년 대선에서 정치는 완전히 사라졌다. 그 흔했던 지역주의도 색깔 논쟁도 철지난 음풍농월이다. 대통령후보 토론회가 무슨 개그콘서트 같아 보이는 것도 새삼스럽지 않다.

오죽했으면 중도우파임을 자임하는 송호근 같은 이도 "21세기 대한민국이 추구해야 할 '시대정신'이 뭔지 헷갈린다"고 했을까. 시대정신도 이념도 사라져버린 대선 판도에서 후보들은 지금 '바겐세일' 중이다. 이런 상황을 도대체 어떻게 봐야 할까. 매장했다고 믿었던 좀비들이 돌아오고 대중은 귀를 막고 정치인의 말을 듣지 않는다. 보는 관점에 따라 다르겠지만, 이 상황이야말로 한국 부르주아 정치의 위기를 증언하는 것이 아니고 무엇이겠는가. 이회창 후보의 출마에서 확인할 수 있듯이, 냉전이념으로 지탱해왔던 이른바 한국의 '정통 보수'라는 이들조차 이 상황에 위기감을 드러내고 있다.

도대체 이 위기는 어떻게 출현한 건가. 경제를 정치에서 떼어놓는 것이 일반적인 부르주아 정치의 전략인 걸 감안한다면, 한국이라고 해서 별반 다르지는 않을 것이다. 정치와 경제를 분리시킴으로써 부르주아는 지배체제의 안정을 도모했다. 결국 이런 전략은 부르주아 정치인들 내부의 경쟁 속에서 서로 상대방보다 자신을 돋보이게 하기 위한 정쟁의 도구로 사용됐고, 이 과정에서 '훌륭하게' 경제는 정치로부터 분리됐다. 말하자면, 정치인들은 그 누구보다도 자신이 정치에서 벗어나 경제에 가까이 서 있는 인물이라고 앞 다퉈 선전했던 것이다. 그 결과가 바로 오늘 우리가 목격하고 있는 정치의 종언이다.

이 거대한 탈정치의 소용돌이를 만들어낸 주역 중 하나가 부르주아 정치계로 입문한 386정치인들이다. 방법이야 어떠했든, 386정치인들은 자신들이 20대에 추구했던 부르주아 정치의 소멸이라는 '역사적 소명'을 다한 셈이다. 물론 이 소명을 완성시키기 위해 이들은 스스로 자멸해야 했다. 2007년에 우리가 목격하고 있는 '이상한 대선'은 이제 정치와 분리되어, 정치 자체보다 더 정치적으로 바뀐 '경제'라는 괴물을 주인공으로 한 SF괴수물이다. SF에서 과학적 합리성이 생명의 법칙을 넘어선 괴수를 만들어내듯이, 이른바 경제제일주의라는 '합리적 논리'가 정치 없는 경제라는 괴물을 태어나게 만든 것이다. 이 괴물은 이제 자신을 낳아준 그 부르주아 정치를 집어삼키고 있다.

따라서 2007년 대선에서 누가 대통령이 될 건지를 논하는 건 그렇게 중요한 문제가 아니다. 앞으로 한국 사회의 운명을 판가름할 전환기는 대선 이후에 올 것이기 때문이다. 우리가 관심을 기울여야 할 건 대선이 아니라 대선 이후의 정국이다. 총선을 말하는 게 아니다. 총선은 이를 보여주는 하나의 징후에 불과할 것이다. 한국의 부르주아 정치를 지탱해왔던 정당들이 산산이 부서졌다가 새롭게 뭉칠 것이다. 정책의 차이를 만들어낼 수 없는 조건에서 어떤 정당도 자신의 정체성을 지키기는 힘들다. 말 그대로 '한 자리' 하기 위한 이합집산 이상도 이하도 아닐 공산이 크다. 이런 상황에서 부패 대 반부패 같은 고전적 코드는 통하지 않는다. 사실 부패 대 반부패는 민주 대 반민주의 경우처럼, 전형적인 개발도상국형 전선 구분이다. 한국에서 이런 전선이 더 이상 형성되지 않는 건 분명 흥미로운 현상이다. 이건 현실에서 부패가 사라졌기 때문이 아니라, 더 이상 부패를 부패로 인식하지 않기 때문이다. 투기를 투자로 여기고, '재테크'를 삶의 철학으로 받아들여 버린 한국 사회에서 부패는 이제 생활의 일부다. 한국의 대중은 이미 부패가 제공하는 그 향락의 맛을 알아버린 터이다.

상황이 마냥 암울한 건 아니다. 부르주아 정치가 위기를 맞고 있는 이 시기에 필요한 게 뭔지 진지하게 고민해볼 필요가 있다. 이 공백은 분명 무질서와 혼란을 낳겠지만, 또한 새로운 정치세력을 위한 기회도 보장할 것이다. 민주노동당이 이런 상황에서 무기력한 건 여러모로 우스꽝스러운 일이다. 여전히 낡은 틀에 갇혀 있는 한, 민주노동당은 편안한 과거의 안식처를 벗어날 수 없을 것이다. 민주노동당도 부르주아 정치에 혼수나 두고 있을 형편이 아니다. 이 탈정치의 소용돌이에서 살아남을 '정치인'은 없다. 부르주아 정치의 위기와 그 공백을 새로운 민주주의 정신으로 채워 넣지 않는다면, 어떤 일이 벌어지겠는가. 우리가 영원히 정치를 잃어버리기 전에, 필요한 건 새로운 정치, 다른 사회에 대한 비전이다. 이 차이를 어떻게 설득하느냐에 따라 미래는 우리에게 다른 얼굴을 보여줄 것이다.

BBK 주가조작 사건일지

2007년   (8월 20일) 대통합민주신당, 2000~2001년 역외펀드 계좌 등 38개 계좌를 동원해 주가를 조작하고 자금을 유용한 투자자문회사 BBK의 김경준 대표(위 사진 가운데)와 이명박 후보와의 공모 의혹 제기.

(10월 20일) 이명박 후보, 모든 의혹을 부인하며 당시 공금횡령, 자금세탁, 문서위조 혐의로 미국에서 재판 중이었던 김경준의 한국 내 소환과 처벌을 주장.

(11월 16일) 김경준, 미국에서 한국 수사당국에 인계되어 한국으로 입국.

(11월 18일) 검찰, 주가조작과 횡령 등의 혐의로 김경준 구속.

(12월 6일) 검찰, 이명박 후보의 무혐의 공식 발표.

(12월 17일) 대통합민주신당 등, 검찰 수사결과에 반발해 'BBK 특검법'을 국회에서 통과시킴.

2008년   (2월 21일) 특검팀, 이명박 대통령 당선자 무혐의 처리.

2009년   (5월 28일) 대법원, 주가조작·공금유용·명예훼손(이명박 후보에 대한 허위사실 유포) 등으로 기소된 김경준에게 징역 8년, 벌금 1백억 원을 선고한 원심 확정.

◙ 3. 경부운하라는 미스터리

무엇 때문에 이명박 당선자와 그의 사람들은 타산성 없는 운하를 파려는 걸까. 수많은 경제학자들이 주장하듯이, 21세기에 운하를 새로 판다는 건 여러모로 경제적이지 않은 일이다. 그런데 이걸 포기하지 않는 까닭은 뭘까. 궁금해서 못 살겠다. 근데 나만 이런 건 아닌 모양이다. 언론들도 이미 이런 궁금증을 표명한 바가 있기 때문이다. 이명박 당선자가 경부운하를 주장한 시기는 1996년으로 거슬러 올라가는데, 이때 세종연구소에서 경부운하 건설에 대한 기본안을 제시했다고 『연합뉴스』를 인용해서 『조선일보』가 보도한 적이 있다. 그리고 2005년 서울시장 재직 시절에도 이명박 당선자는 경부운하에 강한 집착을 보였다. "서울과 부산을 내륙으로 잇는 경부운하를 건설하면 고용창출, 내수확대, 국토 균형발전 등 그 경제성이 놀라울 것"이라는 이유였다.

이 주장을 분석해보면 이명박 당선자는 두 가지 타당성을 지적하는데, 그 첫 번째가 "물류이동 비용을 줄이고 수자원을 확보할 수 있으며 미래 레저산업의 기반"을 조성할 수 있다는 '경제적인 타당성'이고, 두 번째가 "사람들은 기술적인 어려움을 얘기하지만 개인적으로 볼 때 도심 한 가운데서 공사하는 청계천 복원보다 이 운하 건설이 더 쉽다"는 '기술적인 타당성'이다. 그리고 나머지는 비전인데 "내륙의 모든 물자가 바로 수송될 수 있다"는 점과 "전국적인 파급효과를 기대할 수 있으며 미래를 대비하는 것"이 그것들이다.

그러나 이렇게 이명박 정부 측에서 제시하는 타당성은 말 그대로 여러 가지 측면에서 논리적으로 반박당하고 있다. 그리고 그 반박논리가 엉성한 경부운하 옹호론보다 더 야멸치다. 훨씬 설득력 있다는 말이다. 그런데 이명박 당선자와 그의 사람들은 여전히 운하 건설을 포기하지 않고 있는 것처럼 보인다. 어떻게 이런 일이 일어날 수 있을까 의아할 수도 있겠지만, 경부운하는 처음부터 경제논리에 따라 제기된 게 아니라 은밀한 정치적 계산을 통해 만들어진 것이라고 봐야 할 것이다. 『주간동아』의 기사가 말해주는 게 이것이다.

실제로 문경시 곳곳에서는 콘도와 대기업 연수원들이 들어서고 있는 모습이 눈에 띄었다. 이 지역에서 십수 년간 농업에 종사했다는 박경환(43) 씨는 운하에 대한 의견을 묻자 "수몰 지역만 많지 않으면 운하든 뭐든 지역 발전에 도움이 될 것 아닌가?"라고 반문했다. 그간 개발에서 소외된 지역의 한탄, 그 이상도 이하도 아닌 셈이다. 하지만 중앙정치의 흐름을 잘 아는 문경시 관계자들의 반응은 이보다 훨씬 강렬했다. 문경시는 조령천과 주흘산으로 둘러싸인 천혜의 절경을 지녀 운하가 만들어지면 곧장 내륙관광 중심지로 떠오를 수 있을 뿐 아니라, 바지선이 오르내리는 문경리프트까지 설치된다면 그 자체로 훌륭한 관광자원이 될 수 있다는 설명이었다(「물길 지나는 중부내륙 기대는 '넘실' 걱정은 '출렁'」, 『주간동아』, 2008년 1월 22일자).

이런 기대심리는 비단 문경이나 충주 지역에서만 타오르고 있는 게 아니다. 부산과 경남도 만만치 않다. 특히 부산 같은 경우는 아주 오래 전부터 물류 개선의 문제를 낙동강과 연결해서 해결해야 한다는 '진보적' 여론이 들끓던 지역이다. 일제 식민지 시절, 한반도 병참기지화를 위해 급하게 철도를 부설하는 바람에 낙동강을 이용한 효율적인 물류 유통 경로가 만들어지지 못했다는 주장이 오래 전부터 '민족 담론'의 외피를 뒤집어쓰고 논리화되어 있었던 것이다.

경부운하를 반대하는 의견은 이렇게 개발로부터 소외된 지역에서 끓어오르고 있는 복잡한 열망을 타고 넘어야 한다. 한국 사회 전체가 개발의 열망으로 불타오르고 있는데, 이 뜨거운 열기를 잠재울 차가운 논리는 당분간 먹혀들 것 같지 않다. 이재오 한나라당 의원의 운하길 답사는 이런 지역의 열기를 확인하고 서울의 정치인들을 압박하기 위한 퍼포먼스였던 것이다. 이 문제를 어떻게 봐야 할지 아직 정확한 자료는 없다. 정황상 경부운하를 둘러싼 대립은 건설자본과 기타 자본의 대립 정도로 볼 수 있을 것이지만, 한국의 상황에서 이게 말이 되지 않는 게 대기업치고 건설자본을 끼고 있지 않은 경우가 없기 때문이다. 경부운하 건설을 위한 컨소시엄에 참가한 건설기업의 면면을 보면 이걸 알 수 있다. 대우건설, 삼성물산, 현대건설, GS건설, 대림산업 등인데, 결국 이런 사정을 감안한다면 경부운하는 이명박 당선자가 재벌들과 지역 '토호들'에게 주는 종합선물세트인 셈이다. 따라서 본질적으로 이 사업은 지역 주민들의 이해관계를 이용해서 재벌 중심의 축적구조를 여전히 유지하겠다는 발상을 보여주는 것에 불과하다.

이런 근본적 문제에 범국민적 관심이 촉발되지 않는 한, 경부운하 건설을 저지하는 건 거의 불가능할 것 같다. 이 문제는 일정하게 서로 충돌하는 자본의 이해관계를 이해하고 이를 적절하게 활용하는 문제이기도 한데, 이런 흐름을 읽어내고 이들의 약점을 정밀하게 타격하는 것이 과연 지금 한국에서 가능할지 잘 모르겠다. 이건 좀비와 싸워야 하는 처절한 상황이다. 물리면 그냥 전염이다. 이미 이렇게 맛이 간 좀비들이 사람인줄 알고 나돌아 다니는 게 지금 한국이다.

◎ 4. 이명박
　　정부

이명박 정부가 출범했다. 그러나 이명박 정부의 반대자들이나 찬성자들이나 도대체 지금 사태를 어떻게 봐야 할지 모를 애매한 상황에 놓여 있다. 과연 이명박 정부는 무엇인가? 그냥 '사기꾼 집단'이라고 단정해버리는 이들도 있을 것이다. 그렇지만 이건 농담이나 조롱 이상의 의미를 갖지 못한다.

대선 정국에서 작동했던 '먹고사니즘'은 여전히 유효하다. 영국의 유력 경제지 『파이낸셜타임스』(2008년 2월 25일자)에 인용된 지적처럼, "말로 내뱉는 건 상대적으로 쉽지만, 그 내뱉은 생각과 원칙을 시연하는 건 쉬운 일이 아니다." 어쨌든 이런 문제의식에 화답한 이명박 대통령의 일성은 '변화'였다. "익숙한 것이라도 변화에 적응하기 위해 버려야 한다"는 취지의 발언은 그럴 듯하지만, 역시 그 변화의 주체가 누구인지에 따라서 전혀 다른 결과를 낳을 수밖에 없다. 물론 지

2007년 12월 19일 이명박 후보가 총 11,492,389표(48.7%)를 얻어 제17대 대통령에 당선됐다. 이번 투표 참여율은 사상 최저치(62.9%)였으나, 2위인 정동영 대통합민주신당 후보의 득표율(26.1%)과 약 2배 차이가 날 만큼 이명박 후보는 압승을 거뒀다.

금까지 변하지 않으면 죽는다는 한국 부르주아계급의 슬로건은 공염불에 그쳤다. 이 말을 즐겨했던 삼성의 이건희 회장이 고작 한 일이란 게 말로는 변화를 외치면서 뒤로는 그 '익숙한 짓'을 계속한 것뿐이었다는 사실이 요즘 비자금 사건을 통해 잘 드러나고 있지 않은가?

물론 지금 인사청문회를 앞두고 있는 장관들을 봐도 그렇다. 오늘 국회의사당 앞에서 이명박 대통령이 열변을 토한 그 변화를 추진해갈 일꾼이 되기엔 익숙한 것을 버리지 못할 이들이 수두룩하다. '자연'과 '땅'을 구분하지도 못한 채 '시민운동가'라는 명패를 버젓이 달고 환경부 장관 후보에 오른 사람이나, 미국 영주권을 갖고 통일부 장관 후보로 지목된 사람이나, 장관 후보로 올랐다가 논문표절 의혹에 전전긍긍하는 사람이나, 도대체 이명박 대통령의 모토를 실천할 만한 이들이 없는 것 같다. 말하자면, 변화해야 할 이들이 자신은 변하지 않고 죄 없는 국민들한테만 변화를 강요할 가능성이 크다는 뜻이다.

그러나 이런 상황은 이명박 대통령의 마음먹기에 따라서 완전히 다른 방향으로 전개될 수 있다. 변화는 실제로 진보보다 보수에게 더 위협적인 말이다. 보수주의자라는 이명박 대통령의 입에서 나온 말이 변화라는 건 그래서 상당히 의미심장하다. 노무현 정부가 지지를 얻지 못한 까닭은 변화를 못해서 그런 게 아니라, 정작 변화해야 할 이들은 가만 놔뒀기 때문이다. 따라서 이명박 정부의 성패는 이런 변화의 대상과 주체를 어떻게 설정해 밀고 나갈 것인가 하는 문제에 달린 것이다. 이명박 대통령이 어떤 포지션을 취할지는 인사청문회를 거치는 동안 판명나게 될 것 같다.

이명박 대통령이라는 개인은 앞으로 전개될 5년 동안 상수라기보다 변수로 작용할 공산이 크다. 이명박 대통령은 보수층과 한나라당에게 약일 수도 있고 독일 수도 있다. 흥미롭게도 이 상황을 비교적 정확하게 판단하고 있는 이가 극우 언론인 조갑제이다. 『한겨레21』(2008년 2월 13일자)과의 인터뷰에서 조갑제는 "자유선진당이 오른쪽에 있고, 한나라당이 가운데 …… 반북 좌파가 왼쪽에 있게 되면 이게 가장 이상적인 정치구도"라고 하면서, 지금 이명박 정부의 정책이 "좌파정권 안에서 좌우 대결을 하다 보니 자연히 왼쪽으로 끌려간 면"이 있다고 지적했다. 물론 조갑제의 분류법에 따르면 노무현 정부는 '친북 좌파'인 셈인데, 이런 현실 인식에 문제가 있다는 걸 감안하더라도 이명박 정부가 '모든' 보수층의 이해관계를 대변하지 않는다는 사실을 알 수 있는 중요한 단서를 여기에서 발견할 수 있는 것이다.

이명박 정부에 대한 우려는 실제로 『파이낸셜타임스』(2008년 2월 25일자)에서 더 쉽게 찾아볼 수 있다. 이 신문은 한국 관련 기사에서 이명박 정부를 일컬어 '비즈니스 프렌들리' 내각이라고 하지만 사실은 '재벌 프렌들리'에 가깝다고 비꼬는데, 지식경제부 장관으로 이윤호 전경련 부회장을 임명한 것을 그 예로 들면서 "곳간 열쇠를 강도에게 맡긴 격"이라고 개탄하는 서울에 있는 한 사업가의 말을 인용하고 있다. 논평에 실린 에이던 포스터-카터의 글은 더 신랄하다(2008년 2월 18일자). 이명박 정부에 현재의 경제상황을 타개할 정책이 없다는 걸 지적하면서 "지금 서울이 필요로 하는 건 불도저가 아니라 뇌수술"이라고 일침을 놓고 있다. 한마디로, 선동적인 어록soundbites 이나 남발하지 말고 제대로 된 정책sound policy 을 좀 수립하라는 고언이다.

장하준 교수의 『나쁜 사마리아인』을 읽었다면, 『파이낸셜타임스』가 어떤 신문인지 알 수 있을 것이다. 그러나 이 신문의 지적을 틀렸다고 할 수 없는 건, 이명박 정부가 분명히 친재벌정책을 쓸 것이라는 사실이다. 이 상황은 『파이낸셜타임스』가 판단하는 전지구화라는 세계사적 흐름과 배치되는 것이다. 영어를 국가경쟁력이라고 주장하는 것과 이런 경제정책은 어떤 관계를 갖는 걸까? 『파이낸셜타임스』가 봐도 혼란스러울 만하다. 이런 창과 방패를 들고 앞으로 이명박 정부가 어떤 대책들을 만들어낼지 궁금하지 않을 수 없다.

08.

03·05·

▣ 5. 부자 내각

'부자 내각' 논란으로 한동안 시끄러웠다. 표준 국어대사전에 찾아보면, 부자는 "재물이 많아 살림이 넉넉한 사람"을 이르는 말이다. 이 말의 뜻만 새긴다면, '부자 내각'이라는 말이 그렇게 비난을 위한 수사학으로 느껴지지 않는다. 흥부와 놀부 이야기에서도 알 수 있듯이, 놀부의 문제는 '재물'에 있었던 게 아니라 그걸 아우와 사이좋게 나눌 줄 모르는 심보에 있었다. 말 그대로 놀부는 '못된 놈'이었을 뿐이다. 놀부는 '악인'이었다기보다 인격적으로 완성이 덜 된 위인이었던 것이다.

따라서 한국 사회가 이명박 정부의 장관 인선을 두고 '부자 내각'이라고 부르는 건, 이들의 재물을 탓하는 게 아니다. 한국은 그 어느 나라보다 재물을 사랑하는 사회이다. 그리고 그 어떤 '국민'보다 한국인은 '부자'가 되기를 열망한다. 이런 정황을 놓고 봤을 때, 부자 내각이라는 말은 단순한 비아냥거림을 넘어선 하나의 진리를 드러내는 것이라고 할 수 있다. 이명박 정부에 긍정적이었던 이들조차도 이 부자 내각의 면모에 아연실색인 건 여러모로 의미심장한 현상이다. 그리고 이런 부정적인 인식이 "재물이 많아 살림이 넉넉하다"는 부자의 물질 기반에 대한 것이 아니라, 그 재물을 가진 부자의 '인격'에 대한 것이라는 사실도 흥미롭다.

이런 까닭에 한국 사회의 대중들이 부유한 계층을 혐오한다는 말은 그렇게 설득력을 가질 수 없다. 대중들은 부자를 미워하는 게 아니라 그 부자가 되고 싶은데 될 수 없는 상황을 미워하는 것이니까. 그래서 나오는 말이 이런 현상을 '부자에 대한 질시'로 보는 태도이다. 부자 내각은 문제지만 부자 장관은 문제가 아니라는 궤변이 가능한 것도 이런 태도 때문이다. 결국 모든 문제를 시스템 탓으로 돌려버리는 이와 같은 생각은 하나마나한 소리일 뿐이다. 부자 내각이 문제인 게 정책결정의 편파성 때문이라고 인정하면서도, 장관이 부자인 건 문제가 아니라는 보수언론의 논리는 자본주의의 분열증을 보여주는 대표적 사례처럼 보인다. 이건 마치 부르주아 권력은 나쁘지만 부르주아지는 나쁘지 않다는 말처럼 들린다. 너무도 익숙한 책임 회피이다. 물론 여기에서도 '재물'의 분배 문제는 쏙 빠진다.

질시라고 표현할 수도 있지만, 실제로 정신분석의 관점에서 본다면 부자에 대한 한국 사회의 감정은 시기envy라고 볼 수 있다. 시기는 갖고 싶지만 가질 수 없기 때문에 발생하는 원초적 반발력으로서, 결국 그 가지고 싶은 대상을 파괴하게 만드는 힘이다. 좋아하면서도 그걸 가질 수 없기 때문에 파괴해버리는 것이다. 어떻게 생각하면 남대문에 불을 질러버린 방화범의 경우도, 한국이라는 국가를 싫어해서 그랬다기보다 그 국가가 자기 말을 들어주지 않았기 때문에 그렇게 했다고 볼 수 있다.

이렇게 시기심과 관련한 이야기가 윌리엄 셰익스피어의 『오셀로』나 김지운의 『달콤한 인생』처럼 '허구의 세계'로 표현된다면 괜찮지만, 현실에서 구현될 경우 좀 다른 문제가 된다. 시기심은 개인의 성격을 구성하는 본질 같은 것이다. 그래서 선악의 판단 너머에서 작동한다. 시기심을 품었다고 해서 나쁜 놈이라고 말할 수 없다는 뜻이다. 다만 이런 방식으로 '한국인'의 주체성이 만들어져 있다는 말이다. "생겨 먹은 게 그렇다"고 우리가 무심코 내뱉는 말은 이런 불완전한 주체성에 대한 긍정이기도 하다.

그래서 다시 부자의 문제로 돌아가 본다면, 이번에 물의를 일으킨 부자 내각의 문제는 단순하게 부자 장관을 '국민들'이 질시했기 때문에 발생한 게 아니다. 한국 사회에서 나서 자라 한국식으로 평균적인 교육을 받은 사람이라면 부자 내각이든 부자 장관이든 결코 곱게 봐줄 수 없는 조건이 이미 있는 것이다. 이게 한국 사회의 정체성이고 한국인을 한국인이게 만드는 힘이다. 부정한다고 해서 부정할 수 있는 무엇이 아니다.

부자 내각에 대한 문제제기는 부자 장관에 대한 문제제기와 떼래야 뗄 수가 없다. 부자 장관 후보가 "돈에다 권력과 명예까지 챙기는 현실"에 대한 개탄은 결국 쾌락의 평등주의가 실현되지 않는 한국식 자본주의 자체에 대한 불만을 드러내는 것이기도 하지만, 그와 동시에 쾌락의 평등주의가 제대로 작동한다면 그보다 더 좋을 순 없을 것이라

강부자와 고소영　　2008년 이명박 정부 출범 직후 내각과 청와대에 '강남에 살고, 부동산이 많고, 자산을 수십억 원 보유'(강부자)하거나 '고려대 출신, 소명교회 신도, 영남 출신'(고소영) 인사들이 대거 기용되자 이를 비꼰 말이다. 2008년 4월 24일 정부공직자윤리위원회가 밝힌 자료에 따르면 실용정부 1기 내각과 청와대 인사의 평균 재산은 각각 약 31억3천만 원과 35억5천만 원이었다. 2009년 2월 23일 밝혀진 100대 요직 인사('재산신고 추적이 가능한 인사' 76명)의 평균 재산도 약 21억9천만 원으로 1기 내각과 크게 다를 바 없었다.

는 생각을 감추고 있는 것이기도 하다. 한국의 대중들은 자본주의를 사랑한다. 그 사랑은 파고를 조절할 수 없는 '운명적인 것'이다. 전두환도 그러지 않았나? 5공화국은 "위기상황에서 마주치게 된 국가적 운명"이었다고 말이다.

　　그러나 전두환의 착각과 달리, 여기에서 대중들의 자본주의 사랑은 쾌락의 평등주의를 전제하는 거다. 근대로 진입하면서, 쾌락의 문제는 개인의 것인 동시에 공공의 것으로 전환한다. 한국 사회에서 착시 현상을 일으키고 있는 건 이것이다. 개인의 쾌락을 공공적인 것을 통해 실현하는 것, 여기에 바로 근대국가의 작동원리가 있다. 이 지점에서 '근대인'이 탄생하는 거다. 지금까지 한국에서 부르주아계급은 이런 분배의 문제를 공공의 선으로 파악하는 '근대인'이었다기보다, 쾌락의 불평등성을 기정사실로 만들면서 자신만의 즐거움을 만끽하고 유지하기에 급급한 사익 집단이었다고 할 수 있다.

　　실제로 대중들이 가진 자본주의에 대한 불만은 이처럼 '오지 않은 근대인,' 다시 말해서 '완성되지 못한 부르주아계급'에 대한 열망을 표현하는 것이기도 하다. 그러므로 부자 내각에 대한 비판은 결코 부자 장관에 대한 질시나 원한이 아니라, 재물-자본의 불공평한 분배에 대한 정당한 불만이라고 봐야 한다. 결국 문제는 분배인 거다. 부자 내각이란 말이 불필요하기 위해 필요한 건 바로 이 개념을 제대로 한국의 부자들이 각인하는 것일 테다.

O3.24.

▣ 6. 친박연대와 노회찬

이른바 '친박연대'라는 당명은 확실히 징후적이다. 정말이지 특정 정치인에 대한 친근감을 근거로 당명을 결정했다는 건 세계 정당사에 남을 일이다. 정책도 이념도 없이 오직 개개인의 이해관계를 중심으로 이합집산하는 것이 한국 부르주아 정치의 종착역이라는 사실을 친박연대라는 당명은 여실히 보여주고 있는 꼴이다. 지금 당명을 갖고 시비를 거는 게 아니다. 그들이 뭐라고 당명을 정하든 내가 상관할 일이 아니다. 설령 '박근혜당'이면 또 어쩌랴. 다만 이런 당명을 아무런 문제의식 없이 자신의 정체성으로 떳떳하게 내걸 수 있는 정치인들의 의식이 모종의 진리를 드러내는 것이라고 생각할 뿐이다.

이들은 자신들의 처지를 '억울한 희생양'으로 생각하고 있다. 이들이 희생을 당했든 말든 역시 내 알 바가 아니지만, 자신들을 당권에서 배제된 자들로 받아들이는 그 태도에서 이들이 친박연대의 정당성을 획득하고 있다는 사실은 주목할 만하다. 이들이 당명을 친박연대라고 한 까닭은 너무도 단순하다. 친박연대 관계자는 "솔직히 그냥 무소속보다 '친박,' '박근혜 측 사람'이란 타이틀이 붙으면 여론조사에서 적어도 5%가 올라간다"는 이유를 들어 당명의 의미를 설명했다. 점잖게 말하면 시장주의이고, 솔직히 말하면 포퓰리즘이다.

이런 사실을 감안한다면 인수위 시절에 그토록 풍파를 일으킨 '영어몰입교육'을 "해서도 안 되고 할 수도 없는 일"이라고 한순간에 손바닥 뒤집듯 뒤집어버린 이명박 대통령이나 친박연대나 오십보백보다. 포퓰리즘의 속성상 친박연대는 박근혜의 프리미엄이 소멸하면 자연스럽게 사라질 단체에 지나지 않는다. 이런 프리미엄을 유지하기 위해 박근혜는 자신의 이미지를 끊임없이 신뢰를 지키다가 피해를 입은 '원칙론자'로 만들어가야 할 거고, 그래서 아주 극단적인 경우를 제외한다면 탈당 같은 건 하지 않을 것이다.

이처럼 상황이 도긴개긴이라서 친박연대가 건질 게 별로 없는 셈인데, 그렇다면 도대체 이들은 왜 이런 무모한 일을 벌인 걸까? 어차피 공천에서 떨어졌으니 막가고 보자는 심정으로 이러지는 않을 것이다. 지푸라기라도 잡겠다는 심정으로 박근혜라는 상징기표를 붙잡은 것이라고 하겠다. 그래서 앞서 말했듯이, 친박연대라는 당명은 현실의 모순을 암시하는 징후이다. 바로 한국의 부르주아 정치인들이 아무런 정책이나 이념도 없이 이합집산하는 무리들에 불과하다는 사실을 여실히 보여주는 증거인 것이다. 박근혜가 이들의 손을 흔쾌히 들어주지 못하는 건 이 때문일 테다. "살아서 돌아오라"는 말은 말투만 비장할 뿐, 사실 자신이 친박연대에게 아무것도 해줄 수 없다는 말이나 다름 없다. 어쨌든 박근혜는 한나라당에 남아 있어야 빛을 발하는 것이다. 이건 무슨 이념하고 아무 상관없다. 그냥 정치생명을 유지하기 위한 몸부림에 가깝다.

이들을 이렇게 만드는 상황은 도대체 무엇인가? 이명박 대통령인 가? 아니면 한나라당 내 민주계인가? 오히려 원인은 더 깊은 곳에 숨어 있을지도 모른다. 앞서 내가 지적했던, 바로 그 부르주아 정치의 위기야말로 진짜 원인인 것이다. 이 위기는 정치와 경제를 분리해서 노동에 대한 통제권을 장악하고자 했던 한국 부르주아계급의 전략에서 괴물처럼 자라났다. 이 완벽한 분리의 구조에서 '자폐적 시장'을 절대가치로 숭배하고 탈정치화를 미덕으로 간주하는 '중성국가'neutral state 의 환상이 자생할 수 있었다. 이제 한국의 부르주아 정치인들은 자신들이 놓은 덫에 걸려든 사냥감에 지나지 않는 것처럼 보인다. 이 결과로 유권자는 정당의 이념이나 정책보다 이 중성국가의 기능을 효율적으로 작동시킬 '인물'을 선택하는 걸 미덕으로 여기게 된 것이다. 물론 이런 무정부적 상황으로 인한 최대 피해자는 여전히 이들을 지지하고 있는 순진한 '서민들'일 테지만, 여하튼 분위기는 점점 부르주아 정치를 궁지로 몰아넣고 있다.

그렇다면 이런 부르주아 정치의 위기에 대응할 만한 반대편의 움직임은 무엇일까? 민주당이 구원투수는 아니다. 민주당에 대한 전통적인 지지층들은 대개 중간계급이었는데, 이들의 취향이 요즘 부쩍 세분화하고 있는 조짐을 보이기 때문에, 반反한나라당 정서가 곧 바로 민주당에 대한 지지를 드러낸다고 보기는 어렵다. 물론 대안이 없다면 모르겠지만, 엄연히 대안이 있다면 문제는 달라진다. 얼마 전 민주노동당에서 떨어져 나온 진보신당이 그렇다. 진보신당은 부르주아 정치의 위기를 감당해낼 대안적인 정치세력이 가능할지 불가능할지를 판가름하는 중요한 정치 실험이다.

지난 대선에서 민주노동당은 어처구니없는 행태로 천금 같은 기회를 놓쳤고, 이번 총선에서 그 임무를 진보신당이 넘겨받아야 할 참이다. '노원 병'에서 분전했던 진보신당 노회찬 후보에 대한 높은 지지율은 이런 정치상황에서 중요한 의미를 갖는 것처럼 보인다. 친박연대가 잘 보여주듯이, 한국의 정치지형은 인물에 대한 지지의 비중이 높다. 2002년 대선에서 노무현 바람이 일어날 수 있었던 것도 이런 특성 때문이었다. 흥미롭게도 부르주아 정치의 위기를 드러내는 그 징후에서 진보신당이라는 한국 정치의 대안세력이 미래의 가능성을 발견하고 있는 것이다. 이건 아이러니이지만, 분명한 진실이기도 하다.

▣ 7. 실용주의적 대북정책?

남북화해 무드에 찬바람이 일고 있다. 이게 이명박 정부에게 결코 유리한 것만은 아닐 것이다. 경제가 좋지 않은 시점에서 남북관계마저 얼어붙는다면, 한국 사회는 사면초가에 놓일 수도 있다. 결론이 어떻게 나든, 이번 냉각기간 동안 우리는 대북정책이란 것이 근본적으로 국내 자본의 이해관계와 무관하지 않다는 사실을 확인하게 될 것이다.

북한은 지금 인질 작전을 쓰고 있다. 불바다가 아니라 초토화 운운하는 것도 이 때문이다. 죽는다면 그냥 죽지 않겠다는 뜻이다. 1990년대 이후 북한 정권의 전략은 이렇게 남한을 인질로 잡고 미국으로부터 '체제보장 약속'을 받아내는 것이었다. 한국 사회가 말 그대로 석기시대로 돌아간다면, 미국을 비롯한 서방세계의 경제는 큰 위기를 겪을 수밖에 없다. 말하자면, 겉으로 지극히 정치적으로 보이는 북한의 전략은 참으로 '경제적'이었던 셈이다. 이 문제를 놓고 씨름을 벌여온 것이 지난 대북정책의 쟁점이었다. 궁극적으로 본다면, 한국의 대북정책은 북한 정권의 해소를 목적으로 한다. 이걸 북한 정권도 잘 알고 있고, 그래서 이런 문제가 발생할 때마다 줄다리기를 벌이는 것이라고 볼 수 있다. 국회인사청문회에서 북한의 핵공격에 대처할 방법을 묻는 질문에 "북한의 핵기지를 찾아내 (선제) 타격하는 것"이라고 밝혔던 김태영 합참의장의 돌출발언은 북한이 지금까지 협상카드로 사용해온 그 '초토화 협박'을 무력화시키겠다는 뉘앙스를 풍겼다. 전쟁이 나더라도 초토화만 피하면 된다는 뜻이기도 한데, 그래서 핵무기 같은 위협을 사전에 제거하겠다는 선제공격론을 연상시킬 수 있는 것이다. 아무리 생각해봐도, 여러 가지로 어려운 이 시기에 굳이 북한을 자극할 필요가 있었는지 모를 일이다. 여하튼 다시 한 번 이명박 정부의 아마추어리즘이 돋보이는 사건이다.

남북관계의 아이러니는 이런 것이다. 북한 사회의 개방은 말 그대로 남한자본의 논리 속으로 북한체제가 편입된다는 뜻이기도 하다. 북한이 남한의 경제논리 속으로 들어오면 들어올수록, 대북정책은 강경일변도로 나가기 힘들어진다. 한국의 강경파들은 이게 불만이겠지만, 북한의 강경파도 이걸 반길 리 없다. 한국의 냉전세력은 노무현 정부를 '친북 좌파'라고 지칭하면서 자신들의 입지를 유지하고자 발버둥치고 있지만, 현실은 전혀 반대로 돌아가고 있는 것이다. 현실은 친북이든 반북이든, 돈만 벌게 해주면 괜찮다는 '실용주의'로 차고 넘친다. 과거의 체제를 유지하려는 모든 보수주의자들에게 실용주의는 독이라고 할 수 있다.

최근의 주요 남북관계 변천사

2000년 (6월 15일) 통일 문제의 자주적 해결, 1국가2체제 통일방안 협의, 남북교류 활성화 등의 남북공동선언 발표(김대중–김정일).

2007년 (10월 4일) 6·15 남북공동선언 구현, 한반도 핵 문제 해결을 위한 3자 또는 4자 정상회담 추진, 남북 경제협력사업의 활성화 등을 주요 골자로 한 남북정상선언문 발표(노무현–김정일).

2008년 (1월 16일) 대통령직 인수위원회, 기존의 통일부를 외교통상부에 통폐합시키는 정부 개편안 발표. 결국 입장 철회.

(2월 25일) 이명박 대통령, '비핵·개방 3000 구상'(핵을 포기하면 북한의 1인당 국민소득을 3천 달러로 높여주겠다는 제안)에 근거해 북한 핵의 완전 폐기를 전제로 한 'MB독트린' 천명.

(7월 11일) 금강산 관광객(박왕자) 피살 사건 발생.

(12월 5일) 북한, 남북간 육로통행의 차단 발표.

2009년 (1월 30일) 북한, 조국평화통일위원회의 성명을 통해 기존 남북간 정치·군사 관련 합의사항의 전면 무효화 선언.

(5월 25일) 북한, 2차 핵실험 전면 단행.

(7월 2일) 북한, 지대함 단거리 미사일(4발) 발사실험 강행.

실제로 지금 냉전체제를 해체하고 과거의 반공 이데올로기를 우스개로 만들고 있는 건 '좌파세력'이 아니라 자본주의의 세계화이다. 한국의 자본이 외치고 있는 개혁개방이라는 건 결국 과거의 보수주의도 비켜갈 수 없는 변화를 강제한다. 따라서 과거의 진영논리에 사로잡혀서 경제적 변화를 계속 정치적 논리로 읽는다면 현실의 신호를 잘못 읽는 것이다. 실용주의를 표방하고 있는 이명박 정부가 보여주는 아마추어리즘은 정권 장악을 자기 계파의 이익 실현으로 오판하고 있는 그 '세계관'에서 발생한다고 볼 수 있다. 이명박 정부가 주장하는 '실용주의'가 현실에 대한 응용과 결코 아무 관련도 없다는 사실이 속속 드러나고 있는 셈이다.

◎ 8. 총선,
　　예상했던 대로

거대 여당의 탄생이 현실화됐다. 한국이 어디로 가고 있는지 유권자들은 자기 증명을 해보였다. 투표율 46%. 예상했던 대로 20~30대가 거의 투표를 하지 않았다고 볼 수 있다. 어떻게 보면, 박근혜나 이회창 지지자들을 포함해서 한나라당 지지자들만 투표를 한 것 같다. 결과를 놓고 보면 젊은 유권자들을 투표장으로 불러낼 이슈가 이번 선거에 없었다는 뜻이다.

민주주의의 위기라고 말할 수도 있겠지만, 이런 총선 결과는 이제 정치가 정치공학의 문제가 아니라 욕망의 문제로 전환했다는 사실을 암시하는 것이기도 하다. 한나라당이 압승했다고 하지만, 이런 평가는 너무 표피적인 것이다. 투표 결과 집계가 보여주는 수치는 기성 정치인 중 누구에게도 표를 주고 싶지 않았던 54%의 유권자들이 엄연히 존재한다는 사실을 증명하고 있기 때문이다. 보수나 진보를 막론하고 한국의 정치권이 이들의 욕망을 대의할 수 있는 지위를 상실해가는 것이라고 볼 수도 있다.

그러나 연령별 정당 지지도를 나타내는 그래프는 또 다른 이야기를 들려준다. 한나라당을 지지하는 20대의 욕망이 말해주는 현실은 무엇일까? 이건 암울한 현실이지만 뒤얽힌 문제를 풀 실마리이기도 하다. 이들은 민주니 진보니 하는 이념을 정치라고 보는 게 아니라 자기 욕망에 솔직한 걸 정치로 생각하는 것인지도 모른다. 과연 한나라당이 이들의 욕망을 충족시켜줄 수 있을까? 시간이 그 답을 일러줄 것이다.

이명박 정부는 청년실업을 해결해주겠다는 공약을 남발했지만, 현실은 그렇지 않다. 미국발 금융위기가 보여주듯이, 앞으로 한국 사회가 직면해야 할 경제상황은 지금보다 나빠졌으면 나빠졌지 나아질 수 없는 형편이다. 이명박 정부에게 이 문제를 해결할 수 있는 능력은 없는 것처럼 보인다. 오히려 이들은 위기 담론을 확산시키면서 자기들을 지지했던 '국민'을 협박하고 있을 뿐이다. 경제위기는 이명박 정부의 신뢰를 땅에 떨어뜨리겠지만, 그렇다고 이런 상황이 반드시 민주당이나 진보세력에게 유리하게 작용할 것 같진 않다.

총선 결과가 보여주는 것이 바로 이런 사실이다. 분명히 이명박 정부의 실책들이 드러났지만, 유권자들은 한나라당을 선택했다. 한 번 떠난 표심이 민주당이나 진보세력으로 돌아올 기미가 보이지 않는 것이다. 그 까닭은 분명해 보인다. '국민'에게 민주당과 진보세력은 '정치'였고, 한나라당과 이명박 정부는 '경제'였다. 정치는 기본적으로 불안을 전제한다. 한국 사회는 본능적으로 이를 깨닫고 있는 것처럼 보인다. 총선 결과가 보여주는 건 기본적으로 한국 사회의 대다수 구

대한민국 제18대 총선 2008년 4월 9일 제18대 총선(2008년 5월 30일부터 4년 임기)이 치러졌다. 대통령선거와 지방선거를 포함한 역대 전국 동시선거 가운데 역사상 가장 낮은 투표율(46%)을 기록한 제18대 총선 결과, 한나라당이 총 299석 중 153석을 얻어 여대야소 구도가 형성됐다. 7월 30일 제18대 국회의원선거 투표율 분석자료를 발표한 중앙선거관리위원회는 투표율 저조원인으로 젊은 층의 정치적 무관심을 꼽았는데, 실제로 20대와 30대의 투표율은 각각 28.1%와 35.5%에 그쳤다(제17대 총선에서는 44.7%와 56.5%).

성원이 대의제 민주주의를 신뢰하지 않는다는 사실이다. 국회와 정당 정치로 대표할 수 있는 부르주아 정치가 위기에 봉착한 것이다.

이 현상을 뒤집어보면, 한국에서 부르주아 정치의 가능성을 믿거나 의회민주주의를 지지해야 할 제도라고 생각하는 이들이 선택한 정당이 바로 한나라당이라는 걸 알 수가 있다. 유권자들은 확실히 보수화했지만, 이건 정치를 통해 경제적 정의를 실현해야 한다는 생각에서 경제를 위해 정치를 버려야 한다는 생각으로 유권자들의 심경이 변했다는 뜻이다. 그러나 이건 어디까지나 눈에 보이는 유권자들의 표심에 따른 결과일 뿐이다. 이 표심의 향배와 상관없는 보이지 않는 부분이 수면 아래 감춰져 있다. 욕망의 정치는 바로 이 수면 아래 숨어 있는 것이 수면 밖으로 드러나는 것과 반목하면서도 조응하는 새로운 구도를 의미한다. 이 감춰진 부분이 앞으로 어떻게 모습을 드러낼 건가에 따라서 한국 정치의 현실이 변할 것이다.

대체로 총선 결과를 놓고 정치적 무관심을 개탄하는 분위기가 다분하지만, 이건 무관심이긴 무관심이되 탈정치성을 의미하지는 않는다. 말하자면, 총선의 결과가 드러내는 건 정치적인 것의 종언이다. 그리고 이런 상황은 정치와 경제의 분리라는 고전적 부르주아 정치의 원리를 실현하려는 정치권의 지난 노력이 결실을 맺은 것이라고 할 수 있겠다. 이제 한국에서 민주 대 반민주, 또는 부패 대 반부패라는 구도는 사라졌다. 오직 남은 건 얼마나 경제를 잘 운용해서 '안정'과 '안전'을 보장할 수 있는가의 문제다. 따라서 총선은 이제 무의미한 정치게임에 지나지 않는다. 정치인에 대한 가치평가는 이제 경제의 프리즘을 필연적으로 통과할 수밖에 없기 때문이다.

09.02.

◎ 9. 여간첩
　　원정화

원정화라는 여간첩이 잡혔다. 얼마 만에 보는 간첩인가. 그것도 여간첩이고 섹시하기까지 하다. 공안정국을 조성해 난국을 타개하겠다는 이명박 정부의 노력은 가상하지만, 사정이 호락호락한 것 같지 않다. 간첩을 잡긴 했는데 뭔가 이상한 것이다. 간첩이 진짜냐 가짜냐 이런 문제가 아니다. 진위 여부는 나중에 밝혀질 일이겠지만 중요한 건 그 간첩이 재현되는 방식이다.

홍미로운 건 이번 간첩은 여간첩이고, 또 섹슈얼리티를 무기로 정보를 캐냈다는 사실이다. 물론 이 여간첩이 정말로 미인계를 사용했는지 어땠는지 모를 일이지만, 여간첩에 대한 진술이 이렇다는 사실에 주목할 필요가 있다. 보도에 따르면 이 여간첩은 "3군 사령부 산하 군부대 정훈장교들과 성관계를 가진 후 군부대 지도와 사진 등 각종 군사 자료를 요구했다"고 한다. 이 사건을 처음 보도한 『문화일보』의 기사에서 이렇게 밝히고 있으니, 이 사실은 명백하게 경찰의 입을 통해 전달된 것이라고 할 수 있다. 따라서 우리가 이 사실을 인정하려고 한다면 경찰의 진술을 믿을 수밖에 없다.

이 지점에서 우리는 경찰의 무의식 같은 것을 감지할 수 있다. 경찰은 얼마나 '노련하게' 여간첩이 군 정보를 빼냈는지 강조하고 싶었을 것이다. 한마디로 여간첩의 간교한 측면을 드러내고 싶었으리라. 그러나 그 이후 상황은 이런 경찰의 의도와 무관하게 돌아갔다. 『동아일보』는 이명박 정부의 종교 편향에 항의하는 불교계 시위 사진과 선글라스를 끼고 있는 요염한 여간첩의 모습을 함께 배치했다. 의도적이든 의도적이지 않건 간에 이런 편집은 불교계를 자극하기에 충분할 만큼 선정적이었다. 『동아일보』의 이미지 배치는 마치 이명박 정부를 마귀들에 맞선 성전을 수행하는 집단처럼 비치게 만들어서, 이들과 기독교계를 동일시하게 만드는 착시 현상을 초래하게 할 수 있다.

이들이 사용하는 방법은 상당히 고전적인 것이다. 역사적으로 본다면 포르노그래피는 귀족의 부도덕성을 성적 문란에 빗대어 공격하고자 했던 부르주아계급의 발명품이었다. 포르노그래피는 정치 팸플릿의 단골 메뉴였지만, 아이러니하게 나중에 이 부분만 본래의 맥락에서 분리되어 나와 포르노그래피라는 하나의 독자적인 장르로 발전한 것이다. 따라서 경찰이 여간첩을 들먹인 까닭은 이른바 '적'이 얼마나 부도덕한 집단이고 비인간적인 상대들인지를 극명하게 보여주기 위한 것이었다. 그러나 우리가 살고 있는 세상은 상승기 부르주아계급이 귀족들을 향해 엿을 먹이던 그 '황금시대'가 아니다. 자본이 무의식의 영역까지 파고들어 욕망의 논리마저 지배하고 있는 시대가 아닌가.

2008년 8월 27일 수원지검은 간첩 원정화 사건을 발표했다. 7월 15일 원정화가 국가보안법 위반으로 체포된 지 약 한 달 뒤였다. 15살 때부터 3년간 훈련을 받은 뒤 2001년 위장탈북해 간첩활동을 해왔다는 원정화는 10월 15일 징역 5년을 선고받았다.

여간첩은 안보의식을 고취한다는 취지보다 황색언론의 광고 수주를 위한 멋진 사냥감이었을 뿐이다. 국민의 알 권리라는 절대적인 언론의 사명은 여기에서 적과 아를 구분하지 않는 양날의 칼로 쓰인다. 경찰이 자못 진지하게 발표한 여간첩 사건은 사석에서 은밀하게 주고받는 남성 마초들의 술안줏감으로 전락하고, 대중은 안보상황을 염려하기보다 여간첩의 사생활에 더 깊은 관심을 보이는 '훈훈한' 상황이 벌어진 것이다.

경찰의 발표대로라면 북한의 지도자 김정일은 여성의 마음을 떡 주무르듯이 주무르는 능력을 소유한, 남성 마초들의 우상일 수밖에 없다(사실 영화 『쉬리』를 본 남성 마초들이 한석규보다 최민식에 더 매료됐던 것도 이 때문이었다!). 정신분석학에 따르면 궁극적으로 남성의 욕망이 원하는 건 여성이 아니라 사이보그이다. 자신의 쾌락을 드러내는 여성은 두려운 존재이고 타락한 피조물이다. 사이보그처럼 필요할 때 작동하고 필요 없을 때 꺼버릴 수 있는 여성을 남성은 욕망한다.

여간첩을 성적 욕망의 대상으로 만드는 한국 사회의 담론에 내재해 있는 시선은 바로 이런 욕망이라고 할 수 있다. 여간첩은 뱀파이어의 하수인처럼 위험하면서 매력적이어야 한다. 마침내 이명박 정부 시대의 경찰은 우리에게 그 욕망에 대한 응답을 줬다. 이 얼마나 가상한 노력인가. 경제도 어렵고 외교도 엉망인데, 쪼그라든 남성 마초들의 욕망을 이렇게라도 발기시키고자 불철주야 오늘도 경찰 이하 여러분들께서 노력 중이시니 말이다. 한국에 사는 남성들의 앞날은 참으로 밝기도 하다.

◙ 10. 위기의 발단, 자본과 정치의 밀월관계

이른바 '9월 위기설'에 논란이 분분하다. 9월에 만기를 맞는 외국인 채권이 많다는 것이 위기설의 진원지였다. 시장은 패닉상태에 빠졌고, 정부는 '사실무근'이라고 진화에 나섰다. 보수언론도 위기설을 '괴담'이라고 일축했다. 어디에서 많이 들어본 수사법이다. 촛불이 한창 타오르기 시작할 때 보수언론과 정부는 광우병에 대한 논의들을 괴담이라고 덧칠했지 않은가?

광우병이든 9월 위기설이든 모두 괴담으로 치부할 수는 있겠지만, 이번 경우는 조금 다른 것 같다. 9월 위기설의 핵심은 9월에 진짜 금융위기가 발생할 것인가 그렇지 않을 것인가 하는 문제가 아니기 때문이다. 광우병은 분명한 실체가 있었지만, 9월 위기설은 그렇게 눈에 확 드러나는 게 없다. 광우병이든 9월 위기설이든 그 효과는 '공포'이지만, 두려움을 느끼는 주체와 그 대상이 조금 다르다.

촛불을 타오르게 만든 광우병 쇠고기 수입 협상 실패는 이명박 정부에 대한 중간계급의 신뢰를 무너뜨린 사건이었다. 물론 모든 중간계급이 이명박 정부를 등진 건 아니지만, 그래도 많은 이들이 이명박 정부의 지지 대열에서 이탈했다. 촛불 이후 올림픽 정국에서 이명박 정부는 엄정한 법질서 확립이라는 명분으로 진보개혁세력에 대한 강경책을 실시하는 한편, 초등학생 유괴 사건 때문에 일산 경찰서를 방문했을 당시 효과를 발휘했던 '시민을 위한 대통령'이라는 초기 이미지를 회복시키고자 했다. 감세나 국제중 설립 같은 정책은 떠나간 중간계급의 지지를 돌려세우기 위한 또 다른 포석인 셈이다.

그러나 9월 위기설은 이보다 사태를 더 심각하게 받아들이게 한다. 중간계급의 촛불이 이명박 정부에 대한 불신에서 기인했듯이, 9월 위기설 역시 이명박 정부를 신뢰할 수 없기 때문에 발생한 것이다. 그런데 그 주체가 촛불보다 더 광범위하고 넓다는 게 문제다. 외신마저 한국 경제의 위기를 인정할 만큼 문제는 호락호락하지 않다. 흥미로운 건 이런 위기설의 뿌리가 외국인 채권 만기일 도래라는 작은 단서에서 출발한 것처럼 보이지만, 실제로는 이명박 정부 출범 이후 실시한 여러 경제정책의 실패가 그 원인이라는 점이다.

정치적인 이해관계를 위해 경제적인 문제를 너무 쉽게 담론투쟁의 영역으로 끌어들인 것도 화근이다. 촛불이 한참 타오를 때 이명박 정부는 "가뜩이나 경제도 어려운데 매일 촛불이나 들고 있으면 나라 망한다"는 선동을 일삼았고, 급기야 대통령 자신의 입으로 "한국 경제가 지금 위기상황"이라는 걸 확인해주는 우스꽝스러운 소극을 연출하기도 했다.

9월 위기설　　2008년 7월경부터 떠돈 9월 위기설은 9~10일 만기도래 예정인 외국인 보유 국내채권 물량 8조6천억 원 중 상당량이 재투자되지 않을 경우 금리와 환율이 급등해 국내 금융시장 불안이 고조될 것이라는 내용이었다. 다행히 9월 위기설은 '설'로 끝났지만 여전히 높은 단기외채 비중(40%), 국내 증시의 높은 외국인 비중(28.5%), 높은 수출의존도(50%), 높은 가계부채(약 8백조 원) 탓으로 외부환경의 변화에 취약한 한국 경제는 12월경 2009년 3월 위기설(국내 실물경제 침체와 외화부족에 따른 외환위기 발발)에 시달려야 했다.

이명박 대통령은 새벽부터 일어나서 신문을 읽는다는데, 확실히 너무 한 신문만을 열심히 읽으시는 것 같다. 대통령의 말이 「위기상황 치닫는데 노조는 파업 …… 한국의 고질병」(2008년 7월 9일자)이라는 『조선일보』의 논법을 그대로 빼닮았기 때문이다. 괴테가 명언을 남기지 않았나. 이 세상에서 책 한 권 읽은 사람하고는 논쟁을 할 필요가 없다고. 마찬가지로 한 가지 신문만을 읽는 대통령에게 국민과 제대로 대화를 나눌 수 있기를 기대하는 건 언감생심이다. 아무튼 중요한 것은 9월 위기설이 이명박 정부에 대한 부르주아계급과 국제 자본의 불신을 노골적으로 내장하고 있다는 사실이다. 이렇기 때문에 9월 위기설만을 잠재운다고 이명박 정부가 상실한 신뢰를 회복할 수 있을 것 같지는 않다. 이 불신은 총체적인 것이다. 이명박 정부가 한국 경제를 책임질 수 없는 아마추어세력에 불과하다는 '의심'에서 이 불신은 자라나고 있다. 너무도 노골적으로 상위 10%만을 위한 정책을 실시하는 이 정부는 '양극화'를 해결의 문제로 보는 것이 아니라 받아들여야 할 운명으로 보는 것이 틀림없다.

이 세상의 어떤 정부도 이렇게 노골적으로 자본과 정치의 결탁을 떠벌이는 경우는 없었다. 오죽했으면 영국에서 발간되는 『뉴레프트리뷰』 최근호(2008년 5~6월호)까지 이 사실을 꼬집고 있겠는가. 9월 위기설은 이토록 전무후무한 '자본과 정치의 밀월관계' 때문에 발생한 것이다. 원래 자본의 운동은 위기 자체이다. 자본과 너무 밀착한 정권은 부르주아계급에게도 위기감을 준다는 사실을 9월 위기설은 증명하고 있다. 이른바 선진국에 '불온세력'이 많아서 사회복지를 강조하는 것이 아니다. 부르주아계급과 중간계급의 지향이 궁극적으로 '안정'이기 때문이다. '보통 사람'의 정부를 표방하며 '안정'에 대한 판타지를 끊임없이 주입시켰던 노태우 정부보다도 이명박 정부는 사태파악 능력이 떨어지는 것 같다.

◉ 11. 홍정욱,
　　그리고
　　좌파의 재정립

어떤 토크쇼에서 홍정욱 한나라당 의원은 "한국 남성의 대표로 국위 선양을 하기 위해 9개국 여성과 데이트를 했다. 즐기기 위해 데이트를 한 것은 아니고, 대한민국 대표 선수라는 생각으로 한국 남성의 위상을 세우기 위해 만났다"고 발언을 했다. 참으로 세계 정치사에 남을 '명언'이다. 이게 한국 사회에서 운위되는 소위 '엘리트'의 수준이다. 이 발언은 정확하게 한국의 부르주아계급이 어떻게 욕망을 억압하는지 그 방식을 드러낸다. 이들은 자신의 쾌락에 대한 표현을 '국가와 민족'(가끔 이건 '자식'으로 탈바꿈한다)에 빗대어 억압한다. 그런데 이 억압을 드러내는 방식이 이렇게 생경해서야 쓰겠는가. "자연을 사랑해서 땅을 샀다"는 발언과 이 말은 일맥상통한다. 이 글로벌시대에 이런 세계관을 가진 한국 부르주아지가 밖에 나가서 '국제적' 부르주아지를 만난다면 대화나 제대로 할 수 있을까 모르겠다. 세계관의 불일치 때문에 대화가 되지 않는 것을 영어 때문에 그렇다고 애써 현실을 외면하고 있을 것 같다. 정말 부르주아지라고 다 같은 부르주아지가 아니다.

그런데 이런 내면을 소유한 '한국형' 부르주아지와 '대타협론'을 주창하는 일군의 세력들이 나타났다. 『한국 사회와 좌파의 재정립』을 읽었는데, 여기에 이종태 국제금융연구소 연구위원의 글이 흥미를 돋운다. 이 책은 자칭 사회민주주의자들이 모여 새로운 한국 좌파의 전망을 제시하겠다고 의기투합한 결과물인 것으로 보인다. 이 주장에 대해 큰 틀에서는 전혀 이의가 없다. 나도 지금 현재 한국 사회에서 사회민주주의가 하나의 대안이 될 수 있다고 생각하기 때문이다. 하지만 그게 선언만 한다고 쉽게 되는 일은 아닐 것이다.

어떤 합리적 설득도 통하지 않는 강고한 한국 사회의 '경험주의'를 어떻게 사회민주주의라는 이념이 타고 넘어갈 수 있을지, 이 책은 선명하게 제시하고 있지 않다. 이 책은 시종일관 사회민주주의가 '현실적'이라고 주장하고 있지만 과연 이런 주장을 지극히 '실용적'인 한국 사회의 대중이 받아들여 줄지는 미지수이다.

먼저 이종태 위원이 주장하는 그 '구좌파'라는 세력이 과연 한국에서 엄연한 정치적 실체로서 존재하기나 하는 건지 의아하다. 과연 한국 사회에서 구좌파는 정책결정이나 여론형성을 주도할 만한 능력을 갖추고 있는 것일까? 이종태 위원은 지금 뇌사상태에 빠진 '시체'를 붙들고 시비를 걸고 있는 건 아닐까? 그리고 구좌파와 신좌파를 갈라서 아주 심플하게 신좌파를 철없는 작자들로 취급하는 것도 조금 우습다. 가령 이런 주장 말이다.

이런 신좌파 이론들의 특징은 당시(1960~70년대) 사회주의와 자본주의체제를 싸잡아 공격한다는 것이었다. 구좌파가 꿈꿨던 '생산수단의 사회화' 따위는 1968년 당시에 이미 '흘러간 노래'가 됐다. 신좌파의 변혁 대상은 무엇이었을까? 바로 '국가 혹은 체제 그 자체'였다(『한국 사회와 좌파의 재정립』, 101쪽).

아무리 그의 입장에 동정적 혜안을 발휘한다고 해도 이런 주장은 너무 용감한 것처럼 느껴진다. 서구에서 신좌파가 나올 수밖에 없었던 역사적 배경을 간과한 주장이기 때문이다. 아무리 경제주의가 창궐하는 사회이지만 모든 걸 경제논리에 바탕을 두고 두루뭉술하게 넘어가는 건 장기적으로 봐서 별로 남는 게 없는 장사이다. 물론 내가 신좌파의 '대표선수'도 아닌 마당에 신좌파의 주장들을 적극적으로 옹호할 생각은 없지만, 최소한 역사적 연원을 따져서 신좌파가 '몇몇 철부지들'의 몰역사성 때문에 출현한 게 아니라는 사실은 강조하고 싶다.

신좌파 기획의 실패에 대한 지적 중에 가장 설득력 있는 주장이 신좌파가 여전히 구좌파의 정치기획에 집착했기 때문에 현실 적응력을 발휘하지 못했다는 비판이기 때문이다. 사실 이종태 위원이 지적하는 경향이 신좌파에 없는 건 아니지만, 이도 알고 보면 일부 프랑스 아나키스트 좌파들에게나 정확하게 들어맞는 사항일 뿐이다. 사회민주주의의 우월성을 강조하려다보니 조금 오버한 느낌이다. 그러나 사회민주주의라는 말은 처음 태동할 무렵부터 이종태 위원이 주장하는 의미보다 더 복잡한 맥락을 내포하고 있었다. 자유주의자들부터 공산주의자들까지 자신들의 이념을 공공연하게 사회민주주의라고 주장한 전력이 있다. 한때 사회민주주의라는 말은 '보통명사'에 가깝게 사용됐고, 후일 몇몇 유럽 사회민주주의의 성공 이후 지금처럼 국가복지와 결합한 '체제'를 가리키는 말로 정립됐던 것이다. 이런 관점에서 본다면 다음과 같은 주장도 좀 설득력을 상실한 것처럼 보인다.

> 모두가 같은 일을 하고 같은 상품을 소비해서 비슷한 일상을 누리는, 지루하고 단조로우며 획일적인 체제에 대중들이 순응하는 이유는 도대체 무엇인가? 신좌파 지식인들은 이 같은 주제를 열심히 연구한 끝에 그럴 듯한 해답을 찾아낸다. 그것은 현재의 방식으로 말한다면, "대중은 매트릭스(허구)에 갇혀 있다"는 것이다. …… 신좌파들에게 대중은 체제에 순치된 거짓 욕망으로 인해 자신의 진정한 욕망을 억누르게 된 정신질환자들로 간주된다. 그리고 이 정신질환자들은 특정한 조건이 갖춰지는 경우 억압된 욕망을 기괴한 형태로 떼 지어 분출(승화)하는데 그것이 바로 파시즘이다. 요즘 한국에서도 많이 하는 이야기다(『한국 사회와 좌파의 재정립』, 101쪽).

이종태 위원이 경제학이론에 대해 전문가인 건 확실하지만, 이른바 신좌파나 파시즘에 관한 참고문헌 목록을 좀 업데이트할 필요가 있는 것 같다. 그렇게 1980년대의 유산에 비판적이신 분이 정작 신좌파와 파시즘에 대한 지식이 지극히 1980년대 수준에 머물러 있는 건 안타깝기 그지없다. 여하튼 여기에 대해 이야기하려면 복잡하다. 다만 나는 "맑스로 돌아가자"라는 컨퍼런스에서 나왔던 알랭 바디우의 발언을 들려주고 싶다.

바디우의 말에 따르면 지금 맑스로 돌아간다는 말은 정치경제학적인 패러다임으로 돌아가자는 말이 아니라, '새로운 혁명적 주체'를 어떻게 구성할 것인가 하는 문제에 대한 해답을 찾아야 한다는 말이다. 이건 맑스주의 경제학의 수립이 곧 혁명적인 주체를 만들어내는 것이 아니라는 사실을 암시한다. 자본주의에 대한 경제학적 분석이 중요한 게 아니라 그 분석의 데이터를 '혁명적'으로 해석할 주체가 더 중요한 것이다. 그리고 그 주체를 이끌어낼 수 있는 담론은 인문학적 비판이다. 우리는 지금 경제학이 부족해서 이 꼴로 살고 있는 것이 아니기 때문이다. 부르주아계급과 대타협한다는 것, 훌륭한 말이다. 하지만 이런 발상은 한국 부르주아계급의 주체가 서구의 주체와 달리 근대적인 자기 도덕률의 수립에 실패했다는 '인문학적인 현실'을 간과한 순진한 생각일지도 모른다.

◎ 12. 중간계급

나는 중산층이라는 애매한 말보다 중간계급middle class이라는 말을 선호한다. 그 까닭은 후자가 훨씬 명확하게 한국 사회의 계급분포를 설명해주기 때문이다. 중산층이라는 용어는 중간계급보다 부드러운 느낌을 주지만, 사실은 중산층의 역할이나 존재를 중요하게 취급하지 않는 입장을 드러낸다. 즉, 중산층은 부르주아계급과 프롤레타리아계급 중간에 위치한 애매한 계층인데 장차 부르주아계급으로 신분상승을 이루거나 프롤레타리아계급으로 몰락해가는 일시적 집단, 또는 부르주아계급의 이해관계를 자신의 세계관으로 확립하고 이들에 대한 동경을 발산하는 소부르주아계급인 것이다. 둘 다 중간계급에 대한 혐오 내지 무시가 깔려 있다.

중간계급이라는 존재는 보편적이고 공공적인 것으로 재현되는 부르주아계급의 이해관계에 동조하면서도 저항하는 이중적 존재이다. 중간 '계급'이라고 했을 때, 이 개념은 생산수단의 소유권을 둘러싸고 벌어지는 생산관계의 갈등에서 이 계급이 담당하는 역할에 초점을 맞춘 것이다. 따라서 중간계급은 수입이나 자산에 따라 판별할 수 있는 게 아니라, 생산수단과 어떤 관계를 이루고 있는지에 따라 구별할 수 있다는 게 정통 맑스주의의 견해이다.

중산층이라는 말은 이런 맑스주의적 계급론의 관점과 달리, 사회적 불평등 구조로 인해 발생하는 계층화stratification를 의미한다. 내가 중산층이라는 말을 중간계급으로 바꿔 쓰자는 취지는 이런 맥락에서 나온 것이다. 중산층은 애매하기 그지없는 말이고, 지금처럼 양극화가 심화한 한국 사회에서 오히려 계급의식을 흐리는 환상을 조장할 수 있기 때문이다. 참고로 한국의 '중산층'보다 훨씬 부유한 영국의 중산층은 여전히 자기 자신들을 노동계급으로 규정하는 경향이 있다.

부르주아계급이 본격적으로 사회적 헤게모니를 장악하기 전의 생산양식에서 중간계급은 부르주아계급 자신들이었다. 그러나 산업혁명기 영국에서 중간계급은 귀족계급과 신사계급 어디에도 속하지 않는 새로운 신흥계급으로, 요즘으로 치면 중소기업가나 전문직 종사자를 의미했다. 맑스는 이런 관점에서 이들과 협력하면서도 대립하는 존재로서 부르주아계급을 지배계급으로 봤다. 귀족의 자리를 부르주아들이 차지하면서 아이러니하게도 귀족들이 중간계급으로 전락하는 경우도 요즘은 목격할 수 있다.

맑스주의 내에서도 중간계급에 대한 견해는 천차만별이다. 중간계급을 소부르주아계급이나 전문직 종사자 또는 전문경영인으로 보는 관점도 있는 반면 찰스 라이트 밀즈처럼 화이트칼라 노동자들을 중간계급으로 분류하는 이들도 있다. 최근 계급에 대한 새로운 관점은 대표적인 분석적 맑스주의자 에릭 올린 라이트가 제시했다. 계급을 규정하는 라이트의 판별방식은 정통적인 맑스주의의 문제의식을 막스 베버 식의 관점과 결합해서 세련화한 것으로 볼 수 있는데 경제적 자원의 보유 정도, 생산관계에서 차지하는 위치, 교환관계에서 발현되는 시장성, 고용형태의 차별성이 그것들이다. 사실 계급에 대한 이런 관점은 최장집 교수가 자신의 민주주의론을 전개할 때 항상 전제하는 것이라서 별스러울 것도 없다.

이런 관점에서 희소성 있는 기술과 능력을 가진 피고용인은 자본주의적 착취구조에서 특권적 지위를 누리고, 생산수단의 소유자는 이런 노동자를 고용하기 위해 다른 노동자들보다 더 많은 임금과 권리를 제공한다. 말하자면 노동자들 사이에서 계층이 발생하는 근거가 여기에 있는 것이고, 이런 관점에서 지금 한국에서 불고 있는 '영어 광풍'은 계급의 문제와 밀접하게 관련해 있는 것이라고 할 수 있다.

내가 생각하기로 한국 사회에서의 중간계급은 중간에 끼어 있는 어중간한 세력이 아니다. 이들이야말로 1987년 이후 한국 사회의 '민주화'를 추동해왔던 가장 강력한 정치세력이다. 물론 여기에서 말하는 민주화가 어떤 민주화인가 하는 건 더 깊이 논의해야 하는데, 나의 생각은 한국 중간계급이 지지하는 민주화라는 건 결국 (신자유주의적인) 시장주의이고 이를 통해 쾌락의 평등주의를 달성하는 것이다. 이건 결국 시장의 규칙 안에 들어와 '공정하게' 경쟁하는 것을 의미할 뿐, 이 시장에 진입하는 과정에서 발생할 수 있는 여러 가지 기회비용에 대한 배려는 사실상 생략된다. 무조건 시장 안에 들어가야 하는 것이 우선

감세와 중산층　2008년 9월 1일 세제개편안 발표 이틀 뒤 국회 기획재정위원회에서 강만수 기획재정부 장관은 "연소득 8천8백만 원 이하를 중산층으로 보고 있다"고 말했다. 실제 소득 연봉 1억2천만 원 소득자를 중산층으로 규정한 이 답변은 세제개편안으로 감세액의 56%가 서민 중산층에게 돌아간다고 말한 기획재정부의 설명이 미사여구임을 드러냈다. 통계청에 따르면 2인 이상 전국 가구의 평균 연소득은 2천4백90만 원(2008년 2분기 가계수지 동향 기준)으로서, 기획재정부가 말하는 중산층은 전체 인구의 3.6%에 불과했다.

과제이고, 그래서 입시경쟁이나 취업경쟁이 발생하는 것이다. 이런 생각은 시장 안의 불평등에는 민감하게 반응하면서 정작 그 시장에 진입하기 위한 '불평등'은 용인하는 이상한 논리를 생산한다.

　한국 중간계급의 특징은 부르주아계급을 혐오하면서도 동경하고, 프롤레타리아계급을 동정하면서도 무시하는 태도에서 찾을 수 있다. 즉, 한국 사회에서 중간계급은 '건전한 시민의식'이라는 이상적인 도덕성을 체현한 주체라기보다는 부르주아계급과 노동계급 사이에서 독자적으로 자기 이해관계를 추구하는 세력으로 보는 것이 타당하다.

이런 의미에서 중간계급은 결코 '중간'에 있는 계급일 수 없다. 물론 이런 논의와 별도로 과연 한국 사회에서 어느 정도의 경제수준을 중간계급으로 볼 건지에 대한 논란은 현재진행형이다. 그런데 이명박 정부는 감세정책을 발표하면서 이를 '명쾌하게' 정의했다. 이것은 한국 사회의 계급구성에서 중간계급이 무엇인지 그 실체를 은연중에 드러낸 사건이었다. 강만수 기획재정부 장관의 입을 통해 "감세 효과의 53%가 서민, 중산층, 중소기업에 돌아간다"고 큰소리친 정부는 과표표준으로 연소득 8천8백만 원, 실제소득 연봉 1억2천만 원 소득자를 '중산층'으로 설정했다. 여기에 대해 비판의 목소리가 드높지만 '글로벌 스탠더드'로 보면 맞는 말이다. 한국 사회에는 중간계급에 속하지 못하면서도 중간계급 의식을 소유한 '서민들'이 참으로 많다. 소득수준이 낮을수록 감세정책에 대한 지지가 높다는 건 이 점을 방증한다. 여러 가지로 죽을 쑤고는 있지만, 그래도 이명박 정부가 한 가지 의미 있는 일을 했다고 자축해야 할까? 한국 사회에 중간계급이 누구인지를 되새겨볼 기회를 제공했다는 측면에서 말이다.

이처럼 이명박 정부는 앞장서서 한국 사회의 계급구조를 손수 '폭로'하고 있다. 나름대로 판타지를 깨뜨려준다는 측면에서 업적이다. 부르주아계급은 원칙적으로 자신들의 이해관계를 공공적인 것으로 포장하기 마련인데, 이명박 정부는 대체로 뻔뻔스럽게 자신의 이해관계를 '특수한 것'으로 드러내고 있다.

09.24.

回 13. 미국 금융위기

리먼브라더스의 파산과 함께 찾아온 미국의 금융위기가 말해주는 것은 무얼까? 성질 급한 이들은 조심스럽게 신자유주의의 종언과 '자유시장' 이데올로기의 붕괴를 얘기하지만, 다분히 김칫국부터 마시는 느낌이 강하다. 나오미 클라인의 지적처럼, 자유시장 이데올로기는 그렇게 호락호락하지 않다. 이미 지난 시절 동안 신자유주의는 일종의 종교가 됐는데, 이 종교가 요구하는 신앙은 자본의 이해관계와 밀접하게 관련되어 있다. 이런 까닭에 그 필요성에 따라서 자유시장 이데올로기는 "썰물과 밀물처럼 왔다 갔다 할 것"이다.

당장에 세상의 종말이 닥칠 것처럼 언론들은 막가는 분위기를 연출했지만, 이건 안정을 희구하는 중간계급에게서 나타나는 일반적인 공포의 표현 이상도 이하도 아니다. 오히려 부르주아계급은 이런 위기

2007년 미국의 10대 서브프라임 모기지론 대부업체 두 곳(뉴센추리파이낸셜, 아메리칸홈모기지인베스트먼트)이 파산하면서 시작된 서브프라임 모기지론 사태는 2008년 9월 15일 미국의 투자은행 리먼브러더스가 파산신청을 하면서 걷잡을 수 없는 금융위기를 가져왔다.

를 즐긴다. 위기는 그들에게 도약의 기회이기도 하기 때문이다. 물론 까마득한 절벽으로 떨어져 죽음을 맞이할지도 모르지만, 그들에게 도전은 곧 강인한 마초의 모험심을 자극하는 것이기도 하다. 이런 부르주아계급의 도전 정신과 모험심을 따라 배우자는 것이 그동안 한국 사회를 지배해온 중요한 이데올로기였다는 걸 새삼 다시 지적할 필요는 없을 것 같다. 이런 까닭에 자유시장 이데올로기에 근거한 미국적 자본주의의 위기가 한국 사회의 진보세력에게 좋은 기회를 제공한다고 보기는 어렵다. 경제공황 같은 엄청난 사건이 발생해서 자본주의가 스스로 망해주기를 바라는 건 너무나도 순진한 발상이다. 만일 사태가 이렇게 전개되더라도 지금 상태로 보자면 오히려 한국 사회는 최악의 선택을 할 가능성이 농후하다.

지금 한국 사회에서 목격할 수 있는 부르주아 정당정치에 대한 혐오는 정치 자체에 대한 무관심을 의미하는 것이 아니다. 해석은 자유겠지만, 지금 대중이 원하는 건 부르주아 정치를 종식시킬 초법적 권력이다. 그러나 이런 열망은 당분간 달성하기 어려운 것처럼 보인다. 그 까닭은 아이러니하게도 한국 정치의 비민주성 때문이다. 한국의 정치는 아래로부터 뭔가가 이뤄져서 위로 올라오는 게 아니다. 아래에서 누가 올라오더라도 중앙에서 검증을 받는 이중구조인 것이다. 말하자면 기성 정치의 입맛에 맞지 않는 건 결코 '정치화'할 수 없다.

한국 사회와 파시즘을 연결하는 논의에 대해 코웃음을 치는 사람들이 많지만, 실제로 한국 사회에서 나타나는 몇몇 징후들은 분명히 파시즘적이다. 정작 중요한 건 이런 파시즘을 현실화시킬 그 매개가 한국 정치의 비민주적인 구조 때문에 지연되고 있다는 사실이다. 이런 상황에서 밀어닥칠 경제적 파국이 과연 누구에게 이로울 건지는 불을 보듯 뻔하다고 할 수 있다. 파시즘은 자본주의를 제대로 작동시켜달라는 욕망의 정치화이고, 그래서 부르주아계급과 좌파를 동시에 혐오하는 정서를 내포한다. 어떻게 생각하면 파시즘은 대안을 상실한 대중이 취할 수 있는 정치적 해결책인지도 모를 일이다. 게다가 지구상에서 유일하게 파시즘체제가 성공한 경험을 가진 나라가 한국이니 더 이상 말해서 무엇 하겠는가.

일찍이 클라인이 지적한 것처럼, 경제위기는 결국 자본가에게 유리한 국면을 제공할 공산이 크다. 부실기업에 사상 최대의 공적 자금을 투입해서 구제에 나선 미국 정부의 대책은 이를 극명하게 보여준다. 부시 대통령은 "일자리를 잃는 것보다 빚을 지는 게 낫다"고 그럴 듯하게 포장했지만, 도대체 그 일자리는 누가 잃는 것이며, 그 빚은 누가 지는 것인지에 대한 언급은 없었다. 아주 간명하게 여기에서도 우리는 특정 계급의 이익을 보편적인 것으로 치환시키는 놀라운 이데올로기 전략을 발견한다.

따라서 미국 정부의 공적 자금 투입은 '국가의 귀환' 같은 거창한 말로 치장할 필요가 없는 막가는 조치일 뿐이다. 이건 결과적으로 부르주아계급의 모험심을 더욱 부채질할지도 모른다. 장사를 망친 이들의 손해를 국민 세금을 끌어 와서 막아준다면, 앞으로 어떤 부르주아계급이 시장을 겁내겠는가. 결국 이번에 보여준 미국 정부의 조처는 자유시장 이데올로기라는 것이 자본가를 위한 현금인출기로 국가를 전락시키는 것이라는 사실을 다시 한 번 확인시켜줬다.

클라인의 걱정처럼, 이번 사태로 그나마 남아 있던 공공 영역마저 민영화하자는 광풍이 불어 닥칠지도 모를 일이다. 그러나 이런 이데올로기 공세가 거세지는 만큼 수세적 국면이긴 하지만 진보세력이 '공동체주의적 해결책'을 제시해서 사회적 대안을 열어낼 수 있는 계기를 만들어낼 필요가 있다. 눈앞에서 활활 타오르고 있는 불구덩이를 보고도 그 속으로 뛰어들 태세를 취하고 있는 이명박 정부를 보고 있으면 이런 생각에 더욱 확신이 생긴다.

서브프라임 모기지론 사태의 주요 경과

2007년   (4월 2일) 미국 2위의 서브프라임 모기지론(신용조건이 낮은 사람[서브프라임]에게 부동산을 담보로 대출해주는 대신 금리가 높은 프로그램) 대출회사 뉴센추리파이낸셜 파산보호 신청.

    (8월 6일) 미국 10위의 서브프라임 모기지론 대출회사 아메리칸홈모기지인베스트먼트 파산보호 신청.

    (8월 9일) 프랑스 최대은행 BNP파리바, 서브프라임 부실로 인한 신용경색을 이유로 27억5천만 유로 규모의 3개 자산유동화증권(ABS)펀드에 대한 자산가치 평가 및 환매를 일시 중단.

2008년   (9월 15일) 미국의 투자은행 리먼브러더스 파산.

    (11월 10일) 미국 재무부와 연방준비제도이사회, 세계 최대의 보험회사 AIG에 1천5백억 달러 규모의 구제금융 지원 발표.

    (11월 27일) 금융위기를 진화하기 위한 미국 정부의 공적자금 투입액이 7조 달러(1경5백조 원)를 넘음.

2009년   (6월 1일) 미국의 자동차회사 제너럴모터스 파산보호 신청.

◙ 14. 대통령의 사진

인정 많은 대통령이 시장에서 채소 파는 할머니를 부둥켜안고 눈물짓는다. 이 모습을 담은 사진이 말해주는 건 무엇일까? 이 사진에서 드러나는 눈물의 '진정성'을 의심할 필요는 없다. 가락시장 할머니의 거친 손을 쥐었을 때 대통령의 뇌리를 스치고 지나갔을 숱한 과거의 경험들을 모두 '허위'라고 매도할 필요는 없을 것이다. 할머니를 끌어안는 그 순간, 시장에 친히 왕림해서 '민생'을 살피는 위정자라는 고전적인 이미지는 묵직한 중력을 획득한다. 도대체 이런 느낌의 실체는 무엇인가?

허구가 허구로 그냥 있다면 누구도 그 허구를 믿지 않을 것이다. 허구는 항상 '실재의 응답'을 물고 바닥으로 가라앉는다. 무엇인가 간절히 원했는데 이뤄졌다면, 말 그대로 실재가 신호를 보낸 경우다. 더 고약한 건 실재가 응답을 보내는 게 아니라 자신이 실재로부터 응답을

2008년 12월 4일 가락동 농수산물시장을 찾은 이명박 대통령이 자신을 붙들고 울먹이는 박부자 할머니에게 20년간 애용했다던 목도리를 벗어줘 화제가 됐다.

받았다고 생각하는 일이다. 대통령과 시장 할머니가 부둥켜안고 있는 한 컷의 사진은 어떻게 현실이라는 것이 만들어지는지를 잘 보여주는 '외설적' 이미지이다. 이 사진의 구도는 노골적으로 이명박 정부의 '정치'가 무엇인지를 드러낸다.

도대체 대통령은 시장에 왜 간 건가? 서민과 자영업자의 민생을 직접 챙기겠다는 의지라고 한다. 극적인 상황은 예기치 않게 터졌다. 시래기를 팔던 한 할머니가 대통령을 잡고 감정에 복받쳐 눈물을 쏟았다. 때를 놓치지 않고 카메라 플래시가 작렬했고, 이 사진은 보수언론의 1면을 대문짝만하게 장식했다. 이걸 두고 '쇼'라고 한다면 당사자들은 억울할지도 모르겠다. 아니 진짜 그때는 계획이고 뭐고 그냥 진정한 마음이었다고 강변할 것이다. 사실이 그렇다. 그 순간만큼은 대통령이든 할머니든 절실함에 사무쳤을 테다.

이미지가 우리를 유혹하는 방식은 이런 것이다. 관찰자의 시선을 넘어서서 이미지는 우리에게 다가와서 이것이야말로 절실한 것이라고 속삭인다. 이것은 진솔한 감정이입이면서 한 장의 사진이 보여주는 세계 속에 관객이 동참하는 미학적 행위이기도 하다. 신문의 1면을 장식한 대통령과 할머니의 사진은 '정치를 예술화'한 대표적인 사례이다. 할머니가 터트린 울음은 기원적 자리를 벗어나서 전혀 다른 목적으로 재배치당해 버린다. 추운 장바닥에서 빈한한 살림을 꾸려가야 하는 할머니의 삶은 순식간에 대통령의 간난신고에 대한 동일시로 승화한다. 사진이 보여주는 포옹의 포즈가 이것을 상징적으로 보여준다. 온갖 풍상을 겪은 할머니의 얼굴은 고통과 비애로 얼룩져 있고, 대통령의 표정은 이를 안타까운 심정으로 위무하는 것 같다.

사진 한 장에서 우리가 보는 건 한국 사회를 지배하는 어떤 '감각의 나눔'이다. 요컨대 이런 '나눔'은 무엇을 어떻게 느끼고 감응하는지를 결정해서 특정 대상에 대한 인식을 좌지우지한다. 따라서 우리가 아는 것이라고 믿는 것은 이처럼 나누어진 감각의 결과물이다. 시장 할머니를 부둥켜안고 있는 대통령의 사진은 정치에 대한 '국민'의 인식을 보여준다. 대통령을 '나라님'으로 생각해서 그 앞에서 눈물 흘리며 애로를 호소하는 '백성'과 "힘들면 연락해라"는 말로 위로하는 대통령의 모습은 우리에게 너무 익숙한 풍경이다. 그러나 이른바 '서민'은 이런 구태의연한 통속성에 감명을 받는다. 왜냐하면 이들에게 이 사진이 구현하고 있는 것이야말로 '정치'이기 때문이다.

이 사진은 갈라진 현실의 틈새를 일시적으로 봉합한다. "시장을 깨끗이 한다고 시래기를 못 줍게 해서 힘들었다"는 할머니의 하소연은

감성마케팅 이명박 대통령은 제5차 라디오 연설(15일), 대선승리 1주년 기념식(19일), 환경미화원과 재래시장 상인 등을 초청한 청와대 오찬(23일), 신년연설(2009년 1월 2일) 등 틈날 때마다 박부자 할머니를 언급해 '박부자 마케팅'을 한다는 빈축을 샀다. 이명박 대통령의 이미지 정치는 2008년 5월 30일 지진 피해를 입은 중국 쓰촨성의 두장옌시를 방문해 한 아이를 '자상하게' 안아주는 장면을 연출한 데서도 이미 엿보였다(2009년 5월 17일 이명박 대통령은 당시 지진으로 부모를 잃은 중국 어린이 20명을 청와대로 초청해 격려하기도 했다).

"우리도 이렇게 힘든데 대통령은 얼마나 힘들겠나"는 말과 아무런 모순 없이 공존한다. 이를 '미담'이라고 소개하는 보수언론의 '정치'도 여기에 한몫을 거든다. 할머니는 우는데 국회는 싸움질이나 했다는 보도는 대통령의 사진이 추구하는 전략과 환상적인 조화를 이룬다. 대통령의 사진은 있는데, 그 어디에도 '대통령'은 없는 기이한 현실이 세모歲暮에 펼쳐진 셈이다.

▣ 15. 국회의원들이 싸우는 척만 하는 이유

2009년은 국회의 스펙터클과 함께 시작했다. 별스런 느낌이 없을 수도 있다. 국회에서 몸싸움이 일어나는 게 하루 이틀도 아니니 말이다. 국회가 난장판으로 변한 책임을 여당은 야당의 탓으로 떠넘긴다. 점잖게 국정이나 논해야 할 국회의원들이 멱살잡이를 하고, 고함을 지르는 모습은 확실히 부끄러운 일이다. 당시 한나라당 원내대표였던 홍준표는 국회 난동을 두고 세계적 웃음거리가 됐다고 개탄했지만, 그 책임이 정부와 한나라당에 없다고 말하기는 어려울 것이다.

냉소주의와 개탄을 걷어내고 본다면 지금 우리 앞에 펼쳐지고 있는 국회의 모습은 무엇을 말해주는 걸까? 소설가 이문열은 이 사건을 두고 "무슨 언론 사수한다고 하는데, 내가 보기에는 민주도 언론도 아니고 지난 10년의 그 방향에서 재미를 본 사람들이 기득권을 놓치기

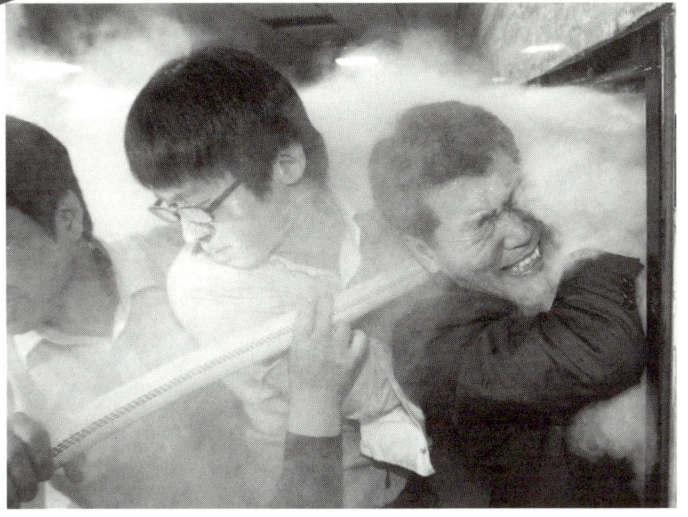

국회의 입법전쟁 2008년 12월 18일 한나라당이 국회 외교통상통일위원회 회의실 (본청 401호)을 점거한 채 야당 의원들의 출입을 막고 한미FTA 비준동의안을 일방적으로 상정하는 일이 발생했다. 야당 의원들은 회의실 출입문을 열기 위해 망치, 전기톱, 소화기 등을 동원해 여당 의원들과 격렬한 몸싸움을 벌였다. 그 뒤 2009년 1월 6일 여야 원내대표가 쟁점 법안 처리 등 10개항에 합의할 때까지 20일간 국회는 파행을 겪었는데, 그동안 '사우스코리안스타일 정치'라는 영어가 '후진 정치'라는 뜻으로 해외 언론에 소개되는 씁쓸한 일도 있었다.

싫어서 하는 것 아닌가"라고 발언했다. 아전인수도 이 정도면 중증이다. 실제로 지난 10년간 누린 기득권으로 치자면 이문열이나 한나라당이나 특별히 사는 일에 지장을 받을 만큼 힘들었다고 보기는 어렵지 않은가? 지난 10년간 누릴 것을 다 누리고 산 이들이 '잃어버린 10년' 운운하는 건 지나가던 소가 웃을 일이다.

서로 직업은 다르지만, 홍준표나 이문열이나 국회의 스펙터클을 만들어내는 일에 주역이면 주역이지 조연은 아니다. 이명박 정부의 집권을 '잃어버린 10년'을 되찾아올 기회라고 보는 관점에서 말이다. 이런 대립이 그 '되찾음'이라는 망상에서 시작하고 있다는 것을 이들은 잘 모르는 것 같다. 그래서 국회의 대립을 풀기 위해 필요한 것이 '대화와 소통'이라고 말하면서도 홍준표나 이문열은 그 원인을 건성으로 진단할 뿐이다. 서로들 표현만 다르게 할 뿐, 결국 야당이 '이기심'을 버리고 양보하면 가능하다는 게 이들의 주장이다. 사태의 해결을 개인의 양심에 맡긴다는 측면에서 이 같은 판단은 형이상학적일 뿐이다. 그러니 실제로 문제를 해결할 수 있는 방안도, 또 해결하고 싶은 마음도 없다는 걸 암시하는 꼴인 셈이다.

원래 국회라는 것은 현실의 분쟁을 대화로써 풀기 위해 고안된 문명사적 발명품이라고 할 수 있다. 이런 국회가 한국에서 보여주는 모습은 콜로세움에 가깝다. 국회라는 콜로세움에서 국회의원들은 검투사가 되어서 '쇼'를 펼친다. 물론 이 쇼는 로마시대의 그것만큼이나 절박하진 않다. 목숨까지 내놓을 정도는 아니라는 뜻이다. 결국 때가 되면 국회는 '정상'으로 돌아갈 것이다. 홍준표나 이문열이나 각자 처지는 다르지만 국회가 현실의 '모사물'에 지나지 않는다는 사실은 모두 잘 알고 있는 것처럼 보인다. 저렇게 물리적으로 국회를 점거하고 있지만 야당도 자신들의 이해관계가 관철되면 다시 협상테이블로 나올 것이라는 게 이들의 생각인 셈이다.

국회의 활극은 한국 민주주의의 한계를 보여주는 '추태'라는 의견이 언론과 보수주의자들이 만들어내는 환상이지만, 실제로 '역동적인' 국회의 모습은 한국에서 운위되는 정치라는 것이 '쇼'에 지나지 않는다는 것을 증명하는 것이기도 하다. 말하자면, 정치라는 것은 대화라기보다 대결이고 파워게임이라는 사실을 한국의 국회는 잘 보여주고 있는 것이다. 한국 사회는 이렇게 너무도 투명하게 자본주의의 모순을 드러낸다. 대다수 '국민들'이 국회에 대해 냉소적인 것은 탈정치와 탈이념이 만연했기 때문이 아니라 국회에서 일어나는 힘겨루기가 자신들의 일상생활과 무관하다고 생각하기 때문이다.

이런 생각을 만들어내는 기제는 분명히 '나쁜 믿음'일 수 있겠지만, 그렇다고 실체도 불분명한 절대 다수의 '국민'을 마냥 비난할 수는 없는 노릇이다. 정치를 정치답게 하라는 주문은 있지만, 그 정치가 무엇인지를 제대로 고민해본 적 없는 곳이 한국 사회 아닌가? 국회는 한국에서 '민심'을 반영하는 곳이 아니라, 이해관계가 격렬하게 부딪히는 '전쟁터'였다. 따라서 '국회가 전쟁터로 변했다'는 발화는 진위 여부를 떠나서 상징적인 것이라고 하겠다.

지금 국회에서 벌어지고 있는 상황은 이명박 정부와 여당의 잘못이 크다. 그럼에도 이들은 무슨 영문인지 국회 경색의 원인을 야당의 책임으로 돌리려고 한다. 이들이 통과시키겠다는 그 '중점 법안들'은 도대체 무엇인가? 여당이 주장하듯이 그렇게 중요한 법안이라면 국민적 합의도 충분히 거치지 않은 채 '속도전'으로 해결할 문제가 아니다. 몇 년 전 유학 중이었던 영국에서 금연법을 실시하는 것을 두고 숱한 찬반토론이 오가던 것을 인상 깊게 본 적이 있었다. 법안 하나를 두고 몇 년씩이나 논쟁하는 진짜 '정치'의 모습을 볼 수 있는 길은 아직도 요원한 일인가?

◎ 16. 미네르바

미네르바 문제는 분석의 차원을 넘어 정치의 차원에서 이해해야 하는 사건이다. 미네르바의 글들은 대체로 포퓰리즘에 근거했고, 새로운 자료를 제시하기보다 기존 자료에 대한 '주관적 해석'을 좀 강하게 주장하는 글들이었다. 그래서 그냥 놔뒀으면 별일 없이 지나갈 일이었다. 그런데 검찰이 미네르바를 체포하고 구속 수사하는 '사건'을 일으키면서 일이 우습게 꼬여갔다. 검찰의 구속영장 발부가 전기통신법상 허위사실 유포 정도에 그칠 사안을 '언론과 표현의 자유' 문제로 번지도록 만들어버린 것이다. 사실 미네르바 구속 수사 여부는 법리적 해석 차이의 문제로 볼 수도 있겠지만, 이것이 사이버 모욕죄를 비롯한 이른바 중점 법안을 놓고 여야가 힘겨루기를 벌이는 시점에 발생했다는 점에서 정치적 격돌을 피할 수 없는 문제이기도 했다.

이렇게 일이 커질 줄 검찰도 알고 있었는지 알 수 없지만, 보도에 따르면 검찰 내부에서도 의견은 분분했던 것 같다. 물론 일부 인터넷에서 떠도는 말처럼, 미네르바의 체포나 구속수사를 두고 지하벙커에서 비밀리에 구상한 작전으로 보는 건 또 다른 과장일 수 있다. 오히려 검찰과 법원이 너무 원칙을 지켜서 해프닝이 일어난 꼴이라고 봐야 할 것 같다. 『중앙선데이』에서 김영욱 논설위원이 지적하고 있는 것도 이 문제다. 이 맥락은 이회창 자유선진당 총재가 '실질적 법치주의'라는 용어를 사용해서 법원의 영장발부를 비판하는 입장이기도 하다. 한마디로 긁어 부스럼 만들었다는 말이다. 하여튼 좌우를 막론하고 '원칙주의자'가 살아가기에 참으로 괴로운 대한민국이다.

검찰은 미네르바를 체포 나흘 만에 구속시켜버렸다. 법원이 미네르바의 인신을 구속하기로 결정한 혐의근거는 "범죄사실에 대한 소명이 있고, 외환시장 및 국가신인도에 영향을 미친 사안으로서 그 성격 및 중대성에 비춰 구속수사의 필요성이 인정된다"는 것이다. 서울중앙지법 김용상 영장전담 부장판사가 내린 결론이다. 혹세무민을 역적죄로 다스리던 조선시대도 아니고, 영장발부 사유가 사뭇 고리타분하다. 시대착오적인 발상일 수도 있지만 그만큼 '민심'이 두려운 정권의 '오버'인지도 모르겠다. 인터넷에 오른 무명의 글 때문에 영향을 받을 국가신인도라면, 도대체 무엇에 쓸 수 있는 물건인지 모를 일이다. 그러므로 이번 일은 그만큼 한국 경제가 허술하다는 사실, 즉 아직도 한국의 경제를 운용하는 이들이 '미신적 마인드'에 물들어 있다는 사실을 보여줄 뿐이다. 수많은 수식과 통계를 내세워 현명한 투자를 권유하던 그 '합리성'은 어디로 가버렸는지 입맛이 쓰다.

솔직히 미네르바가 일부 네티즌들이 추측하는 것처럼 전직 CEO 이거나 탑클래스의 증권사 직원, 또는 유학파 경제학자였다면 검찰이 이렇게 '자랑스럽게' 체포 작전의 전말을 드러내지는 않았을 것 같다. 그런데 미네르바가 전문대 졸업 학력이 고작인 백수였으니, 참으로 적절한 역공의 기회를 잡았다고 생각했을 테다. 한국 사회에 만연한 학벌주의와 엘리트주의를 잘 이용하면 동요하던 '민심'은 금방 잦아들 것이라고 판단했을지도 모른다. "너희들이 이런 가짜한테 놀아났다"고 폭로함으로써 아고라를 근거 없는 풍문이나 양산하는 "찌질이 집합소"로 이미지화할 수 있고, 또한 이렇게 인터넷 언로를 통제할 수 있는 근거를 마련함으로써 인터넷이 주도하는 한국의 담론형성 판도를 뒤바꿀 수 있다고 생각했을 수도 있다.

실제로 미네르바의 체포와 구속이 전격적으로 이뤄진 배경은 일부 '전문가들'이 미네르바의 주장에 동조하고 나섰기 때문일 공산이 크다. 인터넷과 전문지식이 만났을 때 그 폭발력이 어떨 것이라는 사실은 지난 여름 촛불에서 스펙터클하게 드러났다. 무리한 정책 추진의 근거로 항상 '경제성장의 정당성'을 주장하고 있는 이 정부의 이데올로기에 미네르바는 자신도 모르게 가장 위험한 비수를 겨눴던 셈이다. 이런 까닭에 검찰과 법원은 이 사건을 전기통신법상 허위사실 유포 혐의로 구속 수사하고 있지만, 사안은 언론과 표현의 자유라는 문제로 넘어간 것이다. 이번 사건을 바라보는 여러 시각이 있지만, 내가 보기에 미네르바에 대한 검찰의 수사는 인터넷이라는 새로운 영역을 법의 테두리로 끌고 들어오기 위한 '순진한' 시도이다. 그러나 검찰의 이런 공세조차 원했던 방식으로 풀려나갈 수 있는 기미가 좀처럼 보이지 않는다. 검찰의 공세는 역설적으로 경제라는 게 '아마추어리즘'으로도 충분히 분석하고 논할 수 있는 '만인의 역량'이라는 사실을 증명하는 결과를 낳았을 뿐이다. 이해 불가능한 수학공식과 자신들도 모르는 비의적 언어로 투자자들을 현혹하던 그 '구라들'이 사실은 미네르바 같은 백수의 심심풀이보다 못한 것이라는 게 적나라하게 폭로된 것이다. 피에르 부르디외의 말처럼, 결국 부르주아 경제학이라는 건 복잡한 숫자놀음으로 위장한 '신화학'에 불과하다는 사실을 미네르바 신드롬은 잘 보여주고 있다.

미네르바의 체포와 구속에서 드러난 정부 관계자와 정치인들의 반응은 그래서 상당히 흥미롭다. 미네르바의 학력이 전문대졸이고 뚜렷한 직업도 없는 백수라는 사실에서 많은 이들은 당혹감을 느꼈다. 미네르바에 지지를 보냈던 이들이나 그렇지 않았던 이들이나 이 실재의 출몰에 대한 반응은 어슷비슷했다.

검찰이 체포한 인물이 '진짜' 미네르바가 아닐 것이라는 주장에서 이런 반응의 실체를 확인할 수 있다. 이런 주장을 하는 이들은 대체로 미네르바를 '국가적 기밀'에 접근할 수 있는 한국 사회의 상위 1% 내에 드는 인물로 추정하고 있다. 만연한 엘리트주의가 미네르바 신드롬을 키웠던 것이다. 미네르바가 '인터넷 폐인'에 지나지 않다는 진실은 이런 환상을 보기 좋게 깨뜨려버렸다. 이한구 한나라당 의원이 "이번에 체포된 사람이 진짜 미네르바인지는 확실치 않지만 진짜 미네르바고 독학을 해서 그 정도로 실력을 쌓았다면 대단한 실력파다"고 발언한 배경은 도저히 받아들일 수 없는 사실을 무마하려는 심리적 발버둥처럼 보인다.

분명한 사실은 이것이다. 즉, 한때 보수언론 당사자들조차도 미네르바를 한국의 경제 문제에 뛰어난 식견을 가진 인물로 상상했다는 것 말이다. 미네르바를 '경제대통령'이라고 부르면서 한국 경제의 문제를 단번에 해결해줄 메시아로 추앙한 대중과 별반 다를 게 없는 태도를 이들도 보였던 셈이다.

검찰의 주장이 사실이라면 미네르바의 글은 재력가들이나 딜러들의 달러 매수를 좌지우지할 만큼 막강한 능력을 가진 것이었다. 검찰과 법원이 인터넷을 잡도리할 필요성을 느낀 건 이 때문일지도 모른다. 이 '능력'이야말로 바로 '게나 고둥이나 다 가지고 있는 역량'이고, 이 상황이 엘리트주의자들에게 '남용'이자 '오용'으로 비쳤을 수도 있는 것이다. 바야흐로 검찰과 법원은 인터넷을 법의 테두리 내에 고정시키면 인터넷 남용을 방지할 수 있을 것이라고 판단한 것 같지만, 정작 미네르바라는 이름을 만들어내고 키워낸 건 한국 사회의 경제중심주의였다. 그런 의미에서 미네르바는 이 현실을 비추는 하나의 거울에 지나지 않는다.

흥미롭게도, 이름도 얼굴도 모르는 미네르바에게 '경제대통령'이라는 호칭이 붙여졌다는 사실이 이를 잘 보여준다. '국민'이 원하는 대통령이 무엇인지 미네르바 신드롬은 선명하게 보여준 것이다. '경제-대통령'이라는 조어구조가 지시하듯이, 이제 대통령이라는 권력은 정치와 분리된 그 무엇이어야 한다. 한국 사회에서 대통령은 놀고먹는 정치인과 부도덕한 기업인에 대항해서 국민의 이득을 실현해야 하는 '중성적 존재,' 다시 말해서 정치와 분리된 경제의 중립성을 체현하고 있는 '권력'이어야 하는 것이다.

인터넷 논객 미네르바 사건일지

2008년   (7월 14일) 미네르바, 미국의 서브프라임 모기지론 사태가 국내에도 영향을 줄 것이라며 경고.

(8월 25일) 미네르바, 미국의 투자은행 리먼브라더스를 인수하면 부실자산 5백억 원을 떠안게 된다며 산업은행의 인수계획 반대.

(8월 29일) 미네르바, 환율이 9월 중순 최대 1,125원, 9월 하반기에는 1,180~1,200원이 될 것이라며 환율변동 예견.

(9월 15일) 리먼브러더스 파산신청. 잇따른 예측 적중에 네티즌들 사이에서 '경제대통령'으로 불리며 '미네르바 신드롬' 일으킴.

2009년   (1월 7일) 검찰, 미네르바로 추정되는 박대성 긴급체포.

(1월 10일) 검찰, 인터넷을 통한 허위사실 유포 혐의(전기통신기본법 위반)로 박대성 구속.

(4월 20일) 서울중앙지법, 박대성에게 무죄선고. 석방.

(7월 2일) 『IS일간스포츠』에 '미네르바 경제이야기' 연재(주 2회).

　이런 맥락에서 미네르바는 이명박이라는 현실의 대통령에 대한 '대리보충'이라고 할 수 있다. 다시 말해서 미네르바 본인이 원했든 원하지 않았든, 그의 글이 필연적으로 '반反이명박'의 색채를 띨 수밖에 없는 건 이 때문이다. 이명박 정부에게 부족하다고 생각하는 것들을 투사해서 대중이 만들어낸 이미지가 바로 미네르바였던 셈이다. 그러나 미네르바는 경제분석가였다기보다 인터넷에 올라 있는 자료를 토대로 대중이 듣고 싶은 말을 해준 포퓰리스트였을 뿐이다. 미네르바가 올린 글은 지금 현재 한국 사회에서 대중이 원하는 것이 무엇인지를 지시하는 리트머스 시험지였다.

◙ 17. 용산참사

용산참사의 원인에 대해 경찰은 화염병 때문이라고 말하지만, 사실은 과잉진압이라고 볼 수밖에 없다. 발화 원인에 초점을 맞춘 검찰의 수사 결과는 '진압'을 기정사실로 놓고 잘잘못을 따졌기 때문에 철거민의 과실로 이번 사건을 종결지을 수밖에 없었을 것이다. 하여튼 전국철거민연합 같은 외부 세력이 개입해 화염병을 던지고 새총을 쏴서 강경진압이 불가피했다는 경찰의 주장은 사태를 제대로 파악하지 못한 어리석은 변명일 뿐이다. 아무리 그렇게 주장해도 공권력이라고 자임하는 경찰이 멀쩡한 시민을 테러리스트 대하듯이 특공대를 투입해서 진압한 건 공분을 불러일으키기에 충분하다.

경찰은 국민을 보호하라고 있는 것이지 죽이라고 있는 것이 아니다. 자살하겠다고 한강대교에 올라간 취객을 그냥 놔두고 보는 건 엄

2009년 1월 20일 서울시가 도시정비사업의 일환으로 재개발을 추진 중이던 용산4구역의 한 상가건물 옥상에서 화재가 발생해 철거민 5명이 사망하고 23명이 부상을 입는 사건이 발생했다. 그 뒤 화재원인, 경찰의 폭력성, 여론조작 여부를 놓고 많은 논란이 일어났다.

밀히 말해 공권력의 직무유기라고 할 수 있다. 취객의 난동에 관대한 경찰이 유독 철거민에게 가혹한 건 형평성에서도 문제적이다. 전국철거민연합이 아무리 과격하다 해도 천년만년 화염병을 던지면서 버틸 수는 없다. 이들에게 필요했던 건 자신들의 주장을 알릴 시간이었을 뿐이지 죽음이 아니었다. 이들도 국가에 세금 내고 안전을 기탁한 근대적 시민이라는 사실을 경찰은 부정할 수가 없다. 시장논리에 근거해서 말해도 이들은 신변의 안전과 보호를 조건으로 국가와 계약한 당사자들이다.

용산참사에 대한 시민들의 분노는 여기에서 출발한다. 이명박 정부의 무능력한 아마추어리즘을 다시 한 번 드러낸 인재人災로 이번 사건을 받아들이는 분위기가 지배적이다. 김석기 같은 인물을 서울지방

경찰청 신임청장으로 앉힌 것 자체가 중대한 실수였던 셈인데 정치적
지지세력의 약화와 통치력의 부재를 힘으로 밀어붙여서 해결하겠다
는 발상이 여기에 배어 있는 것이라고 할 수 있겠다. 또한 이번 참사로
인해 이명박 정부는 집권 초기부터 계속해서 '사람 하나 제대로 고르
지 못해' 지지세력을 이반시키고 정책을 추진하지 못하는 구제불능 집
단으로 보수세력 내에서도 낙인 찍혔다고 볼 수 있다.

간접적인 방식으로 언론에 전해지긴 했지만, "성급한 경찰 진압
을 이해할 수 없다"고 말한 박근혜 한나라당 전 대표의 근심이나 "조
속히 책임자를 문책하고 민심을 수습해야 한다"고 말한 홍준표 한나라
당 원내대표의 우려는 이번 사건을 둘러싼 정치적 기류의 향방을 짐작
하게 하는 반응이었다. 조갑제나 지만원 같은 냉전 우익세력의 열망과
달리 한국 사회의 중간계급은 적어도 선진국이라면 "보상금 때문에"
협상을 벌이기 위해 빈 건물을 점거한 철거민을 테러리스트라고 경찰
이 우기는 건 옳지 않다고 생각한다. 뿐만 아니라 경제대국으로 성장
한 21세기 대한민국의 긍지가 다시 화염병과 최루탄으로 얼룩지는 일
은 없어야 한다고 생각한다. 그동안 경찰은 군기가 빠져서 시위대를
그냥 둔 게 아니라, 이런 시대정신에 부합해야 한다고 생각했기 때문
에 그렇게 했던 것이다.

차분히 생각해보면 공분의 원인은 두 가지다. 첫째는 경찰의 공권
력 남용이다. 용산참사가 일어난 결정적 원인은 진압수칙까지 무시하
고, 방재대책조차 없이 무조건 특공대를 투입한 경찰 상층부의 안이한
태도에 있었다. 이들이 변명 삼아 내놓은 말들 중 압권은 "특공대한테
맡기면 잘 해결할 줄 알았다"는 것이다. 결국 책임은 특공대원들에게

있다는 말이다. 이런 무책임한 언사나 늘어놓는 경찰간부들의 행태에 시민들은 분노하고 있는 것이다.

두 번째는 대책 없는 철거다. 철거민들이 시간을 벌기 위해서 화염병을 들 수밖에 없었던 원인은 보상 문제 때문이기도 했다. 이를 두고 보수언론들은 철거민들을 보상금 때문에 '생떼'나 쓰는 몹쓸 사람들로 이미지화하려고 했다. 그러나 철거민들이 요구했던 건 시장원리에 견줘 봐도 지극히 '정상적인 것'이었다. 권리금에 대한 판례를 보더라도 철거민들에게 억울한 측면이 있었다. 이처럼 법질서를 무시하고 특정 세력에게 이득을 주는 시장원리의 왜곡에 대해 시민들은 분노하는 것이라고 할 수 있다. 이런 요구는 결코 시장을 부정하는 것이 아니라 시장 내에서 작동하는 평등주의에 대한 문제제기이다.

이런 의미에서 용산참사는 "경제적 필요를 공공재에 활용하는 전문가 정부의 합리적 행위"로 정치를 일축해왔던 한국 사회의 환상을 깨트린 사건이다. 이명박 정부의 집권은 정치의 종언을 선고했던 '민주주의적 합의'였다. 그래서 이명박 정부는 용산참사에 대한 여론 정도는 충분히 관리할 수 있다고 생각한 듯하다. 어차피 게임은 30% 대 30% 싸움이고 그 중간에 있는 부동층의 향배가 이 싸움의 승패를 가른다. 확실히 여론조사에 의거해서 합의의 규칙들을 조정하려는 민주주의는 결국 용산참사에서 드러난 정치적인 것을 합의 민주주의의 한계 내로 포섭할 것이지만(이런 조건이 지금을 혁명전야로 볼 수 없는 근거들을 제공한다), 이와 동시에 용산참사는 정치적인 것이 합의를 통해 결코 소멸하지 않는다는 사실을 증명해줬다. 그런 점에서 용산참사는 정치에 대한 철학적 사유를 요청하는 사건이기도 하다.

　　그러나 이 사건을 둘러싼 논쟁은 철학적 사유를 일찌감치 폐제하는 것처럼 보인다. 용산참사를 치안과 정치의 대립으로 파악하는 태도, 즉 치안에 의한 인민의 희생으로 식별하는 태도가 그렇다(이는 대책위나 경찰이나 동일하다). 즉, 용산참사는 "경찰에 희생당한 철거민"이라는 발화로 포섭할 수 없는 차원을 갖는다. 여기에서 문제는 치안과 정치가 분리될 수 없다는 사실에서 발생한다. 정치는 치안을 배제할 수 없고 그 반대 역시 마찬가지다. 이런 까닭에 경찰은 "철거민도 사람-국민이다"는 주장에 대해 "경찰도 사람-국민이다"는 말로 응수하는 것이다. 그런 점에서 용산참사를 경찰과 철거민의 투쟁으로 한정하려는 '일반 국민'의 태도 역시 치안만을 정치로 파악하는 한국 사회의 민주주의 의식을 드러낸 것일 뿐이다.

　　화염병을 들었기 때문에 철거민은 테러리스트고 폭도라는 주장은 "철거민도 사람-국민이다"는 절대적 사실 앞에서 인식의 혼란을 겪을 수밖에 없다. 이 지점에서 이런 주장을 거부하는 '부르주아적 주체'는 자기 분열을 스스로 폭로할 수밖에 없다. "경찰도 사람-국민이다"라는 경찰의 주장이 좋은 예이다.

　　'부르주아적 주체'란 결코 사회적 처지에서 발생하는 것이 아니라, 특수한 것을 보편적인 것이라고 받아들이는 믿음의 체제에서 발생한다. 그러므로 이런 체제를 통해 만들어진 주체는 평등의 요구에 그치지 않고 평등을 단언하고 선언하는 정치적 발언에 대해 불쾌감을 느낄 수밖에 없다("여기에 사람이 있다"는 대책위의 표어는 이런 정치적인 것의 의미를 적절하게 드러낸 은유적 수사였다고 할 수 있다). 그런데 이런 불쾌감이 "경찰도 사람-국민이다"라는 말로 표현될 때, 그것은 공권력의 중립성에 균열을 가하는 '정치적인 것'을 드러낸다. 말하자면, 경찰도 철거민처럼 '국민'이라고 말하는 이 목소리에서 우리는 치안을 통해 제거할 수 없는 과잉의 실체들, 즉 아무나 가졌기에 아무도 주목하지 않는 공통의 특성을 발견한다. '철거민'은 아무것도 아닌 자들이 아니다. 이들은 전체에 포섭될 수 없는, 전체로 셈할 수 없는 몫 없는 자의 몫을 주장하는 '인민'이다. 정치라는 건 국회의사당에 모인 이들에게 맡겨 두는 게 아니라, '말할 수 있는 존재들의 평등'을 주장하는 것이다. 이 공통적인 것, 즉 평등하다는 사실 자체, 그리고 평등을 주장할 수 있다는 것이야말로 통치할 수 있는 '특수한 자격을 갖지 않는' 아무것도 아닌 자들의 역량이다.

근대국가와 계약을 맺은 인민의 보편적 특성을 담지하고 있는 공공성 개념을 지탱해주는 건 평등에 대한 요구이고, 이것이 지금 한국 사회의 진보주의를 구성하는 핵심적인 인식체계이다. 한국 사회에서 만들어지는 진보적 지식은 이런 인식체계에 의지하고 있다. 평등주의적 유토피아와 계급투쟁을 경제라는 이름으로 매장해버린 한국의 부르주아 민주주의는 이런 의미에서 필연적으로 아무것도 아닌 자들이 요구하는 평등의 문제와 맞닥뜨릴 수밖에 없다. 그러므로 용산에서 죽은 이들은 희생자가 아니라 소수의 부나 귀족의 신분을 갖지 않은 '자유로운 인민,' 다시 말해서 한국 사회라는 공동체 전체이다.

용산참사 사건일지

2006년	(4월 20일) 서울시, 도시정비사업의 일환으로 용산4구역(한강로3가 63~70번지 일대 5만 3442m²) 재개발 사업 추진 발표.
2007년	(7월~현재) 재개발 사업구역 철거민들의 이주 진행. 서울시와 자치구들이 주거이전비를 제대로 지급하지 않아 물의를 일으킴.
2009년	(1월 19일) 철거민들, 재개발 지역의 5층 건물 옥상을 점거하고 농성 시작. 경찰 경비병력 3개 중대 3백여 명 투입.
	(1월 20일) 경찰 특공대원들의 옥상진입 과정 중 화재 발생.
	(2월 9일) 검찰, 화재원인은 철거민들의 화염병이라고 발표. 농성자 20명과 불법행위를 저지른 용역업체 직원 7명을 기소.
	(2월 18일) 검찰, 수사기록 열람과 등사를 신청한 용산참사 변호인단의 요구를 거절. 검찰의 재판방해 의혹이 제기됨.
	(3월 11일) 경찰과 용역의 합동작전으론 용산4구역 철거 재개.
	(4월 22일) 용산참사 범대위, 전면적인 대정부 투쟁 선언.

제2부 | 촛불집회, 다른 민주주의의 가능성과 한계

촛불집회가 원했던 건 계속 촛불집회가 열리는
것이다. 그래서 촛불은 결코 꺼질 수가 없다.
한국 자본주의의 모순이 해결되지 않는 한, 촛불은
끊임없이 불려나와 함께 즐길 권리를 박탈당한
이들에게 대안의 즐거움을 선사할 것이다.

▣ 18. 10대들의 폭발

이른바 광우병 파동에서 이명박 정부와 보수언론은 MBC에게 완패했다. 지난 2005년 당시 황우석 신화를 침몰시킨 그 MBC의 능력이 다시 한 번 확인된 순간이었다. 여기에서 완패라는 의미는 담론의 헤게모니를 완전히 빼앗겨버렸다는 뜻이다. MBC는 친절하게(?) 쟁점을 짚어주면서 다른 핵심적인 문제로 논점을 바꾸는 기지를 발휘했다. 뱀의 꼬리를 때려 머리를 들게 하는 전략이었다. '국민건강'이라는 민감한 사안은 순식간에 이명박 정부의 외교협상력 문제로 전환됐다. 담론투쟁에서 패배한 이명박 정부와 보수언론이 여론을 적으로 만들어버렸기 때문이다. 특히 이들은 여론형성에 결정적 역할을 하는 인터넷 담론을 풍문이나 괴담으로 치부해버리는 우를 범했다. '아무나 가진 역량'으로서의 인터넷 담론이 가진 '정치성'을 간과했던 것이다.

세상은 복잡해졌는데, 현실을 파악하는 사고구조가 단순한 이분법에 빠져 있으니 이런 일이 일어났다고 할 수 있다. 사안은 미국산 쇠고기를 먹고 광우병에 걸릴 수 있는가 없는가 하는 게 아니라, 만일 광우병이 발생하게 되면 우리가 할 수 있는 일이 아무것도 없다는 사실에 근거한다. 설령 광우병이 미국 내에 발생하더라도 전적으로 "이 쇠고기는 안전하다"는 미국 측의 말만을 믿어야 하는 상황이 문제인 것이다. 말 그대로 '혈맹'관계의 복원이라는 지극한 이상주의가 이번 협상 내용에 들어 있다고 하겠다. 이건 정말 시장논리라기보다 신의와 우애에 기초한 고매한 중세적 형이상학이다.

이명박 정부와 보수언론은 '광우병 괴담'이라는 둔갑술을 사용했지만, 전혀 씨가 먹히지 않았다. 그 점잖으신 양반들이 포털사이트 댓글이나 뒤져서 10대들이 쓴 '~카더라' 식 풍문들을 '조직적 유언비어'로 둔갑시키는 사술을 구사하는 걸 지켜보는 마음은 안쓰럽기 그지없었다. 정말 부르주아 정치가 위기이긴 위기인가 보다. 여론의 바로미터 박근혜 '공주'가 이명박 정부의 행태에 대해 일침을 놨는데, 이게 『중앙일보』는 마음에 들지 않았던 것 같다. 사설에서 볼멘소리로 지금 이 시국에 이러면 어떻게 하냐고 불만을 터뜨렸다. 광우병 파동의 폭발력은 대단했다. 한나라당은 손발도 맞지 않는 싱크로나이즈 쇼를 펼치고, 바람 빠진 풍선 같던 민주당이 '검역주권'을 외치며 기세를 높이는가 하면, 자유선진당까지 나서서 "우리는 반미주의자가 아니다"고 만담을 하고 있으니 말이다.

그러나 이 초현실주의적 '개그콘서트'는 우리에게 중요한 문제들을 던져준다. 이 문제들은 침묵했던 10대 교복부대들이 청계천에 모인 사건에서 드러난다. 이 사건은 국민건강이나 이명박 정부의 외교협상력이라는 두 가지 이슈와 다른 문제를 우리에게 일러주고 있다. 말하자면, '정치적인 것'이 출몰한 것이다. 그것도 10대들의 정치가 말이다. 부르주아 민주주의라는 근대 한국의 시민사회가 동의했던 그 이념이 무너지고 있는 혼돈의 공간에 '새로운' 정치가 출몰하고 있다. 보수 언론들은 이 사건을 폄하하거나 아니면 이 때문에 긴장하고 있다. 10대들이 그곳에 모인 까닭은 무엇이었을까?

과연 광우병 때문에 이들은 청계천에 모여 촛불을 밝혀든 걸까? 그러나 광우병은 일종의 촉매 노릇을 했을 뿐이다. 이들은 무대 위에 올라가서 자신들의 처지를 토로했다. 이 말들은 어디에서 왔는가? 0교시나 방과 후 보충수업을 부활시키고, 사교육을 부추겨 10대들의 삶을 더욱 팍팍하게 만들고 있는 이명박 정부가 이 말들의 원인제공자이다. 10대들은 '나쁜 어른들'이 쏟아낸 어른 중심의 정책을 직접 피부로 느끼고 있는 것이다. 이렇게 정치는 그 당사자에게 '피부로' 작동한다. 문화가 정치를 드러내는 방식은 이렇다. 직접적이지 않지만 적나라하다. 지난 대선과 총선이 증명하듯이, 한국 사회에서 정치가 첨예하게 작동하는 두 지점은 바로 부동산과 교육이다. 그리고 이 둘은 밀접하게 연관되어 있다. 이번 10대들의 자기 발언은 이런 현실과 무관한 것이 아니다. 10대들은 정치가 첨예하게 작동하는 한 지점에서 그 정치의 영향력을 가장 민감하게 감지할 수 있었던 것이다.

그렇다면 과연 이건 환영할 일인가? 일단 한국 사회에서 배제되고 잊혀졌던 10대들이 자기 목소리를 냈다는 측면에서 긍정적이다. 이들이 자기 몫을 주장함으로써, 배제되지 않은 자들끼리 쇼를 벌이는 정

촛불소녀　　1987년 6월 항쟁이 넥타이 부대의 출현으로 확산됐다면, 2008년 촛불집회의 불길은 '촛불소녀'에 의해 댕겨졌다. 2008년 5월 2일 청계광장과 서울시청 일대에서 열린 최초의 촛불집회 당시 가장 먼저 촛불을 들고 나온 것은 교복을 입은 10대 여중고생 6천여 명이었다(총 참여자 1만여 명 추산). 5월 17일경 비영리 사회단체 나눔문화는 이 어린 학생들을 촛불소녀로 형상화했고, 그 뒤 레몬아이스크림이라는 네티즌이 촛불초딩에서 촛불할머니에 이르는 11가지의 '촛불 대가족' 캐릭터를 인터넷에 올려 폭발적인 호응을 얻었다.

치의 극장을 뒤집어버릴 에너지가 마련됐기 때문이다. 관객의 자리에 있어야 할 10대들이 무대 위로 올라왔으니 일단 판이 새로 짜일 가능성이 열렸다. 그러나 긍정성은 더도 말고 덜도 말고 딱 여기까지. 이렇게 표출된 정치적인 것이 어디로 흘러갈지는 아무도 모른다. 물론 청계천에 모인 10대들의 목소리가 지금 현재 한국 사회를 지배하는 규범을 넘어갈 정도로 앞서 가 있는 건 아니다. 오히려 이들의 주장은 소박하다. "나쁜 어른들이 우리에게 못 먹을 걸 먹이려고 한다"는 정도에 그친다. 이건 자본주의의 쾌락원칙을 인정하는 평등주의이다. 어른들이 즐기는 만큼 우리도 즐기고 싶다는 주장이 변형된 것에 불과한 것이다. 이런 평등주의 발상이 한국 사회에서 세대론을 주요한 정치 담론으로 만들어왔다.

　청계천에서 드러난 10대들의 정치성은 인터넷이나 휴대폰 같은 테크놀로지가 없었다면 불가능한 일이기도 했다. 이처럼 테크놀로지는 사물의 표면을 덮고 있는 피상성이 아니라 그 내부의 구조를 지배하는 패러다임이다. 인터넷은 계몽의 기계이다. 따라서 이명박 정부나 일부 언론들이 생각하듯이, 지금 10대들은 무지몽매해서 청계천에 나온 게 아니다. 이들은 깨어 있기 때문에 촛불을 밝힌 것이다. 이런 의미에서 이들이 손에 들고 있었던 그 촛불은 상징적이다. 촛불이라는 계몽의 상징이야말로 10대들의 정치성이 무엇을 의미하는지를 정확하게 보여준다. 10대들은 기성세대가 만들어낸 시스템의 밖에서 출몰한 게 아니라, 바로 그 안에서 만들어진 것이다. 이렇게 10대들의 정치성은 광우병 파동에 내재한 이중성을 흥미롭게 드러낸다.

▣ 19. '너머'는 없다

촛불은 확실히 '흥분할 만한 일'이지만, 그렇다고 너무 이 사건을 대단하게 생각하는 건 적절하지 못하다. 이걸 확인시켜주는 징후가 이명박 정부에 대한 실망이 그 반대편이라고 여겨지는 민주당에 대한 지지로 바뀌지 않는다는 사실이다. '노간지의 귀환'도 참으로 생뚱맞은 주장이다. 이제 대중은 박근혜의 손을 들어주고 있다. 분명 촛불정치의 출현은 기존의 부르주아 정치판을 새롭게 짤 수 있는 기회를 제공하고 있지만, 대중은 여전히 이들 이외에 다른 '대안'을 찾지 못하고 있다. 이제 '너머'는 없다. 이 말은 더이상 새로운 것은 없다는 뜻이다. 오직 있는 건 이 판에서 만들어낼 수 있는 '다른 것'뿐이다.

이런 사실은 2008년 6월 5~8일 '72시간 릴레이 국민행동'의 결과로 드러났다. 이명박 정부의 대응에 대해 촛불은 무기력했다. 이 시위를 계기로 이명박 정부는 본인들이 주장해온 것과 다른 태도를 적나라하게 노출시켰다. 말하자면, 본인들이 표방한 시장-실용주의와 전혀 다른 모습을 보인 것이다. 시장-실용주의의 핵심은 바로 공평성과 탈권위적 소통인데, 이들은 전혀 이런 모토를 실천할 의지나 생각도 없는 것 같다. 이들은 여전히 이번 시위를 불순세력의 선동에서 기인한 것으로 보는 시각을 포기하지 않고 있다. 이런 태도에서 유추해봤을 때, 앞으로 나올 정부의 조처는 불을 보듯 빤하다.

이들은 촛불시위대의 폭력성을 더욱 부각시켜 진압을 시도하는 한편으로, 현 정부에 대한 중간계급의 실망을 해소시켜주고자 노력할 것이다. 아무리 촛불시위가 격화해도 중간계급이 절실하게 '정권 퇴진'을 바라는 건 아니다. 민주노총과 화물연대, 그리고 대학생들이 촛불시위에 동참했지만 촛불시위의 기본 성격은 안정과 안전을 희구하는 도시 중간계급의 불안에 근거하고 있다. 이런 불안은 국가라는 공공 시스템에 대한 불신과 유사시에 믿을 건 가족밖에 없다는 생존본능에 가까운 가족주의를 떠받치는 원동력이기도 하다. 이런 불신과 본능이 만들고 지지해온 것이 부동산과 교육 불패라는 신화이다. 부동산투기와 학벌사회를 비판하는 사람들조차도 거부할 수 없는 이 강고한 판타지는 이제 한국 사회에서 살아가는 이들의 정체성이기도 하다.

따라서 앞으로 촛불시위에 대한 현 정부의 대응은 이중적일 수밖에 없을 것이다. 촛불집회는 허용하되 폭력 사태는 엄단하겠다는 말은 이런 이중성에 대한 솔직한 표현이다. 이런 걸 보면 확실히 이명박 정부는 고전적인 통치 방식을 고수하는 세력이라는 걸 알 수가 있다. '국민들'은 도대체 지난 선거에서 어떤 고양이에게 생선가게를 맡겼는지

서서히 깨달아가고 있지만, 구체적으로 현 정부의 무능력이 어디에서 기인하는지는 모르고 있는 것 같다.

흑묘 아니면 백묘라고 생각했던 유권자의 실용주의는 '대통령이 바뀌면 모든 것이 바뀌는' 한국 사회의 속성상 제대로 작동하지 못하고 있다. 이명박 대통령은 흑묘와 같은 '기능'을 가진 백묘가 아니라, 생긴 건 비슷하지만 전혀 다른 종에 속하는 삵이었던 것이다. 이 삵은 쥐 잡을 생각 같은 건 하지 않고 자기 사냥 다니기에 바쁜 짐승이라는 사실이 지난 3개월 동안 확실하게 드러났다. 요컨대 현 정부의 무능력은 여기에 참여하고 있는 개인의 무능력에서 기인한다기보다, 이들의 '이념체계'가 현재의 상황과 맞지 않기 때문에 발생하는 것이라고 할 수 있다.

참여정부가 코드로 세상을 파악했다면, 이들은 이념으로 이렇게 하고 있는 것이다. 이러니 대화가 있을 수가 없다. 이들에게 '잃어버린 10년'이라는 수사학은 보수주의자들을 위한 립서비스에 그치는 것이 아니었다는 사실이 속속 드러나고 있다. 이들에게 '잃어버린 10년'을 다시 복권하는 건 일종의 정언명령처럼 작동하고 있는 셈이다. 사정이 이렇다면 충돌은 불가피하다. 그리고 이 충돌에서 중간계급이 어떤 선택을 하느냐에 따라서 현 정부의 운명은 갈릴 것이다.

촛불시위대 사이에서 폭력과 비폭력 논쟁이 불거지는 건 이런 상황인식에 따른 본능적인 대응이라고 할 수 있다. 그러나 이런 본능만으로 현실정치의 전략을 이끌어낼 수는 없다. 캐나다의 저술가 나오미 클라인은 반세계화운동을 다룬 글에서 지도부 없는 포스트모던 대중운동의 한계에 대한 목격담을 진술한다. APEC 세계정상회의를 저지

닭장투어 촛불집회 최초로 가두시위가 벌어진 2008년 5월 24일 경찰은 37명을 강제 연행했다. 그 뒤부터 반복된 경찰의 무리한 연행과 훈방을 희화화하는 신조어 '닭장투어'가 인터넷을 달군 것은 3일 뒤인 27일경이다(이날에만 시위대 1백13명이 닭장투어를 했다). 일명 닭장차로 불리는 전투경찰의 운송차량에 자발적으로 올라가 경찰서로 관광을 가는 닭장투어는 무박 2일 코스였다. 현행범으로 체포한 피의자는 48시간 내에 구속영장을 청구하지 못하면 귀가시켜야하므로 경찰이 피의자를 구금할 수 있는 시간은 최대 48시간이었기 때문이다.

하기 위해 모인 시위대들은 뚜렷한 지도부 없이 행동했는데, 모여서 시위를 할 때까지는 좋았지만, 구체적인 전략목표나 현실정치의 대안을 갖지 못했기 때문에 자신의 뜻을 '자율적'으로 관철시킨다는 명분으로 자진 해산해버리는 결과를 낳았다는 것이다.

이번 촛불시위를 두고 여러 가지 이론적 분석들이 나오고 있지만, 결국 남는 문제는 클라인도 지적하고 있는 이런 딜레마를 해결할 방도이다. 분명히 촛불시위의 형태는 새롭지만, 그 내용은 그렇게 새로운 것이 아니다. 여기에서 클라인이 지적하는 '포스트모던 시위'의 한계가 드러난다. 촛불은 시위였다기보다 축제였고 놀이에 가까웠다. 분명 촛불은 즐거웠지만, 그 즐거움은 일반적으로 진보세력들이 말하는 정치적인 것은 아니었다. 여기에서 '괴리'가 발생한다. 앞으로 한국 사회의 정치는 이 괴리를 어떻게 메워나갈 건가에 대한 고민 속에서 가능성을 발견할 수 있을 것이다.

◎ 20. 진보세력과
　　　새로운 세대

청계천에 나타난 10대들을 놓고 여러 가지 분분한 해석들이 있었다. 그냥 얌전하게 촛불만 든 게 아니라 집회장의 무대 위에 뛰어올라가서 미국산 쇠고기를 수입하기로 결정한 정부를 비판하는 10대들의 모습은 분명 충격적으로 보일 만한 '새로운 모습'이었다. 이런 모습을 보고 정부와 일부 언론들은 당황한 기색을 역력하게 내비쳤다. 그래서 이들은 순진한 10대들을 어른들이 배후 조종하고 있다고 호통 쳤다.

이와 달리 진보진영은 10대들의 모습에 반색했다. 20대들의 보수화를 걱정했던 이들에게 10대들의 정치 참여는 경이로운 일이기도 했을 것이다. 이들은 10대들에게서 진보진영을 다시 일으킬 희망의 불씨를 보고, 20대들도 좀 동생들을 본받으라고 점잖게 훈계까지 했다. 더 나아가서 진보진영은 애써 한국의 민주화 전통과 청계천에 나온 10대들을 연결시키려고 했다. 그래서 이번 10대들의 집회 참여를 두고 386세대가 이제 부모가 되어 10대 자녀들의 손을 이끌고 촛불집회에 참석하고 있다는 의견을 내놓기도 했다. 두 생각 모두 나름대로 10대들이 청계천에 모인 이유를 설명하려고 하지만, 10대들을 '철없는 미성년'으로 본다는 점에서 크게 다르지 않다. 그러나 사정은 이런 진단들과 다소 다른 것처럼 보인다. 부정할 수 없는 진실은 이렇다. 10대들이 청계천에 모인 행위는 분명히 '정치적인 것'이라는 사실이다.

정부에게든, 보수언론에게든, 진보진영에게든, 그동안 10대들은 눈에 보이지도 귀에 들리지도 않는 존재였다. 무대 밖에서 '원더걸스'나 '소녀시대'의 관객으로나 남아 있어야 할 이들이 너도나도 무대 위로 올라와서 목소리를 낸 것이다. 어른들은 이 현상을 어떻게 봐야 할지 궁금하게 여길 뿐, 실제로 이들이 그곳에 왜 나왔는지에 대해 별반 관심이 없는 것처럼 보인다. 진짜 문제가 이것인데도 말이다.

그동안 침묵 속에 잠겨 있던 10대들의 목소리를 불러낸 건 도대체 무엇이었을까? 물론 여러 가지 이유가 있겠지만, 결정적인 건 이명박 정부 출범 이후 강화된 입시경쟁구조이다. 실제로 문화 현상은 직접적 원인을 노출시키지 않는다. 문화정치는 복합적인 맥락에서 출현하는데, 여기에서 중요한 건 당사자에게 직접적으로 가해지는 사회모순의 체험이다. 결론부터 말하자면, 어른들의 믿음과 달리 10대들은 광우병 때문에만 청계천에 모여 촛불을 밝혀 든 게 아니다. 광우병은 촉매제 역할을 했을 뿐이다. 이들은 무대 위에 올라가서 자신들의 처지를 토로했다. 10대들은 '나쁜 어른들'이 쏟아낸 어른 중심의 정책을 직접적으로 느꼈고, 이런 느낌들이 광우병이라는 '핑계'를 만나자 마침내 터져 나온 것이다. 따라서 이번 사건이 보여주는 건 자명하다. '어른들'의 정치가 교묘하게 침묵하고 있는 게 무엇인지를 10대들의 손에 들린 촛불들은 비춰줬던 셈이다.

지금 10대들을 두고 딱지 붙이기 좋아하는 김호기 같은 사회학자는 2.0세대라는 용어를 사용했다. 이런 지적은 흥미롭지만 다소 무리가 있다. 이런 견해를 '진보'라고 한다면 할 말 없지만, 본원적인radical 성찰을 주는 건 아니다. 본원적 성찰은 이념과 맞붙는 게 아니라 리얼리티와 대결하는 것이다. 이런 '이름 짓기'가 나름대로 문화정치학적 전략으로 유효할 수는 있겠지만, 지금 전개되고 있는 전지구적 상황에서 이런 방식이 적확하다고 보기는 어려울 것 같다.

10대들이 정치의 장에 나설 수 있었던 건 인터넷을 빼놓고 생각할 수는 없는 일이다. 인터넷은 계몽의 수단이면서 동시에 '공리계'를 형성하는 상식의 틀이기도 하다. 따라서 인터넷은 일반적인 '정치'를 드러내는 것이지, 그 정치의 차원을 넘어서는 '새로운 것'을 보여주는 건 아니다. 여기에서 10대들이 주장한 정치의 실체는 386세대의 부모들이 희구하는 것과 별반 다를 게 없다. 바로 안정과 안전, 그리고 효율성인 것이다. 이런 것을 정확하게 실행할 수 있는 '치안'의 정치, 이것이야말로 지난 여름 촛불이 우리에게 보여준 '욕망'이었다. 물론 그렇다고 해서 10대들의 진출이 무의미한 건 아니다. 그 행위와 경험은 분명 10대들을 앞 세대와 다른 존재로 만들었기 때문이다. 이런 측면에서 새로운 것은 무로부터 유를 만들어내는 것이 아니라, 그동안 인지할 수 없던 것들이 수면 위로 떠오른 것이라고 봐야 하는 것이다. 10대들은 항상 거기에 있었지만, 촛불을 통해 비로소 발견된 존재들이다.

진보신당 칼라TV   2008년 3월 16일 민주노동당 탈당파들이 창당한 진보신당은 5월 9일부터 '진보신당 칼라TV'라는 인터넷방송국을 개설해 촛불집회를 생중계하기 시작했다. 진보진영의 여러 단체들이 촛불집회에서 이렇다 할 역할을 하지 못하는 상황에서 진보신당 칼라TV는 공중파 방송국의 카메라가 대부분 철수하는 새벽 1~4시경까지 직접 촛불시위에 참여해 동향을 실시간으로 알려주고, 방송 이외에도 연행자 면회, 경찰서 항의 방문, 연행과정에서 벌어지는 행위에 대한 법률자문 등의 활동을 해 네티즌들의 각광을 받았다.

따라서 10대들의 출현을 두고 '새로운' 정치가 나타났다고 법석을 떠는 건 과도한 평가라고 할 수 있다. 흥미롭게도 이미 보수언론들은 10대들을 '기특한 세대'로 규정하면서, 20대에게 10대와 30대 사이에 '끼인 세대'로서 자신의 자리를 돌아보고 이명박 후보에게 표를 던져 궁상맞은 처지를 벗어나라는 메시지를 던진 적이 있었다. 10대들이 앞질러 나갈 때, 이들은 이 '새로운 세대'를 포섭하기 위해 분주했지만 촛불은 이런 전략이 전혀 통하지 않았다는 사실을 정확하게 보여준다. '국민 여동생'이 된 피겨스케이팅 선수 김연아가 한 인터뷰에서 어른들의 걱정에 개의치 않는다고 했을 때, 이미 이런 10대들의 독립선언은 마련되어 있었던 것이라고 할 수 있다.

물론 이런 현상을 '일상의 정치'라는 개념으로 묶어서 생각할 수도 있겠지만, 문제는 이렇게 일상 속에 존재하는 정치의 현실화이다. 정치라는 것은 일상 속에서 항상 작동하는 것이 아니라, 그 일상의 흐름을 깨고 어떤 사건이 출몰했을 때 비로소 나타나는 것이라고 보는 게 옳다. 지난 대선과 총선을 거치면서 이른바 '진보진영'이나 '민주세력'에 속하는 이들이 한나라당에 표를 던진 유권자의 우매함을 질타하고, 영악한 대중의 이중성에 조소를 날릴 때만 해도 이런 '민중의 궐기'가 일어날 것이라는 걸 아무도 예측하지 못했다. 그러나 광우병이라는 복병을 만나서 이명박 정부는 집권 3개월 만에 거의 뇌사상태에 빠졌고, 아연 그 반대편에 있는 사람들은 희색을 띠고 있다.

그러나 착각은 금물이다. 한국 사회를 지탱하는 게 '먹고사니즘'이라는 건 이번 광우병 사건에서도 충분히 확인할 수 있는 일이고, 구조는 주관적 기대와 달리 그렇게 쉽게 변하지 않기 때문이다. 다만 우리가 이번 사건에서 배울 수 있는 건, 정치라는 것이 다분히 미학적인 모습으로 출현한다는 사실이다.

10대들의 집회 참여가 증명하는 게 이것이다. 이들은 "15년 밖에 살지 않았는데, 더 오래 살고 싶어요"라고 '철없이' 주장한다. 지금까지 '진보적인 집회'에서 이런 발언들은 정치적이지 않기 때문에 배제됐다. 그러나 이런 목소리를 배제했던 그 '진보'의 정치가 약화되자, 비로소 이 목소리들이 '정치화'되고 있는 것이다. 다른 그 무엇도 아닌 바로 이것이 정치이다. 익숙한 민중가요 대신에 원더걸스의 「텔 미」를 부르는 10대들의 모습은 김연아의 아이스쇼에 환호성을 지르는 그 '소녀부대'의 감수성이 그대로 출몰한 것이다. 모든 변화는 바로 이런 미학의 지각변동을 통해 발생한다. 따라서 지금 우리가 고민해야 할 건 이렇게 정치적인 것을 튀어나오게 만드는 그 미학적인 것의 작동방식이라고 하겠다. 그리고 이 작동방식은 지난 10년간 한국 사회를 지배했던 소비자본주의와 무관한 것이 아니다.

◉ 21. 촛불과 이명박

광우병 때문에 죽을 수도 있다는 생각에서 촉발된 작은 파장이 미국산 쇠고기 재협상 문제로 넘실대더니 급기야 이명박 퇴진이라는 거대한 파도로 바뀌어 이명박호로 밀려든 것이 촛불이었다. 그런데 덮쳐드는 파도에 선장이나 선원이나 어떻게 해야 할지를 전혀 몰랐다. 그냥 선장은 열심히 선원들을 꾸짖고 선원들은 부지런히 선상을 뛰어다닐 뿐이다. 그게 다였다. 정작 이 파도를 피하거나 잠재울 방법은 전혀 강구하지 않았다. 거대한 방패막을 쌓아서 파도를 막을 수 있을 것이라는 순진한 생각을 했던 것이다.

2002년 이후 한국인들은 더 이상 정치를 합리적 문제로 파악하지 않는다. 이런 상황을 초래한 원인을 꼽아보라면 여러 가지를 생각해볼 수 있겠지만, 무엇보다도 인터넷이라는 새로운 환경이 이런 국면을 만들어냈다는 사실을 부정하기 어려울 것이다. '만인의 언론'이자 '아무나 가진 역량'으로서 인터넷은 문맹률 제로인 한국 사회의 담론기계로서 맹렬한 위세를 떨치고 있다. 이 상황은 기존에 진영을 나누던 이념의 잣대를 사라지게 만들고 있는 것처럼 보인다. 이제 대중들은 '운동권'의 깃발 아래로 모이는 것이 아니라 인터넷 동호회나 카페의 이름에 맞춰 삼삼오오 뭉치고 있다.

확실히 이건 새로운 풍경이다. '민주'나 '연합' 같은 심각한 이름의 사회단체가 시위의 이미지를 결정하는 것이 아니라, 헤아릴 수 없는 다양한 개체들이 모여서 어지러운 선분을 연출하는 것이 촛불집회의 모습이었다. 과거의 시위가 피에트 몬드리안의 그림을 연상시켰다면 지금 시위는 잭슨 폴록의 그림을 연상시킨다. 이 우발성의 조합을 어떻게 해석할지 의견이 분분하다. 웹2.0이라는 용어에서 힌트를 얻어 촛불집회에 도화선을 당긴 10대들을 '2.0세대'라 명명하고, 저녁이면 자연스럽게 사람들이 모여들어 집회를 연다고 해서 '청계마을'이라고 지칭하기도 했다. 물론 모두 일리 있는 말들이었다.

그러나 좀 더 차분하게 생각해봐야 할 게 있다. 이들이 광우병을 계기로 분출하고 있는 분노의 근원이 어디에서 온 것인지 말이다. 『조선일보』의 송희영 논설위원은 이런 분노의 원인으로 세계화를 꼽았고, 한국 사회가 글로벌 경제체제로 편입해가는 과정에서 소외된 계층들이 미국산 쇠고기 파동으로 길거리로 몰려나온 것이라고 분석했다. 보수언론에서 보기 드물게 훌륭한 통찰이다. 사실 이런 얘기들을 보수언론에서 적절하게 해줘야 좌파도 제 몫을 찾을 수 있는 것이다. 이렇게 소외된 계층을 어떻게 다독여야 하는가, 이런 논의들이 보수주의자들 사이에 오가야 진짜 보수가 바로 서는 것이고, 궁극적으로 좌파도

제 몫을 찾을 수 있다. 자칭 보수들은 "자연을 사랑해서 땅을 샀다"거나 "소도 생명인데 10년은 살아야 하지 않느냐"는 해괴한 정신세계를 하루빨리 청산할 필요가 있다.

촛불집회를 가능하게 만든 힘은 '계몽'의 힘이긴 하지만, 과거처럼 수직적인 방식으로 이뤄지는 탈각이 아니라 수평적인 방식으로 퍼져나가는 각성이 이 흐름을 주도했다는 게 특징이다. 이건 영국의 역사가 에릭 홉스봄이 말하는 것처럼, 근대 민주주의의 형식을 닮아 있다. 수직의 권위주의를 해체하고 평평한 권력의 구도를 만들어내는 것이 근대 민주주의의 특징이다. 이걸『중앙일보』는 '87년 체제'가 만들어낸 민주주의라고 지칭하고, 민주주의가 완성됐으니 촛불 따위는 꺼야 한다고 충고했지만, 이건 아니다. 문제는 민주주의는 체제이거나 이념이 아니라 '출현'이라는 사실이다. 배제되어서 보이지 않던 것이 가시성의 영역으로 돌출하는 것, 다시 말해서 없다고 생각했던 존재들이 나타나는 구체적인 상황이 바로 민주주의이다.

따라서 이 정도면 됐다고 생각하고 그만두는 순간, 민주주의는 사라진다. 그 뒤에 남는 건 물대포를 맞아 부서진 안경이고 휴대폰이고 젖어버린 옷일 뿐이다. 그리고 익숙한 진보와 보수, 또는 민주와 반민주의 재현체계로 담론들이 복귀하는 일만 남는 것이다. 그러나 민주주의는 진보와 보수라는 이념의 지형도를 타고 넘어간다. 이건 닦아내고 닦아내도 흐르는 과잉인 것이지 결코 쿨한 교환가치가 아니다. 자본주의의 아이러니는 여기에 있다. 언제나 깔끔한 '거래'를 주장하지만, 사실은 목숨을 건 과잉이 숨어 있는 것이다. 지금 거리에 몰려나와 이명박 퇴진을 주장하는 군중은 CEO대통령을 통해 자본주의의 증상으로

부터 계속 쾌락을 얻으려고 했던 이들이다. 이명박에 대한 지지투표는 바로 이런 증상을 다시 예전으로 돌려놓고 싶은 욕망의 표현이었다. 그러나 결과는 고통의 심화였을 뿐이다.

이명박 대통령의 입장에서 생각한다면 억울할 수 있는 일이지만, 어쩔 수 없는 일이다. 이제 그가 선택할 수 있는 건 별로 없는 것 같다. 항복하든지, 아니면 생까고 강경대응을 할 수밖에 없는 처지인 것이다. 상황이 이렇게 만들어지게 된 건 시장주의자도 아니면서 시장주의인 척 굴었던 이 정부의 이중전략 때문이다. 지금 대중들은 무슨 친북이념이나 좌파사상 때문에 거리로 나온 게 아니다. 거리에 모여 있는 대중들은 시장주의의 논리에 따라 이명박 대통령에게 '클레임'을 제기하고 있는 것이다. 이런 '정당한' 공리적 요구를 묵살하는 정부의 권위주의를 시장의 논리에 반하는 걸로 보고 이를 수정할 것을 요청하고 있는 셈이다. 이를 전혀 이해하지 못하고 있는 이 정부의 무능력은 도대체 무엇 때문일까? 1970년대 개발독재 시대의 머리로 지난 10여 년 동안 냉혹한 신자유주의의 계몽을 거친 21세기 한국을 이해하려고 하니, 이런 사태가 벌어지고 있는 것이 아니겠는가? 촛불을 주도한 군중들은 '빨갱이'라기보다 신자유주의적 계몽을 거친 '시민'이었다고 봐야 했던 것이다. 이 계몽의 실체는 바로 쾌락의 계몽이었고, 이 계몽의 세례를 통해 칸트가 말하는 '미학적 무관심'을 자본을 통해 달성할 수 있다고 믿는 '시민들'이 탄생했다.

연일 시청 앞과 종로 일대를 가득 채웠던 시위 군중들은 형형색색, 천차만별로 덩어리를 이룬 이미지들의 조합이었다. 빨간 등이 점 멸하는 뿔 모양의 머리 장식을 하고 나온 이들부터 쇠고기 협상을 비

명박산성과 국민토성　2008년 6월 10일(1987년 6월 항쟁 21주기) '100만 촛불 대행진'을 막기 위해 경찰은 광화문을 비롯한 도심 곳곳에 컨테이너박스로 바리케이드를 만들었다. 시위대는 이것이 '이명박 식 소통'이냐고 비웃으며 컨테이너박스 주변에 "경축! 08년 서울의 랜드마크 명박산성"이라고 적힌 현수막을 걸었다. 명박산성은 다음날 모두 철거됐으나, 6월 21일 시위대는 광우병국민대책회의의 제안에 따라 총 23톤 분량의 모래로 명박산성이 있던 자리에 '국민토성'을 쌓아 국민들과 소통하지 않으려는 정부의 태도를 비판했다.

판하는 단체 티셔츠를 만들어 입고 참가한 이들도 있었다. 불콰하게 술 냄새를 풍기는 중년 아저씨들부터 앳된 목소리로 구호를 외치는 10대들도 있었다. 예비군복을 입고 태극기를 흔드는가 하면, 육식을 비판하고 생태주의를 옹호하는 슬로건도 보였다. '박사모'와 '노사모'가 나란히 이명박 퇴진 구호를 외치고, 부모를 따라 나온 아이들이 인도에 돗자리를 펴고 싸온 김밥을 먹고 있다.

　사정이 이런데도 이명박 대통령은 사태파악을 제대로 못했다. 중국 쓰촨성에서 지진 피해를 입은 아이를 꼭 안아주던 그 자상한 모습은 온데간데없이 시위대 양초를 누가 사줬는지 밝혀내라고 지시했으니 말이다. 확실히 촛불시위는 보수진영이나 진보진영 모두에게 당혹스러운 사건이었다. 이 시위대를 움직이게 하는 힘은 '이념'도 '배후'도 아니었다. 오직 '반이명박' 정서가 촛불을 밝힌 힘이었다. 오히려 보수진영보다 진보진영이 더 당황하고 있는 것처럼 보이는 건 이 때문이다. 일단 과거처럼 지도부가 시위대를 주도하거나 조직할 수가 없다. 말 그대로 흐르는 물이다. 예전과 달리 경찰이 막고 있으면 방패에 몸을 날려서 뚫으려는 게 아니라 그냥 다른 곳으로 가버린다.

물론 그 중에 일부는 청와대로 가자고 몰려들어서 경찰과 몸싸움을 벌이기도 했지만, 경찰이 연행을 시도하지 않는데 먼저 충돌을 일으키지는 않았다. 말 그대로 비폭력 평화시위이다. 이런 시위대들을 두고 불순세력의 준동이라는 식으로 낡은 수사학을 구사하는 건 우스운 일이었다. 시위를 벌이다 연행되면서 한 시민은 "경찰이 이러면 도대체 우리는 누구를 믿어야 하느냐"고 울부짖었다. 이런 호소는 올림픽 성화 봉송 행사 당시 중국 시위대의 폭력을 방치했던 경찰에게 쏟아진 비난과 같은 뿌리를 갖는 것이다. 그 울부짖는 소리는 정부와 국가에 대한 한국인의 뿌리 깊은 불신이 어디에서 오는 것인지를 정확하게 보여주는 증거였다. 촛불시위가 열망했던 게 '정치'가 아니라 '치안'에 가까웠다는 사실이 여기에서 드러나는 것이다.

이명박 정부는 이번 사태를 '잘못된 정보'로 인한 오해의 산물로 보면서 잘못된 판단을 내렸다. 잘못된 것을 바로 잡으면 문제를 해결할 수 있다고 생각했던 것이다. '국민'이 있고, 이들에게 잘못된 정보를 흘리는 '배후'가 있다는 생각은 이런 문제의식에서 나온 것이라고 할 수 있다. 그러나 이런 생각은 명백한 오판이었다. 지난 해 여름 종로와 시청 앞 네거리에 '국민'은 없었다. 다만 '소비자'가 있었을 뿐이다. 이들은 이명박 CEO에게 '환불'을 요구했던 것이다. 이들을 이렇게 만든 건 그 무엇도 아닌 이명박 대통령 자신이었다. CEO니, 머슴이니 이미지 메이킹을 해놓고 권위주의 통치방식을 사용하려고 하니, 반발을 불러일으킬 수밖에 없었다고 하겠다. "이명박 과장님 경리과에서 퇴직금 받아가세요"라고, 한 '시민'이 들고 있던 피켓에 적혀 있던 말은 이 사실을 정확하게 드러냈다. 지난 10년간 신자유주의가 만들어 놓은 멋진 신세계를 우리는 지난해 촛불에서 목도했던 것이다.

▣ 22. 다른 민주주의의 가능성

촛불은 어떤 측면에서 정치적이었을까? 진정 촛불이 '민주주의'와 관련된 사건이었다면, 과연 어떤 민주주의를 보여준 걸까? 정부의 강경진압 방침으로 촛불집회는 새로운 국면을 맞이하고 있다. 보는 관점에 따라 이 상황은 다르게 읽힐 것이다. 이미 다양한 해석이 출몰했지만, 대체로 그것은 촛불집회에 대한 '묘사'에 가까웠다. 촛불집회를 웹2.0세대의 정치화로 읽어낸 견해로부터 고장 난 민주주의 제도 때문에 출현한 것이라고 보는 견해까지, 더 나아가 촛불집회를 이중권력의 문제로 보고 지금을 '혁명전야'라고 보는 과격한 견해도 있었지만 이 모든 건 촛불집회 현상을 특정한 정의로 귀속시키기 위한 노력이었다고 볼 수 있다.

그러나 이런 해석의 노력들이 과연 촛불집회의 본질을 드러낼 수 있는 건지는 불명확하다. 여하튼 촛불집회는 지속됐고, 그 양상은 주도면밀했다기보다 변화무쌍하게 우발적으로 퍼져나간 듯하다. 그래서 촛불집회에서 정치성을 찾아내려는 관점들이 이런 비정형적인 형식에 초점을 맞췄던 건지도 모른다. 말하자면, 대체로 촛불집회의 형식이 새로운 정치적 비전을 주는 것이라고 생각했던 것이다.

물론 이런 관점들을 크게 틀렸다고 보기는 어렵다. 현상은 언제나 부분의 진실을 담고 있기 때문에 어떤 현상을 통해 진실을 엿보려는 시도가 완전히 틀리는 경우는 없다. 주목할 점은 이런 촛불집회의 형식이 문화적이었다는 사실인데, 많은 이들은 이처럼 미학적인 형식으로 드러난 정치적인 것으로부터 깊은 인상을 받았다. 그러나 촛불집회 현장에서 벌어진 공연이라든가 문화제만을 미학적인 것이라고 말할 수는 없다. 문화적인 촛불집회의 측면이 국가-경찰의 폭력을 일시적으로 덮고 있는 것에 지나지 않는다고 보는 견해도 있는데, 이런 생각은 촛불집회의 형식에 드러난 미학적인 것의 측면을 너무 좁게 파악한 결과이다.

문제는 촛불집회를 그곳에서 벌어지게 만든 매개들이다. 이건 다른 무엇도 아닌 인터넷이라는 매체이고, 6월 항쟁이라는 상징이고, 2002년 월드컵이라는 기표였다. 이 모든 걸 하나로 모은 상징적인 소실점이 바로 촛불이었던 셈이다. 그러나 이 촛불은 상징적인 것들이 만들어내긴 했지만, 그 체계 속에 머물러 있을 수 없는 과잉이다. "청와대로 가자"는 슬로건은 맥거핀처럼 이 과잉을 지속시키는 '없지만 작동하는 원인'이었다. 이 원인의 실체에 대해 우리는 "모른다"고 말할 수밖에 없다. 이런 까닭에 촛불집회는 새롭지만 왜 이런 새로움이 출몰했는지 모르겠다는 것이 일반적인 견해였다.

운동만으로 민주주의가 발전할 수 없기 때문에 촛불집회를 정당 체제라는 대의민주주의의 제도로 수렴시켜야 한다는 최장집 교수의 주장은 분명하게 촛불집회의 한계를 설정한 것이다. 그러나 이런 생각이 전제하는 그 대의민주주의라는 것이 과연 어떤 민주주의인지를 되물어볼 필요가 있다. 실제로 촛불집회는 부르주아 민주주의의 위기 때문에 출몰한 것이고, 이는 노무현 정부에 대한 불신이 곧 이명박 정부에 대한 신뢰로 이어지던 그 지지가 분열하면서 나타난 것이다. 이런 맥락에서 촛불집회의 정치성은 상당히 의미심장하지만, 근본적인 한계를 가지고 있다.

정부의 강경대책은 이런 촛불집회의 한계에 근거한 것이라고 할 수 있다. 몇십만 명의 '시민들'이 이명박 퇴진을 외쳐도 뾰족한 수가 없었다는 그 한계에서 강경대책은 예고됐던 건지도 모른다. 이 상황에서 소통의 방식에 익숙하지 못한 이명박 정부가 선택할 수 있는 수단은 고전적인 권위주의 통치방식뿐이다. 이 지점에서 촛불집회에 개입했던 지식인들은 무력감을 느낄 수밖에 없을 것이다. 촛불집회에서 드러난 형식적 새로움에 대한 지나친 관심은 오히려 이명박 정부의 대응에 대한 관심을 소극적으로 만드는 결과를 낳았기 때문이다.

이명박 정부는 무능했다기보다 이 상황을 유리하게 끌고 가기 위한 모든 수단을 강구하고 있었던 셈이다. 이런 관점에서 본다면 촛불은 패배만을 남긴 것 같지만, 언제나 보이는 것은 보이지 않는 부분을 감춰놓고 있게 마련이다. 촛불을 껐다고 해서 촛불의 정치가 끝난 게 아니다. 촛불집회를 '어떤 것'으로 규정하기 위한 시도가 실패하는 건 이 때문이다. 촛불집회는 규정할 수 없는 차원을 갖고 있다.

눈길을 줘야 하는 건 당시 시청 앞에 촛불을 들고 모여들었던 이들이 다함께 욕망했던 것이다. 이건 특정한 목적을 갖고 움직이는 행동이라기보다 현실의 모순을 표현하기 위한 행위였다. 그래서 촛불집회는 '비폭력적'이고 '문화적'일 수 있었다. 이 차원이 복원됐을 때 촛불은 다시 한 번 정치에 생명력을 불어넣을 수 있을 것이다. 촛불집회가 궁지에 몰리고 정부가 강경대책을 내놓아서 여론의 주도권을 회복하려고 했을 때, 이 국면을 극적으로 반전시킨 것이 바로 천주교정의구현사제단의 개입이었다. 물론 논란이 있긴 했지만, 처음부터 촛불집회가 상징적인 것이었기 때문에 이런 상징성을 지속시킬 어떤 원칙이 있어야 했고, 종교계의 개입은 이 원칙을 다시 상기시켰다.

촛불집회가 마지막 차원으로 넘어가는 일이 기적적으로 지연되고, 그 지연의 효과가 나타난 것이 7월 5일이었다. 비가 오는데도 촛불을 밝혀들고 모여든 집회 참가자들은 확실히 촛불집회를 정리 단계로 파악하고 있는 정부의 판단과 다른 생각을 하고 있는 것처럼 보였다. 불씨는 꺼지지 않았던 것이다. 아직 촛불을 끌 때가 아니라는 것, 아니 정확하게 말하면, 아직 촛불이 꺼질 수 없다는 사실을 이들은 증명해 보였다고 할 수 있다.

대의민주주의로 촛불집회가 수렴되어야 한다는 당위적인 명제는 그 대의민주주의 체계 내에서 어떤 정치적 이념을 구현하는 방향으로 촛불집회가 전환되어야 하는지에 대한 논의로 이어져야 한다. 이건 분명 '다른 민주주의'에 대한 전망이 있어야 가능한 일이다. 지금까지 한국 사회는 이 민주주의를 시장의 평등주의로 합의했다. 그러나 촛불집회는 이런 시장-민주주의의 결합이 불가능한 판타지라는 사실을 드러내는 사건이었다. 이런 맥락에서 촛불집회는 이 판타지의 균열을 뚫고 올라온 일종의 증상이며, 그래서 정치공학적인 세계관으로 전혀 파악할 수 없고 규정할 수 없는 '다른 무엇'을 보여줬다. 촛불집회에서 울려 퍼지는 "대한민국은 민주공화국이다"라는 노래는 '한국인'이라는 정체성과 관련한 상징적 기표였다. 집회에서 이 노래를 따라 부르면서 집회 참가자들은 자기 자신의 완결성을 확인받았다. 군중이 제공하는 환등상phantasmagoria에 매료당한 이들이라면 촛불을 신화화하고 싶겠지만, 진정한 촛불의 의미는 즐거움에 있었을지도 모른다. 모든 견고한 것을 마멸시켜버리는 이 신자유주의 시대에 촛불은 짜릿한 즐거움을 줬고, 군중은 이 즐거움을 포기하지 않았던 것이다.

도대체 촛불집회가 원했던 건 뭔가? 이명박 퇴진이었는가? 쇠고기 재협상이었는가? 아니면 혁명이었는가? 이 질문에 대한 나의 대답은 이렇다. 촛불집회가 원했던 건 계속 촛불집회가 열리는 것이다. 그래서 촛불은 결코 꺼질 수가 없다. 왜냐하면 누군가 강제로 촛불을 끌 수는 있겠지만, 말 그대로 그건 상징적 차원에서 그렇게 할 수 있을 것이기 때문이다. 한국 자본주의의 모순이 해결되지 않는 한, 촛불은 끊임없이 불려나와 함께 즐길 권리를 박탈당한 이들에게 대안의 즐거움을 선사할 것이다. 그리고 이 과정을 통해 촛불집회는 지금과 다른 삶에 대한 정치적인 이념을 만들어낼 수 있어야 한다. 이것이야말로 진짜 촛불의 정치학이라고 하겠다.

미국산 쇠고기 수입 반대 촛불집회 사건일지

2008년   (4월 6일) 고등학생 안단테, 다음 아고라 토론방에 '이명박 대통령 탄핵 서명운동' 최초로 제안.

(4월 29일) MBC 『PD수첩』, "긴급취재: 미국산 쇠고기, 과연 광우병에서 안전한가?" 방송.

(5월 2일) 청계광장과 서울시청 일대에서 최초의 촛불집회 개최.

(6월 6일) 72시간 연속 촛불집회 실시(~8일).

(6월 26일) 이명박 정부, 쇠고기 수입고시 관보 게제 강행.

(6월 28일) 촛불시위대와 경찰의 대규모 충돌 발생. 시위대 3백여 명, 경찰 1백여 명이 다침.

(6월 30일) 천주교정의구현전국사제단, '비폭력'을 외치며 시청광장에서 국가권력 회개를 위한 시국미사 개최.

(7월 5일) 국민승리선언 범국민 촛불대행진 실시. 촛불집회가 수세로 접어드는 전환점이 됨.

(8월 15일) 광복절 연휴 국민릴레이 촛불시위 실시(~17일). 그 이후로 지금까지 촛불집회는 다양한 형태로 전개되고 있음.

제3부 민족과 세계화, 그 판타지(들)

무엇인가를 간절히 원하지만 가질 수 없을 때,
우리는 이 불가능한 상황에 대한 합리적
설명을 만들어내면서 결국 그 대상을
가지지 못할 것이라는 깨달음을 지연시킬 수밖에
없다. 이렇게 해서 만들어진 판타지(들)이
한국 사회를 '쥐의 경쟁'으로 내몰고 있다.

◎ 23. 허경영은
     무엇인가?

2007년 대선의 최고 수혜자는 정작 이명박 당선인이 아니라 허경영 후보인 것 같았다. 참 기이한 일이었다. 숙제를 잔뜩 떠안고 근심에 젖은 듯 보이는 이명박 당선인과 대조적으로 허경영 후보는 밝은 표정이었다. 심지어 모 방송국 코미디 프로에도 출연해서 인기를 재삼 확인시켜줬다.

놀라운 건 언론의 태도였다. 『중앙일보』는 자못 진지하게 허경영의 인기를 다뤘다. 잔치는 끝났으니 이제 막걸리 추렴이나 하자는 걸까? 무슨 대단한 기사거리인양 허경영 인터뷰를 실은 보수언론들의 행태를 보고 있자니 정론은 안중에도 없고 오직 포퓰리즘만 남은 타블로이드 신문의 상술을 목격하는 것 같아 씁쓸했다. 그러나 씁쓸하게 여기고만 있을 수는 없는 일. 이 현상은 도덕적 판단을 넘어선 어떤 지점에서 진리를 발설하고 있는 것처럼 보이기 때문이다.

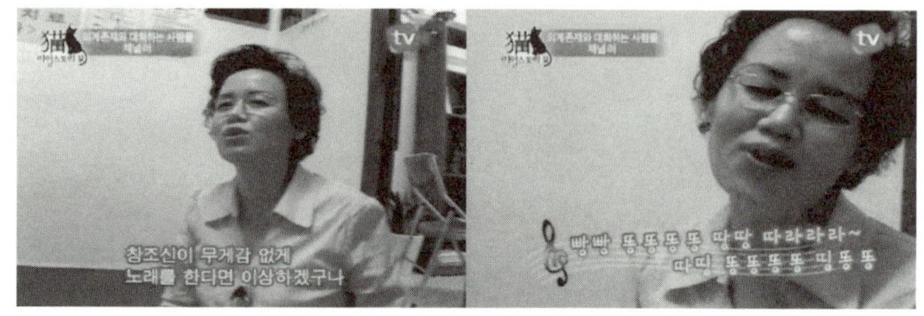

2007년 10월 28일 케이블방송국 tvN의 『리얼스토리 묘』에 출연한 부산의 역술인 황선자는 곧장 인기검색어 1위에 등극했다. 우주신과 소통하고 있다고 주장한 황선자가 가장 먼저 꺼낸 외계언어가 '빵상'("그래 인간들아?"라는 뜻이라고 한다)이어서 빵상아줌마로 불리게 됐는데, 네티즌들은 우주의 기를 받아 사람을 치료한다는 허경영에 빗대어 황선자를 '여자 허경영'이라고 부르기도 했다.

허경영이라는 개인은 그냥 과대망상증 환자에 불과할지도 모른다. 요즘 인터넷에서 인기몰이를 하고 있는 '빵상 아줌마'에 비견될 만하다. 이들의 공통점은 모두 우주와 자기가 연결되어 있다고 주장한다는 사실이다. 이런 건 대체로 자기애가 지나친 성격장애의 증상이다. 자기가 남들보다 뛰어난 능력을 가졌거나 위대한 인물이라고 확신하는 건 이런 성격장애 때문이다. 그러나 이런 증상은 단순하게 개인의 차원을 넘어서서 사회적 질병을 드러내는 것처럼 보인다.

비슷한 사례는 많다. 1980년대에 직접 목격했던 일이다. 한 선배가 지금 자기 집에 특이한 사람이 와 있다고 기별을 보냈다. 가서 보니 어떤 여성이었는데, 뭔가를 잔뜩 경계하는 표정으로 앉아 있었다. 무슨 일인가 했더니, 자기가 당시 세상을 떠들썩하게 만든 아웅산 폭파 사건의 진범이 누군지 알고 있는데, 안기부가 자기를 몇 년째 추적하고 있다는 충격적인 말을 쏟아냈다. 순간 생각난 게 '내 귀에 도청장치' 사건이었다. 뉴스 진행 중에 갑자기 뛰어 들어와 마이크에 대고 내

귀에 도청장치가 있다고 소리쳤던 해프닝 말이다. 그 여성은 곧 휑하니 사라져버렸다. 후일 나는 프랑스 식민주의가 정신장애와 어떻게 관련되는지를 논한 프란츠 파농의 책을 읽으면서, 그 여성의 망상증이 개인의 질병이라기보다 시대의 질병일 수 있겠다고 생각했다.

그 이름 모를 여성이 군부독재가 만들어낸 환자였다면, 허경영 후보나 빵상 아줌마는 시장주의가 만들어낸 환자들이라는 생각이 든다. 이 중에서도 허경영 후보의 증상은 확실히 독보적이다. 그가 대선 기간 동안 내세운 공약들은 우스꽝스럽긴 했지만 상당히 '파시즘적인 것'이었다. 파시즘이라는 용어를 남용한다고 불만인 사람들에겐 미안한 일이지만, 그의 공약을 찬찬히 뜯어보면 파시즘 이외의 개념으로 설명하기 어려운 말들이 많다. 박근혜와 결혼할 것이라느니, 아이큐가 430이라느니, 우주와 교신한다느니 하는 가십성 주장들이 훨씬 부각되고 있지만, 국회의원 수를 줄이고, 월급을 주지 않으며, 지방자치단체장을 대통령이 직접 임명하겠다는 공약들은 국회를 해산하고 민주주의를 불허하겠다는 말을 달리 표현한 것뿐이다.

물론 누구도 허경영 후보가 이런 공약을 심각하게 생각하고 내놨다고 생각하진 않을 것이다. 말하자면, 허경영 후보는 그냥 자신의 관점에서 유권자의 귀를 솔깃하게 할 수 있는 파격적인 '한방'을 찾다보니 이런 공약을 내세웠을 수 있다. 어떻게 보면 허경영 후보의 허무맹랑함은 "나만이 경제를 살릴 수 있다"고 주장하는 다른 후보들의 주장이 얼마나 공허할 수 있는지를 역으로 드러내는 것이기도 하다. 다른 대선 후보들과 달리 허경영 후보의 공약은 자본주의의 상징계를 인정하지 않는 것이었다. 그렇다고 허경영 후보가 반시장주의를 표방하는 것도 아니었다. 이런 모순은 기본적으로 시장의 상징질서에 내재해 있다. 시장의 투명성을 보장한 합리화는 시장주의의 법을 완성시킴과 동시에 그동안 불투명한 시장을 통해 보장받던 '불건전한 향락'을 빼앗아버린다. 허경영 후보는 이렇게 시장주의를 지지하면서도 동시에 그것의 완성으로 인해 빼앗기는 향락을 보전하고 싶은 대중의 심리를 암시하는 기표였다. 이 욕망의 역설을 봉합하기 위해 출몰하는 것이 바로 파시즘적인 열망이다.

당연히 이 열망은 '아직' 실현될 수 없었다. 유권자들은 허경영 후보가 아니라 이명박 후보를 선택했기 때문이다. 어떤 사회도 그것이 '사회'라면, 허경영 같은 망상증 환자를 대통령으로 만들지 않는다. 아니, 더 정확하게 말하면 만들지 못한다. 이게 중요하다. 대중의 열망은 언제나 상징계 안에서 맴돈다. 우리가 목격하는 허경영 현상은 역설적으로 지금 현재 유지되고 있는 사회적 상징계의 불변성을 드러낸다. 『중앙일보』의 인터뷰는 이 사실을 정확하게 보여준다. 자못 진지한 조인스티비의 인터뷰 동영상은 무엇이며, "제17대 대통령 선거에 출마했던 경제공화당의 허경영 후보가 다시 주목을 끌고 있다"는 심각한 진술은 무얼 뜻하는가? 이건 인기 있으면 원숭이라도 데려다놓고 인터뷰를 하겠다는 강인한 타블로이드 시장주의를 드러내는 것이지만, 또한 허경영으로 표상되는 그 파시즘적 열망을 얼마든지 희화화시킬 수 있다는 자신감의 표현이다. 그래서 허경영 후보는 한국의 부르주아계급에게 너무도 즐거운 '안전한' 광대이다.

허경영 신드롬 사건일지

2007년   (2월 13일) 자신이 총재인 민주공화당이 아니라 열린우리당 후보로 제17대 대통령 선거 출마를 선언.

           (10월 17일) 경제공화당 중앙당 창당대회 개최.

           (11월 26일) 경제공화당 후보로 대통령 선거 후보등록 마침.

           (12월 19일) 기호 8번으로 0.4%(득표수 96,756표)의 득표율 기록.

           (12월 24일) KBS 2TV 『감성매거진 행복한 오후』에 출연. 이를 계기로 『박철쇼』(28일), 『B급 뉴스쇼! 구라데스크』(28일), 『폭소클럽2』(2008년 1월 2일) 등 예능프로그램에 활발히 출연.

2008년   (1월 15일) MBC 『PD수첩』, "허경영 신드롬의 함정" 방송.

           (1월 21일) 서울 남부지검, 공직선거법 위반과 명예훼손 등의 혐의로 허경영에 대한 사전 구속영장 청구.

           (12월 24일) 대법원, 허경영에게 징역 1년 6개월의 선고 확정.

◎ 24. 그따위
영어는
집어치워라

때 아닌 영어 소동이 한국에서 일어났다. 지금은 먼 이야기이지만 당시는 자못 심각했다. 이경숙 대통령직 인수위원장의 과욕이었는지, 아니면 이명박 정부의 소신이었는지 모를 일이지만, 여하튼 상황은 점입가경이었다. 많은 이들이 무엇 때문에 인수위가 영어에 올인하는지 의아했다. 인수위 내에서도 잡음이 일 정도였는데, 이명박 당선자가 인수위원장의 편을 들어줌으로써 일단 내부 갈등은 봉합된 것처럼 보였다.

2008년 1월 30일자 『경향신문』 보도에 따르면, 이런 해프닝이 발생한 까닭은 인수위가 영어 실력을 곧 국가경쟁력과 동일시했기 때문이다. 이경숙 인수위원장이 이런 주장을 가장 강력하게 펼친 '전도사'였다는 걸 이 기사를 통해 알 수 있다. YTN돌발영상은 이경숙 인수위원장과 영어를 주제로 거의 개그콘서트 수준의 영상들을 선보였는데,

거의 개그맨들 밥줄 끊는 일이 벌어질 지경이었다. 진중권은 이를 두고 "미쳤다"고 했는데, 그만큼 상식적으로 이들의 주장을 납득할 수 없다는 뜻이었을 것이다.

그런데 어떻게 이런 비상식적인 일이 버젓이 추진될 수 있었던 걸까? 이런 의문에 대한 대답은 이명박 당선자와 이경숙 인수위원장의 내면으로 들어가 보는 수밖에 달리 방법이 없는 것처럼 보인다. 그러나 신이 아니라면 이들의 머리를 열고 뇌의 회로구조를 파악할 수 있는 방법은 없다. 다만 우리가 할 수 있는 건 이들이 보인 행동들을 통해, 무엇 때문에 이런, 말도 안 되는 일들을 추진하려고 했는지에 대해 추측해보는 게 전부이다.

그 단서가 이제는 유명해진 이경숙 인수위원장의 '오렌지 발음'이다. 'Orange'의 영어 발음을 '오렌지'라고 적으면 옳지 않고 소리 나는 대로 적어야 한다는 취지에서, 이경숙 인수위원장은 영어공교육 공청회에서 직접 발음까지 '시범'을 보였다. 『한겨레신문』은 친절하게 이 발음을 '오린지'라고 표기해줬지만, 실상 YTN돌발영상을 보면, 이경숙 인수위원장의 입에서 나오는 소리는 전혀 '오린지'가 아니다. '오레인지'인지 '어레인지'인지, 참으로 특이한 영어 발음이다. 미안한 노릇이지만 정작 'Orange'의 정확한 발음을 한글로 표기한다면, '오런지' 또는 '오른지'라고 해야 옳을 거다. 게다가 이 단어 발음은 지역별로나 개인별로 워낙 다양해서 어느 하나를 꼭 집어서 옳은 발음이라고 단정하는 게 민망하다.

이런 맥락에서 본다면, 용기백배한 이경숙 인수위원장의 영어 예찬은 다분히 자신의 개인사에서 유래한 것처럼 보인다. 정확하지 못했

2008년 1월 30일 '영어공교육 완성 프로젝트 실천방안 공청회'에서 이경숙 인수위원장이 영어표기법의 획기적 변화 없이는 원어민처럼 발음하기 어렵다고 말해 물의를 빚었다. 4개월 뒤 이경숙 인수위원장은 "본인의 의도와 상관없이 오해가 있었다"고 해명했다.

던 영어 발음 때문에 받았을 개인의 트라우마가 이렇게라도 보상받는 다면 나쁠 것도 없겠다. 그러나 이게 개인사의 한풀이 차원이 아니라 국가정책으로 채택될 지경에 이른다면 문제는 좀 심각해진다. 주관적인 트라우마와 객관적인 이해관계가 만났을 때 우리는 종종 광기에 가까운 '신념'을 발견한다.

한국을 영어강국으로 만들겠다는 생각은 너무도 이상론적인 계몽주의 기획이다. 이 계몽주의가 특정 세력의 지배구조를 합리화해주는 논리로 작동한다면, 사태는 더욱 '아스트랄'해진다. 2008년 2월 1일자 『중앙일보』에 실린 아파트 광고를 보면, 이명박 당선자와 인수위가 말했던 '국가경쟁력'의 실체가 무언지 대충 짐작할 수 있다. 이 광고의 카피는 "기러기 아빠 없는 영어특구"였다. 그리고 이어지는 문구는 "드디어, 일산에 기러기 아빠 없는 명품 영어특구가 탄생합니다! MB시대 영어몰입교육에 꼭 맞는 일산 최초, 단지 내 영어아카데미! 미국 정규 교과과정을 원어민교사가 직접 가르치니까 조기유학이 필요 없습니다!"이다. 정말 놀라운 순발력이다. 이와 더불어 이경숙 인수위원장이 2008년 1월 31일, 자신이 총장으로 있는 숙명여대 TESOL 봄학기 입학식에 참여해서 "TESOL 프로그램이 효과적인 영어교육의 롤 모델이 될 것"이라고 기염을 토하며, TESOL을 통해 "더 많은 직업을 창출할 수 있다"고 발언했던 것도 여러모로 의미심장한 일이다.

결국 이명박 정부의 영어 올인 정책은 상당한 경제적 논리를 감추고 있는 것이었다고 할 수 있다. 말할 것도 없이 '영어전문교사제도'야말로 이런 논리를 노골적으로 드러내고 있는 외설적 기표였다. '제2의 청계천 사업'이라고 명명한 영어몰입교육 정책이 성공하지 못한다는 건 기정사실이다. 이 사실은 영어정책을 입안하겠다는 이들도 아마 다 알고 있었을 것이다. 이 정책 덕분에 10년 내에 모든 한국인이 한국어보다 영어를 더 잘할 수 있게 된다면, 인류사를 뒤바꿀 엄청난 언어교육이론이 만들어질 일이다. 그만큼 이들이 주장했던 건 '미션 임파서블'에 속하는 일이었다.

이명박 정부가 내세우는 영어정책은 영어를 못하는 이들에게 공평한 기회를 제공하기 위한 것이 아니라, 이미 영어를 잘하고 있는 이들이 못하는 이들을 합법적으로 착취할 수 있는 길을 열어주는 핑계에 지나지 않았다. 예전 같으면 영어를 잘하는 것과 잘하지 못하는 건 그냥 적성의 차이에 불과했고, 그래서 잘하는 이가 못하는 이를 도와주면 되는 일이었다. 그렇지만 이명박 정부의 영어정책은 이 차이를 계급의 차이로 만들어버릴 공산이 크다. 이제 조기유학을 다녀온 기러기 아빠의 자식들이 조기유학을 가지 못한 무지렁이 아빠의 자식들을 조직적으로 차별할 수 있는 길이 열린 셈이다.

인수위가 제기한 영어정책은 단순하게 영어교육을 바로잡자는 게 아니다. 한마디로 영어를 잘하면 외국인 투자자도 쉽게 유치하고 관광객도 많이 불러 모을 수 있을 것이라는 주장이었다. 이런 주장의 근거로 즐겨 제시되는 게 정치경제위험자문공사Political and Economic Risk Consultancy, Ltd.라는 정체불명의 단체가 제공하는 자료이다. 정부 문건과 언론에 즐겨 인용되곤 하는 이 자료에 따르면, 한국의 인력수준은 늘 아시아에서 하위권에 맴돌고 특히 영어 구사력에선 최하위를 면치 못하고 있다는 평가를 받는다. 그런데 정치경제위험자문공사가 도대체 어떤 단체인지 아는 이는 거의 없다. 인터넷 홈페이지를 가 봐도 미국 국적을 가진 로버트 브로드풋이라는 사람이 1976년 홍콩에서 설립했다는 소개 이외에 특별한 정보를 찾을 수 없다. 이런 '미지'의 출처에서 흘러나온 자료에 근거해서 한국은 영어 구사력 때문에 세계에서도 경쟁력이 떨어지는 국가로 '낙인' 찍혀 있는 셈이다. 이런 모호한 자료에 근거한 믿음은 생각보다 강고하다.

2008년 2월 10일자 『조선일보』에 실린 김대중 고문의 칼럼을 보면 이 사실을 확인할 수 있다. 그는 "자녀 뒷바라지를 위해 미국 땅에 건너간 어머니들의 한탄"을 거론한다. "공교육에서 6~8년 동안 영어를 배우고도 '벙어리' 신세를 면치 못하는 어머니들"이 한국 영어교육의 문제점을 "뼈저리게 느끼고 있다는 것"을 강조했다. 기러기 가족의 이런 '참상'을 알린 뒤에 칼럼은 갑자기 이 문제가 비단 그들만의 것이 아니라고 지적한다. 외국에서 공부하는 유학생, 외국 기업과 거래를 하는 기업체 직원, 외국에서 사는 이민자, 첨단기술과 선진화된 지식을 습득해야 할 기술인 등이 영어를 잘 못해 빚어지는 손실이 곧 국가적 낭비라며 개탄한다.

자, 여기에서 퀴즈. 유학생, 기업체 직원, 이민자, 기술인이 영어를 잘하지 못해 '개인적으로' 손해를 보는 것과 국가적 낭비를 줄이기 위해 온 국민이 '영어 마루타' 실험을 받아야 하는 것은 무슨 관계가 있을까? 답은 '아무런 관계도 없다'이다. 이것은 논리적으로 중대한 문제이다. 모든 한국인이 영어가 필수인 전문직 종사자의 애로사항까지 고려해 손수 영어를 배워야 할 까닭은 전혀 없기 때문이다. 물론 나날이 국제화되는 세상에서 국제어인 영어가 중요하다는 사실은 옳은 명제일 수 있다. 그렇다고 해서 모든 한국인이 영어를 잘해야 한다는 주장이 저절로 옳은 명제로 판명나는 건 아니다. 마치 경제를 살리자는 주장이 타당하다고 해서 경부운하 건설이 저절로 옳은 사업이 되지 않는 것과 마찬가지다.

도대체 왜 이런 논리적 오류가 생기는 걸까? 그건 특정 집단의 이해관계를 국가의 중대사로 착각하기 때문이다. 그만큼 한국 사회 기득권층의 '현실감각'이 떨어진다는 뜻이다. 그런 점에서 인수위의 영어교육 해프닝은 단순한 실수로 보기 어렵다. 이명박 정부에서 추진하겠다고 내놓은 '영어몰입환경'이라는 것은 언어교육이론을 어설프게 끼워 맞춘 수사학일 따름이다. 아마 정책을 내놓은 당사자도 이런 엉성한 혁신 방안이 성공할 것이라고 확신할 수 없을 것이다. 그렇다면 이들은 처음부터 실패할 게 뻔한 정책을 왜 밀어붙이려는 걸까? 영어를 범국민적 문제로 확대했을 때 이득을 볼 이들이 있기 때문이다. 영어를 할 필요가 없는 이들까지 영어를 쓸 수밖에 없는 '몰입환경'을 만든다면, 영어는 새로운 경쟁 지표로 각광을 받을 게 뻔하다. 지금까진 일부 기업에서나 나타나고 있는 현상이 사회 전체로 퍼져나간다고 상상해보자. 박진영과 신해철을 비교하는 김대중 고문의 칼럼은 그 결과를 친절하게 보여준다. 영어가 없다면 둘은 우열을 가릴 필요가 없는 인기 가수이다. 그런데 영어가 개입하는 순간, 신해철은 박진영보다 '경쟁력'이 떨어지는 가수로 전락한다. 영어를 국가경쟁력과 동일시하는 이들에게 박진영은 뉴욕으로 나가 세계인의 음악과 교류하는 우수한 인재이다. 그런데 이처럼 '국제적인' 인재 박진영이 한 일이 뭔가? 김대중 고문조차 칼럼에서 인정하듯 "한국의 대중음악을 업그레이드하는 데 기여"한 게 고작이다.

이처럼 이명박 정부나 그 정책을 지지하는 이들이 주장하는 '영어'는 수출용이라기보다 '내수용'이다. 이걸 통해서 이득을 볼 당사자는 영어를 못하는 사람이 아니라, 이미 영어를 잘하고 있는 이들이다. 이를테면 의사소통 수단에 불과했던 영어가 졸지에 '영어 전문 교사'라는 새로운 일자리를 창출하는 '경제적 수단'이 되는 것이다. 결국 이명박 정부의 영어정책은 '강남'으로 표상되는 한국 사회의 경쟁질서를 더욱 공고하게 만들며 이런 경쟁구도에서 탈락할 위기에 놓여 있는 중간계급을 구원하기 위한 시혜이다. 자기희생을 감수하면서까지 과감하게 조기유학을 보낸 '중간계급 기러기'들은 훌륭하게 교육 목적을 달성할 것이다. 그러나 이들이 자기 뜻을 이루는 것과 한국의 국가경쟁력은 '정말로' 아무 관계가 없는 일이다.

영어공용화론과 영어마을　영어몰입교육 정책의 전신은 영어공용화론이다. 1998년 소설가 복거일이 세계화를 위해서는 국제어인 영어를 공용어로 채택해야 한다고 주장(『국제어 시대의 민족어』)하면서 제기한 영어공용화론은 각계각층의 비판으로 수그러지는 듯했으나 곧 '영어 사교육 확대 방지'라는 논리로 되살아났다. 2004년부터 각 지방자치단체들이 경쟁적으로 건설하고 있는 영어마을도 이런 논리에서 멀지 않다. 그러나 2008년 9월 5일 국무총리실의 현황조사 발표로 현재 운영되고 있는 총 21개의 영어마을이 극심한 적자상태라는 것이 알려지며 무용론(無用論)이 제기됐고, 2009년 6월에는 적자해소를 위해 영어마을이 성인 위주의 사설학원이 되어가는 사실이 폭로된 상태이다.

　　몇 년 전 말레이시아에 갔을 때의 일이다. 말레이시아는 영국의 지배를 받은 역사가 있고, 그래서 영어권 국가로 알려져 있다. 그러나 실상은 좀 달랐다. 의외로 영어를 유창하게 하는 이들을 발견하기 어려웠다. 유창한 영어로 말하는 사람 앞에서 주눅 든 표정으로 일관하던 사설 청원경찰 대장의 모습을 보면서, '영어권 국가' 말레이시아의 고민을 읽을 수 있었다. 말레이시아 같은 경우도 일부 경제적 여유가 있는 계층이나 영어에 능통할 뿐, '온 국민'이 영어를 잘하는 게 아니었던 거다. 이런 까닭에 최근 말레이시아는 말레이 고유문화를 강조하고, 말레이 원주민 언어라고 할 수 있는 말레이어 교육을 강화하고 있다고 했다. 어떻게 보면 글로벌시대에 역행하는 정책이다. 말레이시아가 이렇게 '거꾸로' 가는 것처럼 보이는 건 글로벌주의가 강해지면 강해질수록, 민족 정체성 문제가 제기되기 때문이라고 내가 머문 대학의 관계자는 말했다.

이런 말레이시아의 사례가 우리에게 말해주는 건 뭘까? 정작 문제는 영어를 모국어로 사용하지 않는 이들이 영어로 의사소통을 할 수밖에 없는 '식민지 환경' 때문에 발생하는 거다. 인수위는 이런 말레이시아 같은 환경을 강제적으로 만들겠다는 방침을 세워놓았다. 이런 의도가 실현된다면 이득을 볼 이들은 누구겠는가? 영어가 필요 없는 이들마저 영어가 없으면 불이익을 받도록 만들어놓으면 과연 누가 즐겁겠는가? 영어에 대한 이명박 정부의 집착은 겉으로는 '공교육 강화'이지만, 실상은 그 공교육을 볼모로 사익을 추구하는 집단의 배를 불려주겠다는 것 이상도 이하도 아닌 것처럼 보인다. 이게 사실이라면 우리에게 그따위 '영어몰입환경'은 필요 없다.

▣ 25. 숭례문 현상

이제 이걸 '현상'이라고 부르는 걸 주저할 필요는 없을 것 같다. 숭례문이라는 실체는 사라졌지만, 그 소멸을 통해 숭례문은 상징의 영역으로 진입하게 됐다. '남대문 시장' 앞에 서 있던 중세 건축물 하나를 '숭례문'이라는 상징적 기원으로 소급하는 건 너무도 간단한 일이었다. 모든 이들이 갑자기 남대문을 남대문이라고 부르지 않고 숭례문이라고 부르게 된 까닭은 무엇일까? 이건 명백하게 무의식의 작용이다. 누구도 시키지 않았지만, 우리는 알 수 없는 이유로 '알아서' 이렇게 하기 때문이다.

우리가 목도하는 수많은 '애도'의 행렬은 '위험한' 무의식의 준동을 제어하기 위한 행위들이다. 이건 분명 역설이다. 이 무의식이 명령하는 건 금지당한 쾌락, 민족주의라는 향락을 즐기라는 것이다. 그러나 대중은 이 명령을 이행하기보다 이를 금지하기 위해 숭례문의 폐

허 위에 꽃을 바친다. 말하자면, 지금 대중은 숭례문의 소멸을 계기로 갑자기 튀어나온 민족주의를 즐길 수가 없다. 왜냐하면 향락은 쾌락이면서 동시에 고통이기도 하기 때문이다. 대중은 이 고통 자체를 두려워하는 것인지도 모른다. 숭례문 방화는 한국 사회와 구성원이라는 상징적 정체성에 심각한 위기를 초래한 셈이고 대중의 애도는 이 위기를 극복하기 위한 방책이다. 이처럼 숭례문 방화는 상징계에 대한 '테러'였다. 방화범 채종기가 "문화재가 국가를 대신"하기 때문에 불을 질렀다고 진술한 사실은 그래서 의미심장하다.

'숭례문 현상'은 우리에게 민족주의라는 것이 '금지당한 쾌락'이라는 사실을 확인시켜준다. 민족이라는 상상공동체를 재현하던 기표의 소멸이 새삼 호출한 이 고통스러운 쾌락은 '국가'라는 아버지에 대한 충성을 드러내는 것이기도 하다. 그러나 이 지점에서 우리는 섬세한 눈을 가질 필요가 있다. 한국인에게 '국가'는 다분히 상상공동체의 문법을 따르는 기표이다. 이게 기표인 것은, 이 기표가 지시하는 것과 실제의 한국 사이에 괴리가 불가피하기 때문이다. 국가경쟁력을 위해 온 국민이 영어를 잘해야 한다는 발상을 가진 후보를 압도적 지지율로 뽑은 국민과 숭례문으로 표상되는 그 '나라님'은 서로 다른 차원에 놓여 있는 것이다. 이렇게 서로 다른 차원이 현실에서 아무런 문제없이 봉합되어 있는 곳이 '한국'이다.

그러나 어쨌든 상실은 컸다. 한국의 부르주아 언론들이 충격을 받을 만큼 대중의 애도 의식은 장엄했다. 이 충격이 만들어낸 균열을 타고 새로운 정체성이 출몰할 가능성이 크다. 물론 이것은 '사건'도 아니고 '탈주'도 아니다. 다만 하나의 증상으로서 저기에 나타났을 뿐이다.

이 증상은 자본주의가 더 이상 즐거움을 주지 못하기 때문에 나타난 것이고, 또한 국가라는 '절대적 공공성'에 대한 대중의 열망으로 인해 발생한 것이다. 절대적 공공성이란 무엇인가? 현실의 매개가 소거당한 공공성이다. 대체로 '한국인들'은 이렇게 말한다. "사회복지국가 좋은 줄 누가 모르나? 하지만 현실이 그렇지 않잖아. 나 혼자 세금 많이 내고 손해 보긴 싫어."

이런 심성구조로 인해 '한국인들'은 자신들의 이기주의에 면죄부를 부여한다. 이런 맥락에서 '박정희'라는 기표는 '독재'에 대한 대중의 향수를 의미하는 게 아니라, 절대적 공공성을 확보해줄 '메시아'에 대한 염원을 표현한다. 대중이 이명박을 선택한 까닭은 바로 여기에 있었다. 그러나 지금 우리가 확인하는 숭례문에 대한 대중의 애도는 이 선택에 대한 재고를 포함하고 있는 것처럼 보인다. '국민성금' 운운했던 발언은 이런 대중의 애도에 숨어 있는 의미를 제대로 파악하지 못한 대표적인 헛발질이었다.

정작 문제는 다른 곳에 있었다. 숭례문이 타워팰리스였다면, 그렇게 허무하게 불에 타서 사라지지는 않았을 것이라는 사실을 짚어볼 필요가 있다. 한국인들에게 숭례문이 '수도' 서울에서 사라진 건 놀라운 사건이라는 수식을 넘어서서 일종의 '충격'이었다. 김작가는 이 점을 9·11테러로 쌍둥이빌딩을 잃은 뉴욕 시민들의 심정에 빗댔는데, 서울에 사는 '보통' 시민이 이 사건을 보고 어떤 느낌을 받았는지를 알 수 있는 적절한 비유였다. 그때 뉴욕 시민들은 이렇게 물었다. "도대체 우리가 뭘 잘못해서 이런 일을 당해야 합니까?" 그렇다. 도대체 우리는 뭘 잘못했기에 숭례문을 잃어야 했을까?

숭례문 화재가 우리에게 말해주는 건, 너무도 허약한 한국 사회의 공공의식이다. 숭례문이 불에 타서 사라져버린 건 이게 '내 것'이 아니었기 때문이다. 한국인에게 내 것이 아닌 건 '공짜'다. 공공의 것을 가장 많이 '내 것'으로 만드는 이가 한국에서 강자다. 그리고 '내 것'으로 만들 수 없는 건 그냥 방치될 뿐이다. 숭례문은 그렇게 버려졌던 것이다. 한국인의 자존심이 불탔다고 누구는 눈물을 훔쳤지만, 그렇게 한국인의 자존심 같은 건 이미 쓰레기통에 처박혀 썩어가고 있었다. 숭례문에 설정된 화재보험금이 겨우 9천5백만 원이라는 사실이 말해주는 건 무엇인가? 국보 1호라는 숭례문에 대한 허술한 경비체제가 증명하는 건 무엇일까? 이토록 빈약한 공공성도 너무 많다고 전봇대처럼 뽑아버리려는 정부를 한국의 국민 다수가 지지한 현실에서, 숭례문이 남아 있었던들 언제고 불타서 사라지는 건 시간문제였을 테다. 과연 숭례문이 타워팰리스였다면, 아니 숭례문이 이건희 회장의 집이었다면, 이렇게 허무하게 그깟 불길에 휩싸여 사라질 수 있었겠는가?

숭례문(남대문)의 내력

1396년	(태조 5년) 숭례문 창건. 1447년(세종 29년)과 1479년(성종 10년)에 각각 개수와 증수가 이뤄짐.
1934년	조선총독부, 조선보물고적명승천연기념물보존령에 의거해 숭례문을 보물 1호로 지정.
1963년	한국전쟁 때의 파손 복구를 위한 전면 해체 중수작업 완료.
2005년	(5월 27일) 1907년 일제에 의해 도로 속에 고립됐던 숭례문 주변에 광장을 조성·단장.
2006년	(6월 28일) 당시 이명박 서울시장, 숭례문의 홍예문까지 개방해 일반인들이 접근하기 쉽게 만들어놓음.
2008년	(2월 10일) 오후 8시 40분경, 숭례문 화재 발생. 화재 5시간만인 11일 오전 1시 54분 석축을 제외한 건물이 모두 붕괴.
	(2월 11일) 인천에서 방화용의자 채종기(당시 69세) 체포.
	(2월 12일) 이명박 대통령 당선자, '숭례문 국민성금 복원' 제안. 각계각층에서 거센 비난여론이 일어남.
	(10월 9일) 대법원, 채종기에게 징역 10년 선고.

▣ 26. 김연아, 원더걸스, 그리고 10대들

2008년 1월 4일자 『동아일보』에 흥미로운 기사가 실렸다. 「장하준과 착한 경제학자들」이라는 제목을 달고 나왔던 김순덕 칼럼 이후 최고의 걸작인 것 같다. 노무현 정부에 대한 장하준 교수의 비판을 '칭찬'으로 오인했던 그 '능력'이 어디에 가겠는가? 그래도 비난할 수 없는 게, 무릇 좋은 글이란 글쓴이의 의도를 배반해야 하고, 이를 통해 현실의 모순을 그대로 드러내야 한다는 원칙이 맞는다면, 이런 글은 '불량품'일지언정 결코 '나쁜' 것만은 아니다. 다만 이런 '개그'를 보고 웃을 수 있는 눈을 가졌는가, 가지지 않았는가 하는 게 관건이다.

여하튼 본론으로 들어가면, 이 기사의 요지는 "이제 대한민국의 패션은 10대가 접수"했으며, 이런 10대 패션 붐을 일으킨 원인이 10대 대중문화 스타들이라는 것이다.

10대 패션의 인기는 10대 문화의 흥행과 궤를 같이 한다. 빅뱅을 비롯한 소녀시대, 원더걸스 등 10대 위주의 스타들이 대중문화를 장악하면서 패션 스타일까지 유행시킨 것이다. 이들의 스타일은 이효리로 대표되는 20대 섹시 의상이나 김희애, 김희선 등 우아한 30대 의상과는 다르다. 딸과 함께 소녀시대 미니 원피스를 입는다는 주부 양현주(45) 씨는 "최근 10대의 의상은 나도 입을 수 있을 만큼 실용적이고 편하다"고 말했다.

얼핏 보면 그럴 듯하지만, 사실 논리에 맞지 않는 말이다. 이 기사에 따르면 20대는 '섹시'하고 30대는 '우아'하다. 아니 적어도 그래야 한다. 그러면 뭔가 '섹시'와 '우아'에 비견될 만한 10대의 패션 개념이 있어야 할 것 같은데, 그래서 나온 말이 '실용'이다. 이거 정말 해도 너무한다는 생각이 든다. 이렇게 실용이라는 말을 남용해도 되는 건지 모르겠다. 사실 이 기사가 언급하고 있는 실용은 정치철학에서 말하는 그 실용주의의 실용이 아니다. 기표는 실용이지만 그 기의는 실용주의에서 규정하는 그 실용이 아니다. 이 기사를 쓴 기자에게 실용은 곧 소비이다. 그냥 소비라고 하면 비주체적인 것처럼 들리니까, 10대가 이제 단순한 소비의 주체에서 생산의 주체로 바뀌고 있다면서, 그 실례로 중학생이 운영한다는 인터넷 쇼핑몰을 들고 있다는 점도 주목할 만하다. 하지만 경제학을 조금이라도 이해하는 사람이라면, 인터넷 쇼핑몰을 두고 '생산'이라고 말하지는 않을 것이다.

『동아일보』의 기사는 단순한 해프닝이 아니다. 한국 부르주아계급의 이데올로그들은 지속적으로 10대를 포섭하기 위한 담론전략을 구사해왔다. 『동아일보』의 기사는 이런 전략이 드러나는 방식 중 하나일 뿐이다. 한국의 부르주아체제를 옹호하는 이데올로그들은 대체로 중간계급 이상의 지위와 자본을 소유하고 있는 세력인데, 오늘날 이들이 시도하는 10대들에 대한 포섭의 양상은 다소 복잡하다. 주목해야 할 점은, 과거 권위주의 시대처럼 10대를 통제하려고 이들이 이렇게 하는 게 아니라는 사실이다. 이들은 '알 수 없는' 10대들의 욕망을 자기 것으로 만들기 위해 이런 포섭전략을 펼치는 것이다. 이들에게 10대의 청소년들은 수수께끼 같은 존재이다. 이건 비단 부르주아 이데올로그들에게만 해당하는 사항이 아니다. 말하자면, 정치적으로 좌파와 우파를 넘어선 차원에 놓여 있는 게 바로 10대의 문제이다.

부르주아 이데올로그라고 부르기 힘든 어떤 40대 가장이 내게 해준 말이다. 지금 고등학교 3학년에 재학 중인 아들이 높은 건물을 맨손으로 타고 넘거나 안전장비 없이 건물 사이를 뛰어 건너는 '야마카시'(파쿠르)라는 익스트림 스포츠에 푹 빠져 있는데, 대충 그게 위험한 일이라는 건 알고 혼자 걱정만 하다가 어느 날 아들에게 어떻게 하는지 한 번 보여 달라고 했단다. 이른바 386세대에 속하는 이 가장은 지극히 '민주적'인 방법으로 아들 문제를 '대화'로 해결해보고자 했던 것이다. 이 방식은 '네 걸 보여주면, 내 것도 보여줄게'라는 태도이다. 말 그대로 쾌락의 평등을 전제하고 있는 발상이다. 그러자 아들은 망설임 없이 시범을 보여줬는데, 이층 베란다에서 말 그대로 홀쩍 흑표범처럼 뛰어내리더란다. 이를 계기로 아버지는 아들을 다시 봐야 했다. 자신이 가질 수 없는 그 무엇을 가진 존재, 그 미지의 자리로 아들이 성큼 건너가 버렸다는 사실을 아버지는 깨달았던 것이다.

이 일화가 우리에게 들려주는 건 의미심장하다. 10대에 대한 기성세대의 평가는 '도대체 뭘 바라는지는 모르겠지만, 내가 할 수 없는 걸 할 수 있는 존재'이다. 이 말을 뒤집으면 기성세대가 하지 못하는 걸 할 수 없는 10대는 훌륭한 10대가 아닌 것이다. 훌륭한 10대라는 건 뭔가? 두 가지 의미로 생각할 수가 있다. 탁월한 능력으로 일찌감치 경쟁구조에서 벗어난 10대이다. 이게 옳다면, 아직도 도토리 키 재기 모양 경쟁구조에 빠져 허덕이는 10대는 최소한 가치 없는 건 아니지만, 그렇게 훌륭하지는 않다. 이런 생각 밑바닥에는 치열한 경쟁구조에서 살아남지 못하는 10대는 필요 없다는 인식이 깔려 있는지도 모른다. 10대에 대한 기성세대의 시선은 지배하고 싶지만 지배할 수 없는 욕망에 대한 것이라고 말할 수 있다. 10대는 기성세대의 꿈에 나타나서 말한다. "아버지, 제가 지금 활활 타오르고 있는 게 보이지 않으세요?"

오늘날 10대의 문제는, 『동아일보』 기사가 지적하는 것처럼 이들의 패션이 실용적이라서 발생하는 것이 아니라, 기존의 이데올로기로는 이들의 욕망을 이해할 수 없기 때문에 출현하는 것이다. 이런 문제를 누구보다 빨리 알아채고 진지하게 접근했던 이들이 바로 『88만원 세대』의 저자들이다. 우석훈과 박권일은 이 책에서 경제학의 스펙트럼으로 10대의 문제를 파악하고자 했다. 그래서 이들이 내린 결론은 바로 '10대 인질론'이다. 이들의 말을 직접 들어보자.

지금 우리나라가 가지고 있는 10대와 20대 문제의 첫 출발은 하나의 인질극에서 시작한다. 1980년 전두환 대통령의 국가보위비상대책위원회(국보위)는 '7·30 교육개혁조치'를 통해서 대학졸업정원제

폐지, 대학본고사 폐지와 함께 과외를 금지시키게 된다. 이렇게 해서 소위 전두환 세대가 등장하게 되는데, 이렇게 잠깐 열렸던 10대가 자유로웠던 시대는, 1989년 대학생 과외와 방학 중 학원수강 허용을 시작으로 9년 만에 다시 닫히기 시작한다. 1991년에 학기 중 학원 수강을 허용하면서, 우리나라 10대들에게 다시 지옥 같은 시간이 열리기 시작한다. 그러다 이 상황이 전면적인 '인질 경제'의 양상으로 전환된 것은 IMF의 뒷수습에 이 사회가 정신없는 동안이었다.

1997년 외환위기 이후 본격화된 '잔혹 인질극'은 과외금지 위헌결정과 복합적으로 결합되어 있다는 게 저자들의 주장이다. IMF 경제위기는 연공서열제와 종신고용제를 무너뜨렸고, 과외금지 위헌결정은 승자독식 게임의 강화를 낳았던 것이다. 이들의 지적처럼 한국의 10대들은 대한민국의 미래를 책임질 '천재들'이 아니라 '인질들'이다. '살 놈만 살고 보자'는 암묵적 동의는 10대들이라고 예외가 아니다. 김연아에 대한 기성세대의 환호가 이를 잘 보여준다. 그러나 이런 현상은 양면적이다. 먼저 김연아를 '국민 여동생'으로 만드는 대중의 지지가 있고, 이런 인기로 이윤을 만들어내려는 언론 환경이 있으며, 김연아의 성공을 롤 모델로 제시해 기성 체제의 이데올로기를 재생산해내려는 이데올로그들이 있다. 이 글의 목적은 김연아 같은 10대 엘리트를 통해 경쟁을 초월한 '절대지존'을 발견하고 싶은 대중의 열망을 분석하는 것이라기보다, 김연아를 10대가 본받아야 할 모범으로 제시하는 이데올로그들의 전략을 파헤쳐보는 것이다. 따라서 김연아를 상상의 자아로 설정하는 대중의 심리를 다룰 계획은 없다.

2007년 3월 23일 세계 피겨스케이팅선수권 대회(일본)에서 71.95점의 세계신기록으로 쇼트프로그램 1위를 차지한 뒤부터 김연아는 "한국에서 욕먹지 않는 사람은 김연아밖에 없다"는 농담이 나올 만큼 유명세를 타며 '국민 여동생'이라는 호칭을 선사받았다.

내가 궁금한 건, 무엇 때문에 김연아가, 아니 정확하게 말하면 '김연아'라는 이미지가 한국의 부르주아 이데올로기에 필요한가 하는 것이다. 이 의문을 풀 수 있는 실마리 역시 우석훈과 박권일이 제시하고 있다. 과외금지를 위헌이라고 판정한 한국 사회는 사교육 시장의 인질범으로 10대를 내준 꼴이 됐는데, 이 결과 "10대를 인질로 붙잡고 있는 인질범의 협박에 시달리면서 작게는 월 50만원에서 많게는 월 수백만 원을 부모들이 지출하고 있는 셈"이고, 이런 지출을 통해 한국 경제는 "IMF 경제위기를 극복하면서 세계화라는 충격을 흡수"할 수 있었던 것이라고 이들은 말한다.

그러나 불행하게도 이런 상황이 좋은 결과를 낳은 건 아니다. 구체제를 유지하기 위한 교육이 얼마나 좋을 수 있겠는가? 사교육 시장이 제공하는 교육이란 건 말만 교육이지 실제로 암기와 주입 이상도 이하도 아니다. 이런 사정은 학교 끝나면 학원에 가야 하는 게 당연한 청소년의 임무인 줄 아는 일부 순박한 10대들을 제외하고 정부도 알고, 부모도 알고, 10대들도 알고, 모두 다 아는 사실이다. 다만 후과後果가 너무 끔찍해서 절대 사실을 발설하지 못할 뿐이다. 거대한 침묵의 카르텔이 조성되어 있는 것이고, 이와 같은 공모를 잘 알고 있는 이들은 순교하듯이 자식들을 외국으로 보내고 있는 것이다.

내가 유학하고 있을 때 유학생들 사이에서 떠돈 말이 있다. 한국의 영어 사교육 시장에서 알아주는 모씨 아들이 영어 공부를 하러 와 있다는 소문이었다. 그 당시 모씨는 유학 가지 않고 한국에서 영어를 배워도 얼마든지 영어를 원어민처럼 잘할 수 있는 법을 가르쳐준다고 광고해 톡톡히 재미를 보고 있었다. 물론 이 상황에 대해 이해가 가지 않는 건 아니지만, 여하튼 뭔가 앞뒤가 맞지 않는 건 사실이다. 마치 불량식품 만들어 파는 회사 사장이 자기 아들한테는 절대 자기 회사 제품을 먹이지 않는 경우와 비슷한 일이다.

사교육 시장에서 잘 나가고 있는 당사자들조차 자신들의 교육법을 믿지 못하는 이런 상황이 왜 일어나는 건지 의아할 수도 있다. 그러나 그 속내를 들여다보면, 암기와 주입이 실제로 사교육 시장을 떠받치는 중요한 규칙이라는 사실을 알 수가 있다. 요컨대 우리에게 '교육'이라는 말은 아직도 감시와 처벌을 내포하고 있는 '훈육'의 의미로 암묵적으로 추인받고 있는 것이다. 예전에 이 훈육의 주체가 권위적 국가였다면, 지금은 '시장-경쟁주의'라는 환상이라는 게 다르면 다른 부분이다. 이 사실을 증명해주는 일화가 있다. 미국에서 대학원을 다닌 지인의 아들은 올해 중학교 3학년이다. 이 중학교 3학년 아들은 토익 만점을 받을 정도로 영어는 거의 완벽한 수준이다. 물론 영어만 그렇기 때문에 다른 과목을 보완하기 위해 입시학원을 다니게 했는데, 아들이 영어수업 때문에 학원가는 걸 죽기보다 싫어한다는 것이다. 토익 만점 받은 이 아이에게 학원은 말 그대로 암기와 주입식으로 영어단어나 문장을 외우게 하는데, 학원에서 가르쳐준 대로 하지 않으면 오답으로 처리해버리는 것이다. 보다 못한 지인이 학원에 부탁을 했다는데 그 대답이 걸작이었다. 자신들이 가르치는 방식대로 하지 않는다면 학원을 다닐 수 없다는 으름장이었다. 『88만원 세대』를 읽으면서 10대들을 한국 경제가 인질로 붙잡고 있다는 말이 다소 과하다는 생각이 들었다면, 그건 이런 사정을 모르기 때문일 것이다. 학부모가 되어보면 이 말이 너무도 '사실적'이라는 생각을 하지 않을 수 없다.

문제는 바로 여기에 있다. 사교육 시장의 이윤 창출을 위해 10대들이 인질로 잡혀 있는 이 상황에서 문제가 출발하고 있는 것이다. 이런 부조리하고 모순적인 상황을 모두 다 인지하고 있음에도 이 문제를 해결할 수 있는 방책이 전혀 없다는 게 비극이다. 한국에 사는 거의 모든 이들은 6년 동안 강제당하는 한국식 교육을 통해 세계화의 환경에 적응할 만한 국민을 길러낼 수 없다는 걸 누구보다 잘 알고 있다. 그럼에도 이 문제를 해결할 수 있는 어떤 복안도 만들어낼 수 없는 교착상황이 벌어지고 있는 건데, 우석훈과 박권일의 말대로 "전두환이 다시 돌아와도" 10대들을 인질범으로부터 풀어주지 못한다. 이 체제를 그대로 둘 건가 아니면 바꿀 건가는 전적으로 사회적 선택에 달린 문제인데, 이에 대한 공론이나 문제제기를 발견할 수 없는 게 엄연한 현실이다. 이런 상황에서 나는 김연아에 대한 부르주아 이데올로그들의 열광에 눈길이 가는 것이다. 도대체 이들은 무엇 때문에 김연아에게 적극적 시선을 보내는 걸까?

물론 이런 현상의 원인에 대해 쉽게 말할 수 있을 것이다. 사석에서 만난 한 시인의 말대로, 그냥 언론은 인기 있는 사안이라면 무엇이라도 할 태세가 되어 있기 때문에 이런 일들이 벌어지고 있는 건지도 모른다. 대선 이후 허경영에 대한 보수언론들의 관심에서 확인할 수 있듯이, 한마디로 포퓰리즘의 산물로 이런 현상을 설명해버리면 간단할 것 같다. 그러나 이런 측면이 없지 않아 있겠지만, 좀 더 깊은 속내가 숨어 있는 것도 부정하기 힘들다.

『조선일보』는 「'낀 세대' 20대」(2007년 11월 8일자)라는 기사에서 20대를 "무섭게 치고 올라오는 재기발랄한 10대와 왕성한 활동력을 과시하는 30대 사이"에 끼어 있는 세대라고 규정했다. 대선 이전에 작성된 이 기사는 짐짓 20대를 걱정해주는 것처럼 보이지만, 사실은 20대에게 이명박 후보를 찍으라는 조언을 하고 있는 '은밀한 메시지'이다. "기업 투자를 살려서 20대의 일자리를 늘리는 것이 필요하다"는 인용을 끝으로 기사를 맺는 걸 보면 알 수 있다. 친기업적 인사를 뽑아야 20대 너희들도 10대나 30대처럼 잘 나갈 수 있다는 뜻이다. 그러나 이 기사의 문제점은 명백하다. 일단 10대와 30대가 잘 나간다는 근거로 거론하고 있는 실례가 배우 아니면 연예인이다. 한마디로 이건 조작에 가깝다. 10대도 다 같은 10대가 아니고 30대도 다 같은 30대가 아니다. 이들 세대에도 서로 다른 신분과 계급이 존재한다. 원더걸스와 무한도전팀 못지않게 유명한 20대 배우나 연예인들도 많다. 사실은 같은 걸 갖다 놓고 서로 다르다고 비교하는 꼴인데, 이런 의도는 너무도 뻔해서 굳이 분석 같은 게 필요 없을 정도다.

중요한 건 의도가 아니라 그 의도에 포획당하지 않고 매끄러운 상상의 공간에 균열을 내는 진리이다. 『동아일보』도 『조선일보』도 알지 못하는 그 무엇이 이 균열에서 흘러나온다. 말하자면, 이들은 여전히 10대에 대해 알지 못한다. 이런 10대가 지금 40대 이상의 불안을 지배하고 있다는 사실을 모르고 있는 것이다. 이건 세대의 문제가 아니라 계급의 문제이다. 2002년은 한국의 부르주아 이데올로기가 심각하게 재생산의 위기에 빠졌던 순간이었다. 아니 겉으로는 그렇게 보였다. 그러나 위기에 빠졌던 건 냉전 이데올로기였지, ‘먹고사니즘’이라고 불릴 수 있는 경제성장의 이데올로기는 오히려 노무현 정부를 거치면서 더욱 강고해졌다. 황우석 사태와 『디 워』 현상은 이런 이데올로기가 얼마나 일상 속에 파고들어 있는지를 정확하게 보여준 사례였다. 이런 상황은 부르주아 이데올로기를 재생산하고 이를 내면화하고 있는 세력들에게 긍정적이면서도 동시에 부정적인 효과를 초래한다. 겉으로 본다면, 이건 한국 사회에서 우파 헤게모니를 탈환한 것처럼 보이기 때문에 즐거울 수 있다. 그러나 속내를 들여다보면, 이런 이데올로기가 제공하는 인식과 현실 사이에 괴리가 있다는 걸 깨닫지 않을 수가 없다. 지난 대선을 놓고 정권을 되찾았다고 희희낙락하는 이들은 사실 이런 문제에 대한 깊은 고민이 없는 것이라고 봐야 할 것이다. 현실은 좌파든 우파든 상관없이 호락호락하지 않다.

이런 상황에서 김연아 같은 10대 엘리트들에 대한 우파 이데올로그들의 찬사는, 세계화의 압박을 10대들과 그의 부모들에게 전가함으

2007년 9월 13일 발매한 정규 1집의 타이틀곡 「텔 미」가 공전의 히트를 기록하면서 원더걸스는 인기를 얻게 된다. 그 뒤 육군 본부는 육군 홍보곡 「아미송」(Army Song)을 원더걸스에게 맡겼고, 중앙선거관리위원회는 원더걸스를 공명선거 홍보대사로 위촉하기도 했다.

로써 자신들에게 닥쳐올 위기를 피해가려는 한국 부르주아계급의 무의식을 감추고 있는 것이다. 이런 까닭에 김연아는 본의 아니게 오늘날 10대들에게 주어진 가혹한 '쥐들의 경쟁'이 존재하지 않는 것 같은 환상을 만들어내고 있는 셈이다. 10대들이 이 경쟁에서 낙오하거나 아니면 여전히 살기 위해 경쟁하고 있는 것은 김연아보다 '능력'이 뛰어나지 못한 결과로 당연하게 주어지는 업보라는 생각이 들도록 이미지 조작이 일어나는 것이라고 하겠다.

　물론 이런 이미지 조작은 죄 없는 김연아의 탓이 아니라, 이런 부조리한 구조를 개선할 자질이 없는 '능력 있는 어른들'의 책임이다. 이 전지전능한 어른들은 지금 자신들에게 10대들을 구원할 생각이 전혀 없다는 걸 인정하지 않고 있다. 이들은 10대들이 김연아처럼 알아서 잘 해주기를 바랄 뿐이다. 그래서 이들에게 10대들은 여전히 미지의 존재이고 신비로운 가능성이다. 이런 판타지에 화답한 '귀여운 예쁜 이들'이 바로 원더걸스이다. 원더걸스에 대한 기성세대의 관심을 롤리타 콤플렉스로 볼 수 있느냐 없느냐 하는 문제로 티격태격 말들이 오갔지만, 이런 논란은 중요한 게 아니다. 주목해야 할 건 원더걸스가 만들어내는 효과가 아니라, 원더걸스를 가능하게 만든 그 조건이다. 세계의 정상들과 실력을 겨루는 엘리트 김연아의 이미지는 원더걸스와 무관하다. 원더걸스는 태생적으로 국내용이다. 그러나 이들은 10대라는 이유만으로 간단하게 한 묶음 취급을 받는다. 사실 이건 이데올로기적인 것이고, 따라서 원더걸스 인기의 원인이라기보다 그 인기의 결과라고 할 수 있다.

원더걸스에 대한 10대들의 열광은 새삼스러울 게 없다고 볼 수 있을 것이다. 그러나 20대와 30대의 관심은 다소 흥미를 끄는 사건이다. 물론 이들은 원더걸스를 보고 '섹시하다'는 표현을 함부로 입 밖에 내지 않기에, 아니면 적어도 그렇게 하면 도덕적이지 않다는 금지를 스스로 작동시키기에, 이들의 관심을 무조건 성적인 것이라고 단정 짓는 건 여러모로 위험을 감수해야 하는 일이다. 앞서도 말했지만, 이런 관심의 배면에 엉큼한 욕망이 깔려 있는지 없는지에 대한 논의는 별반 중요한 게 아니다. 여기에서 다뤄져야 할 건, 원더걸스에 대한 20~30대의 환호가 아니라 이런 환호를 포섭하려는 부르주아 이데올로그들의 전략이다.

원더걸스의 인기는 「텔 미」라는 노래의 인기와 밀접하게 관련되어 있다. 「텔 미」라는 노래가 들려주는 경쾌한 리듬과 원더걸스가 보여주는 귀엽고 섹시한 비주얼이 원더걸스의 인기를 가능하게 만든 것이다. 문제는 이런 '감각적인 것'을 나누는 방식이다. 여기에서 이 시대를 지배하는 한국의 부르주아 미학이 탄생한다. 문화가 정치적인 것과 긴밀하게 공모하고 있는 건 이 때문이다.

원더걸스는 김연아를 통해 제시된 이념을 체현하고 있는 미학을 보여준다. 이건 한마디로 박진영의 말을 잘 듣고 훈련을 잘 받은 덕분에 '뜬' 10대들의 성공 스토리이다. 원더걸스의 성공과 더불어 박진영의 인기가 덩달아 올라간 건 이와 깊은 관련이 있다. 말하자면, 원더걸스에 대한 20~30대와 기성세대의 열광은 박진영에 대한 동일시 욕망이 전이된 것에 지나지 않는다. 박진영을 김연아와 나란히 놓았을 때, 우리는 비로소 원더걸스의 정체를 이해할 수가 있다. 박진영은 한류를 세계화하기 위해 '대중음악의 본고장' 미국에서 고군분투하고 있는 또 다른 '엘리트'이고, 이에 대한 지지는 결국 김연아에 대한 지지와 비슷한 지점에 뿌리를 박고 있는 것이다. 그렇다면 원더걸스는 뭔가?

다소 불행한 일이긴 하지만, 원더걸스야말로 한국 사회에서 10대들 자신의 자리가 존재하지 않는다는 사실을 적나라하게 드러내는 외설적 증거이다. 10대들이 '어른들'에게 시선을 받으려면, 원더걸스처럼 20~30대나 기성세대의 감수성에 맞는 존재로 거듭나야 한다. 인터넷 쇼핑몰에서 옷을 사거나 아니면 인터넷 쇼핑몰을 차려야 한다. 어른들이 말하는 그 실용적 인간, 다시 말해서 기성 사회에게 '쓸모 있는 존재'가 되어야 한다. 그래서 이들은 오늘도 내일도 경쟁해야만 한다. 이 경쟁이 자기 자신에게 아무런 쓸모가 없더라도 말이다.

回 27. 민족이라는
숭고대상과
욕망의 변증법

한국은 대체로 민족주의가 강한 나라라는 게 상식이다. 그러나 언제나 진리는 상식 밖에 있다. 한국에서 민족주의가 강하게 나타나는 건 특별히 한국 사회가 민족주의를 많이 갖고 있어서 그런 게 아니다. 오히려 한국의 민족주의는 민족의 부재를 암시하는 징후이다. 말하자면, 한국의 민족주의는 한국 사회가 민족으로 충만하기 때문에 발생하는 것이 아니라, 그 민족을 결여하고 있기 때문에 발생하는 것이다.

그래서 한국에서 민족주의는 실체적인 것이라기보다 재현적인 것이다. 떠도는 기표로서 민족주의는 '민족'이라는 기의를 갖지 못한다. 오히려 이렇게 존재하지 않는 민족이야말로 민족주의라는 이데올로기를 가능하게 만드는 '숭고대상'인 것이다. 민족은 한국인이 잃어버렸다고 생각하는 대상이자, 가닿을 수 없고 소유할 수 없는 '사물'이다. 부재하는 민족이 어떻게 사물일 수 있는가? 이건 민족이 향유의 문제와 관련되어 있기 때문이다. 향유를 계속 누리기 위해 서로 담합하고 있는 관계를 가능하게 해주는 어떤 '대답' 같은 것이 민족이다.

무엇인가를 간절히 원하지만 가질 수 없을 때, 우리는 이 불가능한 상황에 대한 합리적 설명을 만들어내면서 결국 그 대상을 가지지 못할 것이라는 깨달음을 지연시킬 수밖에 없다. 한국 사회에서 민족주의는 이처럼 민족의 부재를 스스로 인정하는 걸 회피하기 위해 만들어진 판타지이다. 이런 방식으로 한국 사회는 민족주의를 통해 고통스럽지만 지극히 즐거운 쾌락을 반복하려고 한다.

남대문 방화 사건에서도 이를 확인할 수 있다. 방화 사건 이후 남대문은 순식간에 '숭례문'으로 전환됐다. 한국 사회는 어떤 망설임도 없이 '남대문 시장' 앞에 있는 중세 건축물을 숭례문이라고 부르기로 합의한 것이다. 철저하게 한국 사회의 관심 밖에 놓여 있던 건축물 하나의 소멸이 그토록 큰 파장을 낳을 것이라는 걸 아무도 예측하지 못했다. 이런 행위는 확실히 애도와 관련이 있다. 애도는 사랑하던 대상을 상실했을 때 일어나는 현상이다. 이런 애도를 통해 주체는 점진적으로 애착의 대상으로부터 자신을 분리해낸다. 여기에서 흥미로운 건 애도는 '죽은 자를 죽이는 과정'이라는 사실이다. 이 죽임의 과정을 통해 주체는 사라진 대상으로부터 자신을 분리해서 새로운 욕망의 투여가 가능한 상태로 바뀐다. 따라서 어떤 사랑하는 대상을 상실했을 때, 애도는 슬픔을 극복하기 위한 자연스러운 심리상태라고 할 수 있다.

문제는 이 지점에서 도사리고 있다. 과연 숭례문이 평상시에 그토록 한국 사회에서 애착의 대상이었는지 질문을 던질 수밖에 없는 것이다. 문제의 핵심은 무엇 때문에 한국인들이 숭례문을 애도의 대상으로 삼고 있는가 하는 것이다. 놀랍게도 이들의 애도 행위는 존재하지 않았던 숭례문을 존재하게 만드는 위력을 발휘한다. 이들의 애도가 사라진 것에 대한 것이 아니라 처음부터 존재하지 않았던 것을 위한 제의라는 걸 확인할 수 있는 대목이다. 다시 말해서 이 사건을 통해 드러난 애도는 숭례문에 대한 애착을 표현하는 것이 아니라 그 '숭례문'이라는 기표 자체가, 이전에 존재했지만 지금은 존재하지 않는 그 무엇에 대한 호출이라는 사실을 증명하는 셈이다. 이건 난데없는 일처럼 보이지만, 사실은 필연적이고 논리적인 것이다. 과연 남대문이라는 현실의 기표를 돌연 숭례문이라는 기표로 치환시키며, '숭례문'이라는 유령을 거기에 불러들인 건 무엇인가? 바로 그것이 민족이라는 숭고대상이다. 숭례문은 그냥 하나의 이미지로 거기에 불려나온 것뿐이다. 그게 무엇이든 이 가느다란 빈 공간을 채울 것들은 수두룩하다. 황우석의 줄기세포나 심형래의 『디 워』는 이런 숭례문의 자리에 이미 왔다가 사라진 것들이다.

확실히 이건 아이러니이다. 수천 년 내려온 산을 마구 깎아 고층 아파트를 짓는 '경제 활동'에 아무런 문제점을 느끼지 않는 한국인들이 남대문처럼 겨우 몇 백 년 넘긴 건축물에 집착하는 게 말이다. 미국에 대한 한국 사회의 태도도 마찬가지이다. 특히 반미주의가 그렇다. 겉으로 보기에 반미주의는 미국을 반대하는 것처럼 보이지만, 실상은 미국에게 빼앗겼다고 여기는 것들을 다시 되찾아오고자 하는 열망의 산물이다. 이런 생각은 '언제나 이미' 미국의 존재를 승인하고 있는 것이다. 마치 영화 속 주인공 존 람보처럼, "우리가 사랑하는 것만큼 조국이 우리를 사랑하는 것"을 원해서 한적한 오리건 주의 마을을 쑥대밭으로 만들어버리고 싶은 게 반미주의에 숨어 있는 진정한 욕망인지 모른다. 따라서 우리가 상식적으로 믿는 것과 달리, 반미주의는 민족주의와 같은 것이 아니다. 한국이 너무 민족주의를 많이 가져서 반미주의가 발생한다고 믿는 건 너무 순진한 태도이다. 민족주의는 반미주의로 인해 섭동攝動의 효과를 만들어내지만, 동시에 친미주의를 통해서도 그렇게 한다. '민족사관학교'를 떠올려보라. '민족'을 위해 이들은 영어로 수업을 진행하고 미국의 아이비리그 대학에 한국의 엘리트들을 보낸다.

민족주의는 다양한 욕망의 변주곡을 들려준다. 이른바 '국민 여동생' 신드롬도 그 중 하나다. 문근영에게 하사됐던 이 칭호는 이제 김연아와 원더걸스의 안소희에게로 옮겨 간 것처럼 보인다. '국민 여동생'이라는 말은 핍박받는 민족의 이미지로 흔히 호명되곤 했던 '누이'나 '님'이 모습을 바꾼 것에 불과하다. 서구 중세에서 에로티시즘과 정신주의가 결합된 궁정풍 사랑이 유행했던 것처럼, 21세기 한국에서도 비슷한 일이 벌어지고 있는 것이다. 한국형 궁정풍 사랑의 증표 하나가 바로 '국민 여동생'이라고 하겠다. 가닿을 수 없는 숭고대상인 민족을 재현하기 위한 안간힘이 바로 '국민~' 시리즈를 낳았다면, '국민 여동생'은 그 절정에 도달한 욕망의 변증법을 보여준다. 이 절정에서 우리가 확인하는 건, '국민 여동생'을 '섹시하다'고 말하는 것을 금지하는, 우리 스스로가 만들어낸 법인 것이다.

◎ 28. 중성국가에 대한 판타지

하나의 사건이 일어났다. 경기도 고양 일산에서 말이다. 초등학생 납치 미수 사건을 말하는 게 아니다. 물론 그 사건에서 기인한 것이긴 하지만, 뭔가 특이한 일이 일어난 것이다. 그건 바로 이명박 대통령이 초등학생 납치 미수 사건 때문에 일산경찰서를 직접 방문한 일이다. 어떤 이들은 대수롭지 않게 생각하겠지만, 단순하게 받아들일 게 아니다. 이건 한국 사회의 욕망과 관련해서 중요한 진실을 암시한다.

이명박 대통령이 일산경찰서를 방문한 까닭은 안이한 경찰 행정을 질타하기 위한 것이다. 초등학생 납치 미수 사건이 일어났는데도 단순 폭력 사건으로 치부하고 적극적으로 범인 검거에 나서지 않았던 경찰의 무책임에 대해 여론이 들끓던 와중이었다. 전격적인 대통령의 방문 덕분에 범인은 몇 시간 만에 검거됐다. '기적' 같은 일이 일어난

2008년 3월 31일 이명박 대통령은 일산경찰서를 방문했다. 3월 26일 발생한 여자 초등학생 납치 미수 사건의 CCTV 자료가 언론을 통해 보도된 다음날이었다. "화나서 일산 경찰서 갔다"라고 말한 이명박 대통령의 '화'를 풀어주려고 했는지, 해당 사건을 단순 폭행 사건으로 규정해 CCTV 자료조차 사건 발생 사흘 뒤에야 확보했던 경찰은 당일 저녁 8시 반쯤 용의자를 전격 체포했다. 이명박 대통령이 일산경찰서를 방문한 지 6시간 뒤였다.

것이다. 예상대로 대중들은 이런 대통령의 행동에 환호했다. 내가 주목하는 건 바로 이 '환호'이다. 이 정서의 실체는 뭔가? 결론부터 말하자면, 이런 국민의 환호야말로 권력의 현시를 '실감'한 결과이다. 청와대 깊숙이 숨어 있던 대통령의 권력이, 그래서 언제나 대중들에게 궁금하고 은밀하게 느껴졌던 그 권력이 눈앞에 나타난 것이다. 이건 노동자데모를 진압하러 가는 탱크들을 보고 공산당에 가입하고 싶다는 생각을 했다는 브레히트가 목격한 그 광경과 흡사한 것일지도 모른다. 이것이 권력의 느낌이다.

홍미로운 점은 이것이다. 이명박 대통령이 경찰서를 방문해서 경찰서장을 비롯한 관계자들을 강도 높게 꾸짖었다는 것 말이다. 연일 공무원에게 '머슴론'을 설파하며, 국민을 섬기는 자세를 가지라고 훈계하던 그 연장선에 놓여 있는 행동이다. 도대체 이런 상황은 뭘 의미하는 걸까? 확실한 건 이번 일로 인해서 이명박 대통령은 자신의 '중립성'을 더욱 강화하게 됐다는 점이다. 말하자면, 이명박 대통령은 정치권에 속한 사람이 아니어야 한다는 대중의 바람이 추인받은 것이다. 한나라당 공천으로 인한 잡음은 이런 식으로 확인받은 중립성의 이미지 앞에서 잦아들 수밖에 없다.

이명박 대통령은 이제 정치권도, 공무원도, 경찰도 아니다. 그는 오직 '국민의 권력'으로 거기에 있다. 이것이 대중들이 대통령에게 바랐던 무엇이다. 노무현 전 대통령은 이런 대중들의 요구를 충족시켜주지 못했다. 그래서 노무현 전 대통령과 지지자들은 '노무현'이라는 개인을 "재임 시절 제대로 평가받지 못한 대통령"이라고 말할 수밖에 없는 건지도 모른다. 이른바 '진보세력'의 입장에서 본다면, 이명박 대통령의 일산경찰서 방문은 쇼처럼 보일 것이다. 그래서 "일산경찰서 가듯 코스콤 농성장도 좀 오라"라는 말이 나오는 것일 테다. 물론 이런 주장은 틀린 게 아니다. 그러나 대중들은 아직 이런 주장의 정당성을 받아들이지 못한다. 여기에 한국 사회의 비극이 있다. 탈정치성의 정치화. 오히려 정치적인 걸 '정당하지 않은 것' 또는 '옳지 않은 것'으로 받아들이는 정서가 대세인 것이다. 달리 말하면, 정치적인 것이 종언을 고하고 있는 현상 자체를 '민주주의'라고 착각하는 일이 벌어지고 있는 게 지금 한국의 '정치' 상황이다.

대중들은 이명박 대통령의 일산경찰서 방문을 '민주주의'라고 생각한다. 물론 엄연히 이런 돌출 행동은 절차적 민주주의가 아니다. 오히려 절차적 민주주의를 무시한 '특권'의 행사이기도 하다. 이건 확실히 관료주의 타파라는 명목으로 '현장 지도'를 중시하는 북한의 통치

방식을 떠올리게 만드는 일이다. 이렇게 지도자가 직접 현장을 방문해서 관료들을 닦달함으로써 얻어내는 효과는 명백하다. 지도자라는 권력의 중립화이다. 지도자는 '인민'의 편에 서서, 무사안일주의에 빠진 관료들을 질타하는 수호자로 받아들여지는 것이다. 이를 통해 지도자는 실제로 자신을 떠받치고 있는 권력의 기반으로부터 자신을 분리해서 자유로워질 수 있다. 말하자면, 실책의 책임도 지지 않을 자유를 부여받게 되는 것이다.

그런데 조선민주주의인민공화국이야 공개적으로 '프롤레타리아 독재'를 표방하는 국가라서 그렇다 쳐도, 도대체 자유시장경제를 신봉하고 자유민주주의를 철썩 같이 옹호하는 대한민국에서 대통령과 국민들은 왜 이러는 걸까? 누구 말 대로 한국인의 핏줄 속에 태생적으로 '사회주의의 피'가 흐르고 있어서 그럴까? 하기야 공상적 사회주의자였던 푸리에가 꿈꿨던 그 '집단주거 형태'를 '아파트'라는 멋진 '불평등의 평등 구조'로 실현한 곳이 한국 아닌가? 이런 맥락에서 아파트는 한국인의 유토피아주의가 상품구조로 인해 수정처럼 굳어져 사물화된 것이라고 '문화적'으로 규정할 수도 있을 것이다.

어쨌든 이번 대통령의 일산경찰서 방문과 그에 따른 대중의 환호는 중대한 한국 사회의 변화를 지시하는 것이라고 할 수 있다. 이건 이명박 정부의 포퓰리즘적 성격을 증명하는 것이기도 하지만, 대중들이 지금 '정치'에 대해 바라는 것을 간접적으로 드러내는 일이기도 하다. 대중들이 바라는 건 '정치 없는 국가'이다. 정치 같은 불순물이 끼어들지 않는 중성의 국가기계를 원하는 것이다. 이런 맥락에서 우리는 '역사는 끝났다'라는 한국판 후쿠야마 선언을 되뇔 수도 있을 것 같다. 그러나 여전히 대안을 위해 분투하는 이들이 있는 상황에서 이런 태도는 너무 성급한 패배주의일지도 모른다.

대중들이 바라는 '중성국가'는 무소불위의 권력을 뜻하지만, 싸늘한 효율성의 쇳덩어리를 의미하는 게 아니다. 이들이 욕망하는 건 현재의 시스템을 통해 얻어낼 수 없는 시스템 너머의 무엇이다. 이게 뭔지는 아무도 모른다. 대통령도 경찰도 언론도, 심지어 대중들 자신도 모른다. 여기에 한국 사회를 지배하는 판타지의 비밀이 숨어 있다. 대통령직을 물러난 뒤에 인기가 상승하고 있는 노무현 전 대통령을 보면 미뤄 짐작할 수 있다. 그는 시스템으로부터 떨어져 나오는 순간, 대중들에게 '중성적 개인'으로 재평가받고 있다. 이를 보더라도 당분간 한국 사회를 지배할 코드는 '중성적 미덕'일 공산이 크다. 이 미덕은 부르주아 이데올로기가 불러일으키는 착시 현상이지만, 또한 거부할 수 없는 현실이기도 하다. 지금 한국 사회에서 '다른 사회'를 꿈꾸는 이들은 대중을 지배하고 있는 중립화의 판타지를 어떻게 타고 넘어갈 건지를 심각하게 고민해야 할지도 모른다.

◉ 29. 범죄의
　　　 발견

힘없는 어린이를 대상으로 한 범죄가 연쇄적으로 발생했다. 안양에서 초등학생을 살해한 범인이 붙잡혀 떠들썩했던 것도 잠시, 고양에 있는 한 아파트에서 어린이를 폭행하고 납치하려고 했던 사건이 CCTV에 찍혀서 공분을 불러일으켰다. 경찰의 임무 방기를 비난하는 여론이 들끓었고 대통령까지 직접 나서 해이한 경찰공무원의 기강을 질타했다. 벌써 잊혀져버렸지만, 이보다 앞서 전직 프로야구 선수가 일가족을 잔인하게 살해한 사건도 있었고, 평생을 고기잡이로 보낸 한 늙은 어부가 놀러온 여성들을 성추행하고 죽음으로 내몬 사건도 있었다.

언론의 조명을 통해 '사이코패스'라는 심리학 용어가, 도무지 왜 일어났는지 이유를 '알 수 없는' 사건을 설명하는 중요한 기표로 떠올랐다. 사이코패스는 전두엽의 기능이 일반인보다 떨어져서 살인 같은

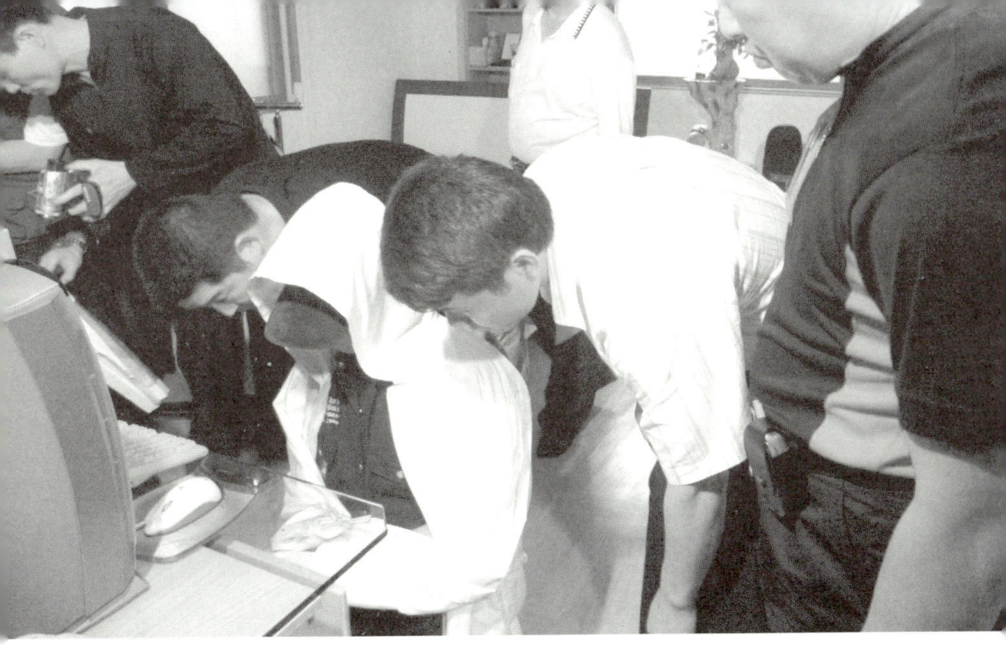

2003년 9월부터 2004년 7월까지 21명을 살해한 연쇄살인범 유영철이 체포된 이후 '사이코패스'는 시사용어가 됐다. 전문가들에 따르면 사이코패스는 정신질환자(일명 사이코)가 아니다. 대부분의 사이코패스는 우리 주변에서 흔히 만나게 되는 사람이지 괴물의 모습을 하고 있는 게 아니라는 설명이다. 그래서일까? 『검은 집』, 『우리 동네』, 『추격자』, 『뷰티풀 선데이』 등 한동안 사이코패스를 소재로 한 영화들이 줄지어 소개됐다(위 사진은 2004년 7월 18일 체포된 이후 현장검증을 하고 있는 유영철의 모습이다).

끔찍한 범죄를 저지르고도 양심의 가책을 느끼지 못하는 사람을 뜻한다. 여기에서 흥미로운 건 검사를 받지 않는 한 누구도 사이코패스를 알아볼 수 없다는 사실이다. 말하자면, "이런 사건들이 사이코패스 때문에 일어났다"는 말은 하나마나한 진술이다. 이렇게 우리 앞에 나타난 범죄는 언제나 원인이 없는 것처럼 보인다. 왜냐하면 범죄는 그 원인을 설명할 수 있는 '언어' 너머에서 출몰하기 때문이다. 이런 측면에서 범죄 사건은 억압당했던 '과잉'의 귀환이라고 할 수 있다.

우리는 '인면수심'이나 '천인공노'라는 수사학을 동원해서 설명 불가능한 사건들을 '상식'의 범주 속으로 포섭하려고 한다. 그러나 말 그대로 이런 수사학은 도덕적인 방어전략에 불과하다. 어떤 문제를 완전히 파악하지 못할 때, 다시 말해서 인식할 수 없는 어떤 벽에 부딪혔을 때 우리는 곧잘 도덕의 방패 뒤로 도피한다. "논리가 되지 않으면 인신을 공격하라"는 말도 이런 맥락에서 단순한 농담은 아니다. 기존의 상식을 교란시키는 행위에 대해 우리는 대체로 '나쁜 것'이라는 합의를 쉽게 이끌어낸다.

이것이 현실이라면, 도대체 안양 초등학생 살인 사건을 비롯한 일련의 사건들이 우리에게 보여주는 것은 무엇일까? 이 사건들이 반복해서 귀환하는 그 지점은 '유영철'이라는 '살인의 추억'이다. 그러나 유영철의 범행은 그의 체포 이후에 재구성됐을 뿐이다. 유영철이 말하지 않은 것에 대해 우리는 알 수가 없다. 반복하자면, 우리는 유영철이라는 개인에 대해 아는 것이 없다. 유영철은 '희대의 살인마'이거나 아니면 고작해서 '사이코패스'라는 기표로 지칭될 수 있을 뿐이다. 양심도 없는 못된 놈이거나 그도 아니면 전두엽의 기능이 일반인보다 떨어지는 모자란 놈이다.

그러나 실제로 유영철 같은 범죄자들을 대면해본 이들의 견해는 전혀 반대이다. 유영철이 주도면밀하며, 오히려 일반인의 상식을 뛰어넘는 발상을 많이 한다는 점을 지적한다. 비슷한 사건의 경우도 마찬가지다. 안양 초등학생 사건을 저지른 정성현의 경우도, 평소에 지극히 합리적이고 명석한 논리를 갖고 있었다. 심지어 그의 경우는 컴퓨터 조립에 비상한 솜씨를 보여줬다고 한다. 말하자면, 이들을 '환자'로 인지할 어떤 근거도 일상 속에서 발견할 수 없었던 것이다. 이처럼 상식 밖의 범죄 사건은 현실논리를 뛰어넘어 출현하는 것이 아니라, 바로 그 현실의 논리 속에서 튀어나온다. 그래서 범행을 사전에 인지하고 제어할 수 있는 방안은 없다. 이런 건 『마이너리티 리포트』 같은 공상과학영화 속에서나 가능한 일이다.

우리는 너무도 쉽게 범죄의 원인을 '개인'에게서 찾으려고 한다. 그러나 어떻게 생각하면 범죄의 발생은 훨씬 더 구조적인 원인을 감추고 있는 것 같다. 여기에서 구조적인 원인이라는 건 평소에 우리가 어떤 것을 정상적인 것으로, 또 어떤 것을 비정상적인 것으로 생각하는 관습이기도 하다. 방화범이나 연쇄살인범의 주변 사람들이 증언하는 내용들을 보면 대체로 "조용하고 말이 없는 사람"이었다는 진술이 압도적이다. 평소에 '이상행동'을 보인 경우는 거의 없는 것이다. 대체로 범죄는 평소에 전혀 이상하다고 느낄 수 없는 상황에서 발생한다.

말 그대로 평범한 일상성 속에 언제나 범죄의 요인이 도사리고 있는 것이다. 범죄가 발생했을 때, 우리는 이렇게 한때는 정상적이었던 '요소들'을 그 범죄의 논리에 맞춰 재구성한다. 이런 맥락에서 범죄는 구조적인 것이라고 말할 수 있겠다. '사이코패스'라는 기표는 우리가 정상적인 것이라고 믿고 있는 그것이야말로 비정상적인 것을 만들어 내는 숙주라는 사실을 인정하지 않게 지연시키는 스크린일지도 모른다. 범죄자는 정상과 비정상, 우등과 열등을 구분하기 위한 방편으로 발견되는 것일 뿐이다.

▣ 30. 강북은
   강남의
   주이상스이다

뉴타운 문제는 어제 오늘 일이 아니다. 뉴타운은 '새마을'이 21세기에 새롭게 강림한 것이다. "초가집도 없애고 마을길도 넓히"던 그 새마을이 정부 주도의 사업이었다면, 오늘의 뉴타운은 그렇지 않다. 민간이 '자발적'으로 뉴타운을 추진하고 있는 것이다. 그렇지만 새마을이든 뉴타운이든, 궁극적으로 두 사업들은 그 마을에 사는 주민들보다 그 마을의 땅을 소유한 지주들과 건물을 짓고 도로를 닦는 건설 회사에 더 유리한 기회이다. 한국의 도시는 언제나 무엇인가를 부수고 짓는 일로 점철되어 왔다. 그리고 여기에 도시의 거주민들은 대체로 동의해왔다.

뉴타운 지정을 자축하는 현수막이 보여주는 건 이것이다. 뉴타운을 위한 재개발은 결국 세입자의 부담으로 돌아오고, 이를 감당하지 못하는 주민들은 뉴타운 바깥으로 내몰려야 한다. '강탈에 의한 축적'

이라는 자본주의 고유의 자본증식 방식이 뉴타운 사업에서 고스란히 드러난다. 자산의 총량이 정해진 상태에서, 자본을 증식하려면 누군가의 것을 빼앗아야 한다. 뉴타운은 눈에 보이는 '돈'을 위해 '인간'이라는 보이지 않는 범주를 소멸시키는 판타지이다. 뉴타운을 위한 재개발은 언제나 이해관계의 충돌을 가져오는 법이고, 내 재산을 증식시키고 지키기 위한 긴장관계에서 피해를 보는 쪽은 이른바 뉴타운에서 살 수 없는 가난한 '원주민들'이다. 뉴타운은 함께 잘 사는 마을이라고 보기 어렵다. 오히려 '회원권'을 가진 이들만이 출입할 수 있는 컨트리클럽을 만들겠다는 것에 가깝다. 이런 측면에서 뉴타운보다 더 배타적이고 적나라한 욕망의 정치는 없어 보인다. 오래 전부터 한국에서 운위되는 '민주주의'라는 것은 결국 '너도 잘 먹고 잘 사는데 나도 좀 잘 먹고 잘 살아보자'는 주의였다. 흥미로운 건 이런 주의를 유지시키는 모종의 합의가 언젠가부터 한국 사회를 지배하게 됐다는 사실이다.

속류 계급론에 따르면 강남과 강북은 서로 적이지만, 이상하게도 욕망의 문제에 가면 내통해버린다. 이 때문에 계급을 존재론으로 받아들이는 건 잘못된 판단을 낳을 수 있다. 계급은 존재론이라기보다 인식론의 문제이다. 계급의 관점에 섰을 때 비로소 우리는 세계의 총체성을 파악할 수 있는 것이다. 이 계급의 관점은 당파성 같은 게 아니다. 당파성은 인식론의 범주인 계급을 존재론으로 소급 적용한 개념일 뿐이다. 노동계급이 부르주아계급보다 더 훌륭한 '내면'을 가지고 있을 것이라는 믿음은 얼마나 어리석은가! 계급의 인식론은 판타지의 문제와 무관하지 않다. 노동자라고 반드시 노동계급의 판타지를 갖고 있지 않다는 사실을 한국 사회는 지금까지 여실히 증명했다.

주이상스(Jouissance) "고통스럽지만 멈출 수 없는 극치의 즐거움"을 의미하는 프랑스어로 정신분석학자 라캉(Jacques Lacan, 1901~1981)의 용어이다. 물론 이 즐거움은 정신적인 것이라기보다 육체적이고 성적인 것이다. 흔히 '향유'나 '향락'으로 번역되는 주이상스는 쾌락과 대립하는 개념으로서, 일반적으로 다수가 '즐거운 것'이라고 합의하는 차원과 다른 고통스럽고 외설적인 즐거움을 의미한다. 즐거움이 일정한 선을 넘으면 즐겁다기보다는 불쾌감을 느끼게 되는데, 주이상스는 이런 쾌락원칙을 넘어서는 멈출 수 없는 즐거움이라고 할 수 있다. 즉, 주이상스는 금지를 넘어가려는 충동이고 이로 인해 쾌락을 추구하는 원칙이 갑자기 고통스러운 것으로 변하는 상황을 초래하는 것이다.

이런 맥락에서 강북과 강남을 대립적인 범주로 파악하는 것은 옳지 않다. 욕망의 문제에서 강북은 강남의 주이상스이기 때문이다. 강북은 강남과 다른 것이긴 하지만 강남에 속하는 것이다. 강북은 강남이 누리고 싶지만 누릴 수 없는 '금지를 넘어선 욕망의 추구'를 보여주기 때문이다. 강남이 제거해버린 그 향유를 강북은 지금 '뉴타운'으로 보여주고 있다. "강북도 강남처럼 살기 좋게 만들자"는 발상이 이를 밀고 가는 힘이다. 여기에 대한 동의가 곧 강북의 '민주주의'이다. 노무현 정부는 강남도 강북처럼 만들겠다는 판타지를 구축했고, 이것을 '진보'라고 생각했다. 여기에 대한 반발이 이명박의 집권이었다. 이명박은 노무현과 정반대로 강북을 강남처럼 만들어주겠다는 판타지를 고안해냈다. 이게 뉴타운이었다. 뉴타운은 강남의 입장에서 본다면 금지해야 할 외설적 쾌락이다. 오세훈 서울시장이 과감하게 뉴타운 재검토를 들고 나온 건 이런 강남의 정서를 드러낸 것이라고 볼 수 있다. 이렇게 강남은 '계급의 적'이 아니라 '주이상스의 금지'이다. 이 사실에서 우리는 '욕망의 정치'를 풀 실마리를 찾을 수 있을 것이다.

강남은 강북의 뉴타운 바람을 그렇게 반기지 않는다. 강남이야말로 문화가 개발보다 더 중요한 곳이니 말이다. 강남의 서점과 강북의 서점에서 팔리는 책의 종류가 다르다는 사실이 이를 암시한다. '강남 좌파'라는 말은 그래서 아이러니하다. 강남 좌파라는 말은 자신의 계급을 배신하는 모더니즘적 영웅을 암시하는 것 같다. 실제로 강남은 부르주아 이데올로기를 지칭하는 상징적 기표일 뿐이다. 강남과 강북이 서로 공모하고 있는 욕망의 정치학은 결국 1987년 이래로 한국의 민주화를 표상해온 중간계급의 자의식이 이미 부르주아계급의 세계관으로 통합되어버렸다는 사실을 보여준다. 그러나 중간계급이 부르주아계급으로 변신할 수 있는 '부동산-주식 신공'은 이제 불가능하다. 강북이 제거되어야 할 주이상스인 까닭은 이 때문이다.

▣ 31. 먹고사니즘, 이데올로기의 작동방식

자연인 이명박을 대통령으로 만들어준 대선 기간 동안 가장 흥미로웠던 건 이명박 후보를 지지하는 찬조 연설이었다. "우리 못생긴 명박이를 청와대로 보내서 신나게 일하도록 해주자"고 호소한 이른바 '소 할머니'도 그 중 한명이었다. 그런데 아이러니하게도 이명박 정부 출범 이후『조선일보』가 이 할머니에 대한 기사를 게재했다. 미국산 쇠고기 수입으로 축산농가가 살기 어려워졌다는 게 그 기사의 보도 내용이었다. 이 비슷한 사례가 『한겨레21』에 실렸다. 기사 내용 중 일부에 이런 게 있다.

현행법상 지하철에서 물건을 파는 행위는 엄밀히 말해 불법이 아니다. 2005년 개정된 철도안전법에는 이런 행위를 불법으로 규정해놓은 조항이 없다. 지하철 단속요원들은 지하철에서 물건을 파는 사람들을 적발하면 '퇴거' 조처만 할 수 있다. 지하철에서 내리게 하는 것이다. 그렇다고 지하철 상인들이 마음 놓고 물건을 팔 수 있는 것은 아니다. 단속요원들에게 적발돼 인근 지구대로 넘어가게 되면 '소란행위'라는 명목으로 3만 원의 범칙금이 부과된다. 늘 적발당할 위험에 처한 사람에겐 적은 액수가 아니다. 5호선에서 빨래바구니를 파는 최진철(49) 씨는 "요즘 많이 벌 때는 하루에 6만 원에서 7만 원 정도 버는데 하루 종일 힘들게 일해도 지구대에 두 번만 갔다 오면 하루 일이 '허탕'이 된다"고 말했다.

최근 단속이 부쩍 강화됐다. 김민배 씨는 "몸으로 느끼는 단속과 압박의 정도가 전보다 훨씬 심해졌다"고 말한다. 김 씨는 "나를 비롯해 이 일을 하는 사람들 대부분은 지난 대선에서 이명박 대통령을 찍었더라"고 말한다. 노점상 경험이 있으니 자신들의 처지를 누구보다도 잘 알아줄 것이라는 희망 때문이었다. 하지만 지금은 비관적이다. 이 대통령은 취임하면서 기초질서 확립을 강조했다. 이에 발맞춰 불법 노점상, 무단 광고물, 교통법규 위반, 폭력시위 등에 대한 엄정한 대처 방침이 세워졌다. 더욱이 서울도시철도공사는 지난 4월 14일 사무직 308명으로 구성된 서비스지원단을 꾸려 '잡상인 등 지하철 안 무질서 행위 단속'을 강화했다(「"부담 없는 가격 천원입니다"」, 『한겨레21』, 2008년 4월 21일, 707호).

일찍이 이탈리아의 이론가 안토니오 그람시는 감옥에서 무엇 때문에 노동계급이 자신에게 정치적으로 불리한 파시즘을 지지하는지를 해명하고자 했다. 그래서 그는 헤게모니라는 개념을 생각해낸 것이

대중들이 이명박 대통령을 지지한 이유 중의 하나는 그가 현대건설 회장 출신이었기 때문이다. 즉, CEO 출신 대통령이 경제를 살려 다들 먹고 살 만하게 해줄 것이라는 기대가 있었던 것이다. 미국발 금융위기가 이런 기대를 거둬가기까지는 그리 오랜 시간이 걸리지 않았다.

다. 그러나 아이러니하게도 그의 헤게모니론에서 중요한 건 헤게모니라는 말 자체가 아니라, 헤게모니를 통해 이데올로기가 작동하는 방식이다. 계급이라는 통합적인 재현방식이 아니라 구체적이고 물질적인 실천을 통해 이데올로기가 작동한다는 이런 주장은 확실히 슬라보예 지젝이 말하는 이데올로기론과 일맥상통하는 것이기도 하다. 이 지점에서 문화 분석은 정신분석학을 요청하는 것이다.

그람시에 따르면 민중은 자신들의 이해관계와 무관한 이념과 결탁해서 이에 대한 강고한 믿음을 보여주는데, 이런 착시 현상은 믿음과 이념 사이를 서로 혼돈하게 만드는 종교적 은유를 통해 만들어진다. 지젝 식으로 말하자면 이것이 바로 '이데올로기적 판타지'이다. 판타지는 현실성을 통해 작동한다. 절실하게 자신이 믿는 것이 현실화했을 때, 주체는 그것을 통해 하나의 믿음을 형성하면서 정체성을 획득한다. 이 정체성이야말로 특정한 이념에 대한 절실한 감정을 느끼게 만드는 믿음의 근거이다. 『한겨레21』 기사에 나온 노점상 같은 이들이 이명박 대통령에게 품었던 그 희망은 이런 심리적 구조에 얹혀 있는 것이다. 자신의 처지에서 나온 절실한 체감을 '경제를 살리자'는 이데올로기적 합의로 환원하면서 김씨는 '나는 ~이다'는 정체성을 획득할 수 있었다.

이런 맥락에서 그람시나 지젝에게 이데올로기는 그냥 미신이나 신화 같은 게 아니다. 이데올로기는 합리성의 최고 형태일 뿐만 아니라 종교 같은 '상식'이기도 하다. 이런 관점에서 이데올로기는 일상적인 것이고, 민담처럼 민중의 생활방식에 깊숙이 뿌리박고 있는 '담론'이라고 할 수 있다. 따라서 이데올로기를 통해 세계를 인식하는 '대중'에게 아무리 이데올로기를 미신적이고 근거 없는 것이라고 주장해도 먹혀들지 않는 것이다. 이데올로기는 대중의 세계관이기도 하기 때문이다. 더 나아가서 대중은 이데올로기를 '과학적인 것'이라고 철석같이 믿는 경우가 허다하다. 자본주의 소비사회에서 대중은 소비주의를 미덕으로 받아들이지만, 그렇다고 완전히 소비주의를 향유의 지점까지 밀어붙이는 건 아니다. "아버지는 말하셨지 인생을 즐겨라"는 카드 광고에서 알 수 있듯이, 즐기긴 즐기되 항상 '아버지의 말씀'에 충실해야 한다. 지금 한국 사회에서 대중이 열망하는 건 바로 이렇게 금지를 표상해줄 '아버지의 이름'이다.

한국 사회에서 어떤 이념도 호소력을 상실하는 건 사회 구성원들이 탈정치나 탈이념에 물들어 있기 때문이 아니다. 한국 사회의 특징

먹고사니즘의 힘　2008년 12월 11일 한 일간지는 한나라당의 대선광고 속에서 이명박 후보에게 "밥 처묵었으믄 경제나 살려, 이놈아"라고 욕을 했던 강종순 할머니와의 인터뷰를 실었다. 당시 이명박 대통령의 지지율은 겨우 20% 중반에 멈춰 있었다. IMF 경제위기 때도 잘 먹고 잘 살았는데 이제는 하루 매상이 지난해의 절반도 안 되어 2년 넘은 보험도 깼다며 한숨을 쉬었던 강종순 할머니는 "난 그래도 그 냥반이 나중엔 뭔가 꼭 해낼 거라구 믿어"라는 말을 몇 번이나 되풀이하며 여전히 '경제대통령 이명박'의 능력을 믿으려 했다고 한다.

은 탈정치와 탈이념을 하나의 이데올로기로서 체현하고 있다는 사실에서 찾을 수 있을 것 같다. 탁석산은 이런 한국 사회의 특징을 "이 세상이 전부(현세주의)이고, 감각적 즐거움이 소중(인생주의)하며, 원래 인생은 허무한 것이니까 그리 낙담하거나 좌절할 것 없다(허무주의)"는 정서로서 설명한다. 이걸 쉽게 풀어쓰면 "어차피 허무하고 한 번뿐인 인생인데 즐겁게 사는 게 좋지 않겠느냐"는 '주의'라고 할 수 있는데, 이를 탁석산은 실용주의라고 부른다. 그러나 이런 분석은 다분히 피상적인 것에 지나지 않는다. 현상학적 방법론에도 이르지 못한 표피적 해석에 지나지 않는다는 뜻이다. 한국 사회를 탈정치와 탈이념으로 이끈 것은 '먹고사니즘'이라고 부를 수 있는 경제중심주의이다. 이런 관점에서 이명박 정부에 대한 '국민'의 지지를 이해할 수 있다. 지난 대선에서 유권자들은 노무현 정부의 '정치'를 거세해서 자본주의가 계속 자신들에게 쾌락을 주기를 원했기 때문에 이명박 후보에게 표를 던졌던 것이다. 물론 그 결과는 전혀 반대로 나타나고 있지만, 어쨌든 당시 유권자들 대다수에게 한국 사회의 대안은 이명박 후보처럼 보였다고 할 수 있다.

먹고사니즘은 경제적 안정을 삶의 최고 가치로 치는 한국 특유의 보수주의라고 할 수 있다. 이 보수주의는 특이하게도 공격적인 평등의식을 내포하고 있기도 하다. 다름 아니라, 네가 나를 즐기는 만큼 나도 너를 즐겨야 한다는 쾌락의 평등주의가 바로 이것이다. 한국 사회를 지배하는 경제중심주의는 공평한 쾌락의 실현을 의미한다. 물론 여기에서 쾌락을 즐길 주체는 언제나 제한받는다. 여자나 이주 노동자, 또는 소수자는 이 한국적 쾌락의 주체로 승인받을 수 없다. 모종의 멤버십이 한국 사회의 쾌락주의에 숨어 있는 것이다. 이 멤버십을 획득하기 위해 너도 나도 달리는 게 바로 한국 사회의 '역동성'이다. 이 쥐의 경쟁을 멈추게 하는 것이 중요하다고 목청을 높이는 이들이 몇몇 있지만, 아직 한국 사회의 구성원 대다수는 누구도 이런 문제제기에 귀를 기울이는 것 같지 않다.

◎ 32. 중국 시위대의 폭력에 대하여

들도 보도 못한 일이 일어났다. 한국 사회가 한 번도 경험하지 못했던 일이 발생한 것이다. 백주대낮에 오성홍기를 든 중국 시위대들이 중국의 티베트 정책을 비판하는 한국 시위대에게 보도블록을 던지고 깃대를 휘두르는 폭행 사태가 일어났다. 북경 올림픽을 위한 성화 봉송 과정에서 벌어진 사건이었다. 경찰은 이런 일이 일어나리라는 걸 전혀 예상 못했다고 변명하고, 평소에도 인터넷에서 뜨겁던 반反중국 여론은 불에 기름을 부은 듯 들끓어 올랐다. 대체로 여론은 외국인에게 자국민들이 두드려 맞는데도 방관했던 한국 경찰의 안이함에 화살을 돌렸다.

역사는 두 번 되풀이한다는 헤겔의 말을 좀 비틀어 원용한다면, 역사가 두 번 되풀이하는 순간, 현실은 코미디로 바뀌는 것이다. 세계 인민의 선봉에서 반제반봉건투쟁을 이끈다고 자부했던 그 중국 인민들은 티베트의 자유와 인권을 주장하는 시위대를 향해 '영웅적인' 폭력을 행사했다. 박노자는 이런 중국 시위대의 행태를 꼬집어 '피해자 의식'이라고 불렀고, 진중권은 "북경 올림픽은 나치 올림픽과 같다"고 일갈했다. 말할 것도 없이 이런 주장들은 중국 시위대의 폭력성을 표적으로 삼고 있다.

중국 시위대의 폭력 행위를 옹호할 필요는 전혀 없을 것이다. '하나의 중국'이라는 표상이 무너지는 것에 극도로 신경질적 반응을 보인 중국 시위대의 모습은 아직 '개인'을 제대로 가져볼 수 없었던 아시아 근대인의 불안을 그대로 드러내는 일이었다고 할 수 있다. 이런 주체들은 국권과 인권을 동일시하는 경향을 보이며, '국가-주체'를 자신의 정체성으로 갖는다. 그래서 이들은 '국가'라는 상상의 자아가 소멸에 직면했을 때, 공격성을 그대로 표출시키는 것이다. 여기에 덧붙여 평소에 자국민의 폭력시위를 철저히 단속하겠다고 엄포를 놓던 경찰이 중국 시위대의 만행을 현장에서 저지하지 못하고 사후에 엄단하겠다고 뒷북이나 치고 있는 현실도 비판받아 마땅한 일이다. 그러나 이번 사태의 원인을 모조리 일부 폭력적인 중국 유학생들의 행태나 중국 정부의 뻔뻔스러움으로 몰고 가는 것은 그리 개운치 않은 일이다.

이번 사건은 정말 한국 사회에서 전무후무한 일이라고 말해도 전혀 과장이 아니다. 많은 한국인들이 중국의 맹목적 민족주의를 비판하고, "여기는 파리가 아니다"는 피켓을 들고 있는 중국 유학생의 모습을 보며 한국 사회에 대한 무시를 읽어내고 분노하지만, 실제로 지금까지 중국인들에게 비친 한국은 조금 더 물질적으로 발전한 '미래의 중국'에 지나지 않았다. 박노자도 지적하듯이, 우리 역시 지금 규탄하

2008년 4월 27일 베이징올림픽 성화 봉송 도중 중국인 시위대가 성화 봉송을 반대하는 한국 시위대는 물론, 경찰과 기자 등에게도 무차별 폭력을 행사했다. 이에 시민단체 등은 30일 경찰청 앞에서 기자회견을 열고, "중국인들의 조직적인 불법 폭력 시위에 중국 유학생들을 동원한 직·간접적인 법적 책임이 있다"며 닝푸쿠이 주한 중국대사를 경찰에 고소했다. 중국 외교부 장위 대변인은 정례브리핑에서 "다친 한국인들에게 위로의 뜻을 전한다"고 밝히면서도 "이번 사태는 우발적인 사건"임을 강조하며 별도의 사과나 유감 표명은 하지 않았다.

고 있는 중국 시위대와 유사한 모습을 황우석이나 『디 워』 사태 때 보여주지 않았던가? 이들을 비난해봤자 결국 이 사건은 거울처럼 다시 부끄러운 우리의 모습을 되비쳐 보여줄 뿐이다. 오히려 이 사건을 계기로 한국인의 기상을 바로 세우자는 슬로건 아래 한국의 우파 민족주의가 더욱 강화된다면, 그것도 문제라고 하지 않을 수 없다.

　게다가 이번 한국 시위대 중에는 우익 단체들도 포함되어 있어서, 문제는 결코 몇 마디 말로 일도양단할 수 있을 만큼 단순한 사안이 아니라고 하겠다. 보수언론들이 일제히 중국 시위대의 폭력성을 규탄하고, 여야가 한목소리로 중국 시위대 엄벌을 외치고 있는 모습도 썩 어울리는 풍경은 아니다. 이들의 논조는 대체로 "어디 감히 외국 놈들이 선량한 한국인들을 때려"라는 정서를 더 짙게 머금고 있는데, 이건 마치 동네 골목대장이 "어떤 놈들이 내 구역에서 동생들 건드려"라고 주먹을 불끈 쥐는 모습과 별반 다를 게 없다. 심지어 어떤 기사에 달린 네티즌의 댓글은 중국 유학생들을 '홍위병'이라고 부르는 걸 서슴지 않으며, "양키 고 홈"을 외치듯이 중국인들은 중국으로 돌아가라고 호통치고 있다.

이 징후는 도대체 무엇을 지시하는 걸까? 무엇보다도 이번 사태는 1990년대 이후 본격적으로 한국 사회에 영향을 미치기 시작한 '세계화'의 여파가 잠복해 있다가 수면 위로 떠오른 것이라고 할 수 있다. 세계화는 물리적인 차원에서 한국을 '섬 사회'에 머물러 있지 못하게 했다. 그러나 이건 어디까지 물리적인 차원이었고, 여전히 한국인의 의식은 '섬 사회'에 갇혀 있다. 이번 중국 시위대의 폭력 사태는 이런 한국 사회의 이중성을 여실히 드러낸다. 정부나 경찰은 이런 일이 성화 봉송이라는 지극히 '관제적인 행사'에서 발생할 것이라는 걸 전혀 예측하지 못했다. 이들을 '안이했다'고 질타하지만, 사실 사건이 발생하기 전에 누구도 이 문제를 거론한 적이 없다. 안이했다면 한국 사회 전체가 안이했을 것이다. 어떤 네티즌은 "티베트 사태나 중국 북경 올림픽에 대해 전혀 관심이 없었는데, 이번 중국 유학생들이 하는 꼴을 보고 중국의 실체를 알게 됐다"고 글을 남겼는데, 바로 이것이 한국 사회의 실상이다.

실제로 한국 사회는 티베트 사태와 북경 올림픽이 어떤 정치적 문제로 얽혀 있는지에 대해 별반 관심이 없다. 이게 평상시에 확인할 수 있는 한국인의 사고 체계인 것이다. 다만 한국인에게 중요한 것은 '중국 시위대의 난동'이라는 경험의 교훈이다. 이 경험의 교훈이 지금까지 한국 사회를 지배했고 앞으로도 당분간 그럴 것이다. 문제는 여기에 도사리고 있다. 중국 시위대의 폭력을 비판하는 한국 사회는 경험의 지배를 넘어설 수 있는 성찰의 눈을 갖고 있지 않다. 중국 시위대와 마찬가지로 한국인들 역시 정체성의 위기, 다시 말하면 국가-주체성의 위기 앞에서 공포와 경악에 휩싸여 전율하고 있을 뿐이다.

지금까지 한국 사회의 경험에 따르면, 폭력시위라는 것은 법을 지키는 공권력과 법을 지키지 않는 불법 자국민들이라는 대립구도를 전제해야 성립 가능했다. 그러나 이번 중국 시위대의 폭력 행위는 외국인과 자국민이라는 지금까지 한국 사회가 겪었던 것과 전혀 다른 대립구도에서 발생한 것이다. 뭔가 달라진 것이다. 이런 상황이 어떤 결과를 낳게 될지는 아직 미지수다. 다만 확실한 건, 이제 한국 사회는 과거의 모습에 머물고 싶어도 머물 수 없는 새로운 조건 위에 서 있다는 점이다. 이 조건은 부르주아계급과 노동계급, 강남과 강북, 도시와 농촌으로 나눠지던 종래의 대립구도를 일시에 무너뜨릴 강렬한 에너지를 내장하고 있다. 외국인과 자국민을 자연스럽게 구분하는 것이 하나의 '이념'으로 재탄생할 때, 한국 사회는 지금까지 축적된 모든 경험들이 소이탄처럼 폭발하는 새로운 국면을 맞이하게 될지도 모른다.

▣ 33. 가난해도
　　행복한 나라

가끔 한국에서는 문학예술 분야에서 명작이 나오지 않는다는 개탄 섞인 얘기들을 듣는다. 한때 주가를 올리던 한류가 주춤하고, 만성적으로 지적당하곤 했던 콘텐츠 기근 현상을 해결할 수 있는 뾰족한 수가 없다. 어디 문학예술 분야뿐이겠는가? 인문학의 위기가 장안에 회자된 것도 이제 까마득한 일이다. 일각에서는 한국 인문학의 부실성을 거론하면서 고급 이론이 나올 수 없는 풍토를 비판하기도 한다.

　인문학의 위기 문제에 이르면 반드시 고구마 줄기처럼 끌려 나오는 것이 대학 시간강사 문제이다. 대학 시간강사 문제를 정규직과 비정규직으로 보는 것도 이런 사안에 접근하기 위한 하나의 관점을 제공한다. 그러나 문제는 더 근본적인 곳에 있다. 말하자면, 이런 것이다. 문학예술가든, 문화산업 종사자든, 비정규직 인문학 연구가이든, 사회

시스템의 문제와 무관하지 않다는 사실에서 이 근본 문제는 출발하는 것처럼 보인다.

예를 들어보자. 내 영국 친구는 이른바 박사 실업자이다. 러시아 문학으로 박사학위를 받았지만, 취직할 생각을 하지 않는다. 그가 원하는 직업은 시인. 물론 데뷔는 했지만, 아직 시를 써서 이렇다 할 수입을 올리지 못하기 때문에 본격 직업 시인은 아니다. 그래서 그가 하고 있는 일은 지역 라디오 방송에서 문학 토론 프로그램을 진행하고, 가끔 내가 주선한 한영번역 교정을 봐주거나, 우리로 치면 대학 시간강의를 나가서 수입을 올리는 게 고작이다. 그럼에도 그는 자신의 생활에 크게 불만이 없다. 다만 돈이 없어서 좋은 곳에 여행을 자주 다니지 못하는 게 조금 아쉬운 점이긴 하지만 그래도 사는 문제에 전혀 지장이 없다고 한다. 그는 박사과정 중에 받는 연구보조원 수당을 모아서 집을 샀다. 한국의 경우라면 있을 수 없는 일이다.

내가 지금 무슨 팔자 좋은 친구 얘기를 하고 있는 게 아니다. 여기에서 중요한 건 내 친구가 일정한 직업도 없이 집을 샀다는 것이고, 박사학위가 있는데도 그렇게 아등바등 대학교수로 취직하려고 하지 않는다는 사실이다. 오히려 그는 대학에 얽매이면 자유가 속박당하기 때문에 굳이 대학에 들어갈 필요가 없다고 했다. 이런 경우는 비단 이 친구에게만 해당하는 일이 아니다.

다른 친구 하나는 다니던 회사를 그만두고 제빵 기술을 배워서 빵집에 취직했다. 새벽 일찍 일을 하고 나면 나머지 시간은 자유롭게 쓸 수 있기 때문이다. 그래서 그가 하는 일은 시 쓰는 일. 이 친구들은 매주 토요일에 펍이라고 불리는 영국식 카페에 모여서 시낭송회를 열고,

이를 모아서 출판하는 걸 업으로 삼는다. 몽마르트나 슈바벤 거리를 연상시키는 풍경이지만, 이런 모습은 비단 내가 살던 동네에만 국한됐던 게 아니다. 잠깐 머물렀던 맨체스터에서도 이라크전쟁이 터지자 시인들이 각자의 시를 적은 유인물을 자비로 제작해서 사람들에게 나눠주는 광경을 심심찮게 볼 수 있었다. 그 많은 시인들이 어디에서 몰려 나왔는지 놀라울 지경이었다.

나는 지금 영국인들이 한국인보다 훨씬 낙천적이라거나, 영국 예술가들이 한국 예술가들보다 예술에 대한 열정이 더 강하다는 말을 하려는 게 아니다. 시인 수로 치자면 아마 한국이 세계 순위권에 들지 않을까 싶지만, 여하튼 내가 하고 싶은 말은 문화는 물질적인 조건을 어느 정도 충족해야지만 풍요로워질 수 있다는 것이다.

한국이 선진국이 되려면 '문화강국'이 돼야 한다는 말은 보수와 진보를 넘어서는 정언명령이다. 그런데, 이렇게 문화가 강한 나라가 되기 위해서 필요한 것이 그 무엇도 아닌 사회보장제도이다. 성장을 외치면서 파이를 키워야 나눠먹을 것도 많아진다는 발상만으로 문화강국의 길은 요원하다. 내 영국 친구들이 자신의 예술을 추구하고, 자신이 하고 싶은 일을 할 수 있는 까닭은 간단하다.

바로 내 친구처럼 연구보조원 수당을 모아서 집을 살 수 있어야 하고, 변변한 수입 없이도 생존의 위기감을 느끼지 않고 예술 활동과 학문 활동에 매진할 수 있도록 사회복지가 잘 이뤄져야 한다. 주거와 교육, 그리고 의료 문제만 공평하게 분배의 논리에 따라 해결되어도 지금처럼 한국 사회가 서로를 잡아먹을 듯이 복닥거리지는 않을 것이다. 그동안 꺼질 줄 몰랐던 촛불집회의 열기가 과연 어디로 향해서 어떤 결실을 남겨야 할지를 고민하는 시점에서 문득 내 영국 친구의 모습과 그의 생활이 떠오르는 건 이 때문이다.

과연 그 영국 친구가 한국 친구들보다 더 마음이 넓고 예술을 향한 열정이 강해서 그렇게 평화롭게 살아갈 수 있겠는가? 전혀 그렇지 않다. 문제는 역시 분배인 것이다. 결국 지금 촛불집회를 밀고 왔던 힘이 바로 이런 기본적인 생존의 안전을 보장해줄 수 있는 시스템에 대한 열망이 아니겠는가? 그렇다면 강한 시장과 약한 민주주의를 지향하는 지금의 정책에 대한 전면적 성찰이 이뤄져야 할 것이다. 경쟁만 외치지 말고, 경쟁할 만한 조건을 만들어놓고 경쟁을 시키라는 국민들의 볼멘소리를 한국의 정치인들과 경제인들은 새겨들어야 할 것이다.

문화정책에서도 이런 원칙이 관철되어야 한다. 문화를 마냥 시장의 논리에 맡겨놓는 건 결국 악화가 양화를 구축하는 악순환을 되풀이할 뿐이다. 문화에 대한 투자를 말하거나 지원을 말하기 전에, 문화가 제대로 꽃피어날 토양을 마련하는 게 중요하다. 분배의 철학에 기초한 사회복지제도의 확충이 장기적인 차원에서 문화성장의 토양을 마련하는 것이라면, 문화정책은 단기적인 차원에서 실질적인 문화성장을 위한 대책을 세우는 것이라고 할 수 있다. 문화는 특정한 소수 집단만이 향유하는 것이 아니라, 다수의 능력에 바탕을 두고 만들어지는 것이기 때문에 공공적인 것이다. 이 능력은 모든 이들에게 고유한 창조성의 원천이기도 하다. 문화는 억지로 만들어지는 것이 아니라 대중의 자발적 역량에 바탕을 두어야만 자연스럽게 꽃을 피울 수 있다.

한때 한국의 '인디문화'를 대표하던 홍대 앞 문화의 변천을 지켜봐도 이런 사실을 확인할 수 있다. 독특한 한국의 인디밴드 문화를 상징하던 이곳은 요즘 본래의 명성을 서서히 잃어가고 있다. 그 결정적 이유는 경제적 부담 때문이다. 치솟는 건물세를 감당할 수가 없는 것이다. 대중문화마저 부동산이 발목을 잡고 있는 셈이다. 한때 홍대 앞에 모여들었던 의미 있는 '문화공간들'은 이미 홍대를 떠났거나 당장은 아니라도 언젠가 떠날 채비를 하고 있다. 재개발의 망령은 홍대 앞 문화라고 해서 비켜가지는 않는 것이다.

한국 사회를 문화의 불모지로 만드는 것은 극단적인 공간의 물화이다. 인간 삶을 위해 구획하고 설계해야 할 건축 공간이 이윤의 논리에 사로잡혀 오히려 인간의 활동을 제한하는 역전 현상이 일어나고 있는 것이다. '서울' 문화의 특이성을 만들어낸 이들이, 서울에서 태어나 토박이로 살다가 졸지에 쫓겨나야만 하는 재개발 지역 철거민과 마찬가지로 자신들의 터전을 잃고 짐을 싸야 하는 상황이 벌어지고 있다. 한국 자본주의의 냉엄한 현실이 문화생산의 영역에서도 그대로 드러나고 있는 것이다. 문화산업의 논리가 조밀해질수록 이와 같은 일은 더욱 다반사로 일어난다.

자본주의 사회에서 문화산업의 논리를 완전히 배제할 수는 없다고 해도 문화는 근본적으로 이런 논리에 포획당하지 않는 특이성의 차원을 갖기 마련이다. 다시 말해서 자기가 좋아서 하는 일이 문화로 바뀔 수 있는 조건이 중요한 것이다. 문화행정도 성과주의에 사로잡혀 상징적 사업에만 집착할 것이 아니라 자기의 시간과 노력을 들여 다른 문화를 만들어내고자 하는 젊은이들에게 자신의 즐거움을 계속 추구할 수 있는 물질적 토대를 보장해야 한다. 이것이 바로 서울을 문화의 도시로 만들 수 있는 실질적인 노력일 것이다.

문화는 공공재이기 때문에 문화의 다양성 확보는 사회의 전체 이익을 보장한다. 도심에서 떨어진 외곽에 덩그러니 예술인 마을이나 만드는 발상은 이제 그만둘 때도 됐다. 오늘도 자신들이 좋아하는 공연을 대중에게 선보이기 위해 더 싼 공연 공간을 찾아 동분서주할 수밖에 없는 젊은이들에게 직접적인 도움을 줄 필요가 있다. 서울시는 말로만 문화도시를 외치고 문화재 복원만을 문화보전이라고 할 것이 아니라 이렇게 우리의 젊은 세대들이 즐기는 일상의 문화도 지키고 가꿔나가야 한다.

토양을 제공하면 나머지는 이들이 알아서 자신들의 문화를 펼쳐나갈 수 있을 것이다. 어른들은 손쉽게 새로운 세대의 문화를 재단하고 싶어 한다. 비보이나 원더걸스는 이런 기성세대의 관점이 어떻게 새로운 것을 새롭지 않게 만드는가를 정확하게 보여준다. 중요한 것은 기존의 재현체계 속으로 새로운 것을 구거 넣으려는 습관적인 꼰대 기질을 버리는 것이다.

새로운 것은 미지의 것이고 그래서 탐탁지 않게 생각될 수도 있다. 새로운 것의 불편함을 견딜 수 있는 사회야말로 문화의 다양성을 이룩할 수 있다는 사실을 인류 역사는 잘 보여준다. 한국 사회가 문화 강국으로 갈 수 있는지의 여부는 문화에 대한 공공적 관점의 확립과 밀접하게 관련되어 있다. 독점의 논리를 이윤 추구의 명목으로 방치하는 것은 문화생산의 법칙을 왜곡하는 것이다.

▣ 34. 논문 표절, 비판도 해명도 어설픈 이유

또 논문 표절이 도마에 올랐다. 새 정부가 들어서거나 내각을 개편할 때마다 등장하는 단골메뉴다. 정진곤 교육과학문화수석비서관 내정자가 한양대 교수 시절에 쓴 논문이 자기 표절이라는 것이다. 사실 학계에서 자기 표절을 어떤 기준에 따라 판정해야 할지는 아직 논란 중이다. 그러나 여론은 이런 학문적인 엄정성이나 객관성과 무관하다. 자기 표절이든, 중복 게재든, 일단 불거져 나오면 판결은 이미 끝난 것이다.

엄밀히 말한다면, 특정 논문의 진위나 표절 여부는 학계에서 판단할 몫이다. 과문해서 그런지 나는 어느 나라에서도 정치가들이나 언론이 이렇게 논문 표절 문제를 놓고 열띤 공방을 벌이는 광경을 본 적이 없다. 그러나 한국의 경우는 조금 다른 것처럼 보인다. 논문 표절이 고질적인 정치 이슈가 되어버린 건 오랜 일이다.

여기에서 중요한 건 논문 표절이 옳은가 그른가 하는 문제가 아니다. 이건 물으나 마나한 질문이다. 논문을 표절하는 건 어떤 변명을 들이대더라도 잘못한 행위이다. 학자가 책이나 논문을 쓰는 건 연구를 통해 생산한 지식을 함께 공유하기 위한 의무이다. 논문에 각주나 인용문헌을 다는 건 자신의 지식을 과시하기 위한 게 아니라 연구를 위해 참고한 자신의 서지사항을 나누기 위한 학문적 연대감의 표현이다. 이런 맥락에서 어떤 지식도 '사적인 것'은 있을 수 없다. 중세 지식인 베르나르의 말처럼, 우리는 인류가 남겨놓은 거대한 지식이라는 거인의 무등을 타고 있는 난장이일 뿐이다.

논문을 표절했다는 건 학자라는 타이틀을 포기하는 행위나 마찬가지다. 거창하게 진리에 대한 양심까지 운운할 필요도 없다. 이건 자본주의 상도덕에 비춰 봐도 용납할 수 없는 일이다. 장사로 치자면 불량제품이나 식품을 만들어서 판 것이나 마찬가지이기 때문이다. 어쨌든 시장주의의 논리로 보더라도 논문 표절은 시장의 건강성을 근본에서 흔드는 것이다. 실제로 지금 언론에서 논문 표절 문제를 제기하는 수준도 여기에 머물러 있다는 판단이다.

그러나 바로 이것이 함정이다. 지금 논문 표절에 대한 비판은 '쾌락의 평등주의'에 입각한 혐의가 짙다. 네가 즐기는 만큼 나도 즐겨야 한다는 쾌락의 평등주의야말로 자본주의의 시장원리를 유지하게 만드는 중요한 욕망의 변증법이다. 자본주의 사회의 관계는 이런 욕망의 공평성에 근거해야만 유지될 수 있다. 욕망의 공평성은 곧 시장의 중립성을 의미하고, 시장의 중립성에 가장 근접한 '중성국가'야말로 가장 공정하고 행복한 국가라고 대중들은 믿고 있는 것이다.

논문 표절이 문제가 되자 이번에도 정진곤 내정자는 "전문 학술지가 아닌 정기간행물 등에 실은 것을 심각하게 생각하지 않고 교내 논문집 등에 다시 실었다"며 "당시에는 지금과 같은 엄격한 기준이 없었지만 경위가 어찌됐든 죄송하다"고 '해명'했다. 정진곤 내정자는 과거 논문 표절이 문제가 됐을 시에 당사자들이 했던 말을 정확하게 되풀이하고 있다. 결국 논문 표절에 대해 심각하게 생각하지 않았고, 관례라서 그냥 그렇게 했다는 말이다. 그래서 잘못한 건 없지만 논란이 되니 죄송하다는 것이다. 이런 논리에 따르면 한국의 학계에서 논문 표절은 불가항력적인 일이다. 이 발언은 정계로 진출하는 '한국 학자'의 내면 풍경을 드러낸다는 점에서 상당히 의미심장하다.

일전에 조갑제 전 『월간조선』 편집장은 노무현 정부가 "좌파이기 때문"에 논문 표절 같은 걸 우습게 보고 함부로 자행했다는 논리를 펼쳤는데, 이런 논리에 따르면 정진곤 내정자 같은 '우파' 학자들이 논문 표절 의혹에 휩싸이는 건 이해할 수 없는 미스터리이다. 조갑제에게 미안한 일이지만, 논문 표절은 이념의 차원을 떠나 있는 것이라고 할 수 있고, 또한 이 사실에 비추어 한국 사회의 학계가 어떤 곳인지를 단적으로 알 수 있는 것이다.

한국 사회에서 학문이 한번이라도 제대로 진리 추구의 문제로 받아들여졌던 적이 있는지를 진지하게 되새겨봐야 한다. 정치 때문에 본업인 교수직을 게을리 한다고 해서 폴리페서라는 말이 한때 유행했지만, 이런 '공정거래법'에 입각한 비판보다 더 근본적인 성찰을 논문 표절 문제가 요청하고 있다는 걸 상기할 필요가 있다. 공부가 곧 출세의 수단과 동격으로 놓이고, 학벌이 막강한 상징자본으로 여겨져 온 한국 사회에서 학문은 언제나 도구적인 차원에 머물러 있었을 뿐이다. 거창하게 테오도르 아도르노가 말한 계몽의 변증법을 한국 사회의 문제점을 진단하기 위해 인용하는 것도 사치처럼 느껴진다. 사실 논문 표절과 이를 둘러싼 논란들은 한국 사회에서 학문이 무엇을 의미하는지를 드러내는 징후 같은 것이다.

이 징후를 파고 들어가 보면, 아파트와 학벌이라는 끔찍한 한국 사회의 참상을 목도할 수밖에 없다. 과학철학자 칼 포퍼는 고령에도 20살짜리 대학생과 마음을 터놓고 논쟁했던 걸로 유명하다. 그러나 내가 목격한 한국의 명문대 교수는 국제 컨퍼런스에 와서도 한국 학생이라는 이유로 유학생들을 학생 취급하는 발언을 서슴지 않았다. 이런 폐쇄성이 개인의 인성 때문에 발생하는 건 아니다. 한국 사회에서 학문이 무엇을 의미하는지를 말해주는 증거가 바로 이것인 셈이다. 그래서 학계의 관례에 익숙한 이들에게 논문 표절은 자신의 입신양명을 위한 삶의 도정에서 저지른 정말 대수롭지 않은 '실수'일 뿐이다.

최근의 공직자 논문 표절 사건일지

2006년   (7월 21일) 김병준 교육부총리 겸 교육인적자원부 장관 후보자, 인사청문회에서 논문 표절 의혹에 휘말려 13일만에 하차.

2008년   (2월 27일) 김성이 보건복지부 장관의 논문 표절과 자기 표절 밝혀짐. 이와 무관하게 장관직에 임명.

(4월 27일) 박미석 사회정책수석, 제자의 학위논문 표절 의혹에도 버티다가 농지법 위반 문제로 사퇴.

(6월 23일) 정진곤 교육과학문화수석의 자기 표절 밝혀짐. 잠시 임명이 보류됐으나 곧 수석직에 임명.

(6월 26일) 정정길 대통령실장 후보자의 중복 게재 의혹 제기.

2009년   (2월 7일) 현인택 통일부 장관 후보자의 논문 표절과 중복 게재 의혹 제기. 이와 무관하게 장관직에 임명.

(2월 18일) 이달곤 행정안전부 장관 후보자의 논문 표절 의혹 제기. 이와 무관하게 장관직에 임명.

(3월 9일) 현진권 시민사회비서관의 자기 표절과 중복 게재 의혹 제기. 이와 무관하게 비서관직 계속 수행.

35. '디자인 서울'을 위한 문화재 파괴

황당한 일이 일어났다. 서울시가 중장비를 동원해서, 문화재위원회가 '근대 문화재'로 지정한 서울 시청 건물을 밀어버린 것이다. 남대문 방화 사건과 다를 게 없는 사건이다. 서울 시청을 그대로 보존하라는 주장에 대해 서울 시청은 입에 발린 대응을 해왔다. "서울 시청 건물을 해체해서 복원하겠다"는 서울 시청의 말은 그 자체로 징후이다. 문화재를 중장비를 동원해서 때려 부순 뒤에 복원한다는 건 발화의 의미가 성립할 수 없는 말이다.

생각해보라. 영국의 런던 타워를 안전상에 문제가 있다고 부숴서 복원하면 그게 중세 건물일 수 있을까? 그러면 과연 런던 타워의 상징성은 보존될 수 있을까? 물론 이렇게 말할 수도 있겠다. 서울 시청 건물은 역사도 그렇게 길지 않고 일제 강점기에 지어진 건물인데 그까짓 것 좀 부숴버리고 새 건물을 지을 수 있지 않나. 특정한 이념의 잣대로 본다면 이런 말도 설득력은 있다. 그러나 시간의 문제는 좀 차원이 다른 얘기다. 특히 문화재라는 것은 말이다. 그러면 미국은 무엇 때문에 영국의 식민통치 기간 동안 지어진 건물들을 고스란히 보존하고 있는 걸까? 또 영국은 왜 과거 바이킹이 침공해서 세운 고성들을 남겨두고 관광 상품으로 써먹고 있는 걸까?

예전에 영국 여왕이 한국을 방문한 적이 있었다. 그때『더 타임스』는 서울의 풍경에 대해 비아냥거리는 기사를 연일 게재했다. 그 이유는 간단했다. 일국의 수도라는 곳에 30년 이상 오래된 건물들이 거의 없다는 것이었다. 고궁을 제외하고, 가서 볼만한 건물이 눈 씻고 봐도 없다는 게 이들의 불만이었다. 한국이 반만 년 역사를 말로만 자랑하면 뭘 하겠는가? 물론 민족주의자도 아닌 내가 나서서 이런 걸 걱정해 줄 까닭은 없겠지만, 그래도 이건 해도 너무 한다는 생각이 든다. 뭔가 국가라면 원칙이나 기조 같은 건 있어야 하지 않을까?

하기야 깊이 없음이나 분열증을 한국 사회의 특성이라고 말할 수도 있을 것이다. 그러나 이게 사실이라면 굳이 우리가 이 좁은 한반도에 모여서 국가라는 이름으로 세금 내고 살 필요가 없다. 국가 발전이고 나발이고 그냥 먹고 튀면 그만이다. 그러나 현실은 그럴 수가 없다. 근대국가의 '국민'들은 기본적으로 민족이라는 상상공동체의 구성을 통해 자기 정체성을 확보하려고 한다. 따라서 근대국가가 문화재를 지정하고 보존하려는 건 지극히 당연한 '생존본능'인 것이다. 한국은 어떤 가치도 고정적인 것이 없다고 본다는 점에서 참으로 탈근대적인 국가인 셈인데, 이 탈근대성이 일부 모리배들의 이해관계를 관철시키는 한에서만 탈근대적이기 때문에 문제다.

2008년 8월 26일 서울시는 시민도서관 등으로 리모델링한다며 서울 시청 본관(3층 회의장 '태평홀')을 허물기 시작했다. 문화재청은 곧 시청 본관을 사적으로 가(假)지정해 공사를 강제 중단시켰고, 서울시는 법적 대응도 불사하겠다고 맞섰다. (결국 9월 18일 오세훈 서울시장은 문화재청의 협조를 요청했으나, 여전히 입장차이를 좁히지 못하고 있다.) 서울시와 문화재청은 조선시대 육조거리 흔적이 발견된 광화문 공원 조성 사업과 서울도성 내벽이 발견된 동대문디자인플라자 조성 사업 등과 관련해서도 갈등을 겪고 있는 상황이다.

아이러니하게도 오세훈 서울시장이 내건 서울의 이미지는 '디자인'과 '문화'이다. 그런데 서울 시청을 저렇게 만들어버리는 걸 보면 오세훈 서울시장이 생각하고 있는 디자인은 뭐고 문화는 무언지 궁금하지 않을 수가 없다. "서울의 가장 핵심적인 문제는 압축 성장에 따른 도시 기능의 체중 현상과 도시 미관의 훼손"이라고 진단했던 오세훈 서울시장이 하는 일이 또 다른 '압축 성장'이라는 건 뭘 말해주는 걸까? 압축 성장은 먼 과거에 누군가 저지른 잘못이 아니라, 지금 현재에도 진행 중인 대표적인 한국 사회의 병폐이다. 오세훈 서울시장 자신이 압축 성장의 수혜자이자 동시에 추진자인 것이다. 이런 아이러니를 적절하게 대접하는 것이 바로 문화일 텐데, 그 문화라는 개념도 ‘디자인 중심도시’라는 지극히 압축 성장적인 패러다임으로 파악하고 있다는 사실이 놀라울 뿐이다. 결코 로마는 하루아침에 이뤄질 수가 없다.

외국에서 누군가 손님이 올 적마다 나는 곤혹스럽다. 특히 그 외국 손님이 유럽에서 오는 고집 센 이라면 사실 데려갈 곳이 마땅찮다. 물론 워낙 과거를 강조하는 곳에서 사는 이들이니 현대화된 한국의 모습을 이국적으로 받아들일 수도 있을 것이다. 그러나 서울에 왔다 가는 손님들이 “뉴욕 못지않게 편리하고 놀기 좋다”는 말밖에 남기지 않는다면 이걸 마냥 칭찬으로 받아들이기는 어렵다. 만약 서울의 도심이 지금처럼 마구 개발되지 않고 과거의 흔적을 고스란히 간직하고 있었다면, 아마 요즘처럼 요란한 홍보가 없더라도 서울은 세계적인 관광명소가 됐을 것이다. 그렇다면 오세훈 서울시장이 바라는 것처럼 자연스럽게 사람도 꼬이고 돈도 모여들지 않겠는가?

시간이 지나면 점점 소중해지는 것들은 모두 부숴버리고 시간이 지날수록 점점 쓸모없어지는 것들만 만들어온 게 바로 한국의 현대사였다. 국가는 존재했으되 그 국가의 쓸모에 대해 아무런 자각이 존재하지 않았고, 국가의 이미지는 오직 폭력과 권위로만 재현됐다. 그러므로 문화재라는 건 한국 사회에서 지독히 ‘쓸모없는 것’이었을지도 모른다. 성장주의자들에게 문화재라는 건 그냥 없애 버려야 할 ‘초가집’일 것이다. 그러나 우리가 그토록 따라 배우고자 하는 이른바 선진국이라는 곳이 초가집도 잘 가꿔서 문화재로 보존하는 까닭을 다시 한번 생각해볼 일이다.

◎ 36. 국제중학교, 노골적 엘리트주의

정부에서 국제중학교(이하 국제중) 설립을 허가했다. 이번에 당선된 공정택 서울시교육청 교육감의 소신이 작용한 것이라는 후문도 있지만, 일정한 수준이 되는 초등학생들을 선발한 뒤 추첨을 통해 국제중에 입학할 수 있도록 한다는 것이 기본 발상이다. 이런 발상에 대한 우려의 목소리가 높지 않을 수 없다. 중학교 입학부터 입시경쟁을 부추길 것이라는 비판이 있는가 하면 국제중 입학에 유리한 조건을 가진 상위 10% 계층의 자녀들만을 위한 정책이라는 염려도 있다.

결론적으로 말하자면, 국제중의 설립은 그럴듯하게 '교육 경쟁력 강화'로 치장되어 있지만 실상은 '될 놈만 되게 하자'는 엘리트주의가 노골적으로 드러나는 정책이라고 할 수 있다. 이명박 정부가 들어선 뒤에 나타나는 대표적 현상을 두 가지 들어보라면, 첫째는 부유층의 뻔뻔스러움이고, 둘째는 보수층의 역사 되돌리기일 것이다. 국제중 역시 이런 현상에서 크게 벗어나 있지 않다.

국제중 설립은 궁극적으로 과거처럼 입시경쟁을 초등학교 때부터 강화해서 '우수한' 학생들을 선발하겠다는 취지인 것 같다. 이런 생각은 대학의 자율성 강화라는 명목으로 본고사를 부활시키려는 시도와 무관하지 않다. 한국에서 자율성이나 자유라는 말은 종종 강자를 위한 특권이라는 말과 동격을 이루는데, 국제중 역시 이런 이념 위에서 추진되는 것이라고 봐도 무방할 것이다. 아무리 안전장치를 철저하게 한다고 해도, 국제중에 입학할 수 있는 학생은 한국에서 중산층 자녀 이상은 되어야 한다. 따라서 경제적으로 풍족하지 않아 사교육비를 감당할 수 없는 계층에 속하는 학생들이 입학하기는 어려울 수밖에 없을 것이다. 이른바 경제적으로 어려운 집의 자녀들도 노력만 하면 얼마든지 국제중에 들어갈 수 있다는 말은 하나마나한 소리다.

국제중 설립은 과거의 망령이 돌아온 것이지만, 그 모습은 훨씬 교묘하다. 국제중에 입학할 수 있는 자격 요건에 공인된 영어 능력이 필수이기 때문이다. 말이 좋아서 공인된 영어 능력이지 실제로 이런 입학 요건은 영어 사교육 강화를 초래할 것이 불을 보듯 뻔하다. 이런 과열된 입시경쟁 구도에서 이득을 볼 이들은 학생도, 학부모도, 교사도, 학교도 아니다. 이 정책의 최대 수혜자는 기껏해야 사교육시장일 것이다. 이처럼 국제중은 교육적인 논리보다도 경제적인 논리에 맞춰 추진되고 있는 것인지도 모를 일이다.

지금 한국 사회에서 교육평가 체계를 구축하고 있는 패러다임은 지극히 근대적인 양적 측정 방식에 집착하고 있다. 그러나 2010년 이

2008년 12월 26일 서울시 광진구 중곡동 대원중학교 강당에서는 2009학년도 국제중 입학 추첨이 진행됐다. 두 차례의 심사를 거쳐 올라온 3배수의 응시생들 중 공 색깔을 제비로 뽑아 총 106명의 입학생이 합격됐다. 이번 추첨을 놓고 상당수 교육계 관계자들은, 글로벌 인재를 양성하겠다는 취지로 세워진 국제중의 학생들을 '로또' 식 추첨으로 뽑았으니 실력이 아닌 운이 당락을 결정한 '코미디' 라며 혀를 찼다.

후 급격하게 줄어들 학령인구를 감안한다면, 이런 평가 방식이 과연 언제까지 교육적인 효과를 발휘할 수 있을지 알 수 없는 일이다. 물론 한동안 학령인구가 줄어든다고 해도 엘리트 중심적인 경쟁구도는 유지될 수 있을 것이다. 그러나 국가적 차원에서 본다면 이것은 결코 바람직한 일이 아니다. 결국 이런 경쟁구도는 공평한 인재 교육을 보장할 수 없기 때문에 국가 전체로 보면 손실일 수밖에 없다. 국가는 공공성의 영역이지 시장이 아니기 때문이다. 근대국가의 교육은 기본적으로 '모든 국민'을 엘리트로 양성하는 것을 목표로 하는 것이지, 엘리트만 가려내서 슈퍼맨으로 키우는 것이 아니었다. 한국의 교육당국자가 착각하고 있는 것이 이 문제이다.

엄연히 국세로 설립하고 운영하는 '서울대학교'를 부르주아 자신들의 혈통을 재생산하기 위한 사설학벌인증센터로 변질시키는 광경을 아무런 문제의식 없이 지켜보는 나라가 한국이다. 여기에서도 공공재를 사유화함으로써 사익을 추구하는 제3세계형 축적 방식이 고스란히 재연된다. 어디를 보더라도 귀족이나 부르주아가 이렇게 국세로 운영하는 '공교육'을 통해 자기 계급을 재생산하는 경우는 없다. 귀족학교나 엘리트학교를 세워서 자기들끼리 재생산구조를 만드는 거다. 그러니 진짜 학벌 문제를 해결하려면 이렇게 말해줘야 하지 않겠는가? 한국의 부르주아여! 공교육 탓하지 말고, 그대들이 원하는 학교를 스스로 세우기 바란다. 그래서 당신들 후손만 입학시켜 당신들이 원하는 좋은 교육을 받도록 하라. 하지만 이건 이상론일지도 모른다. 한국의 부르주아에게 진짜 귀족학교는 미국에 있을 테니. 이런 교육의 식민주의를 극복하지 못하는 한, 한국 사회의 교육정책은 백년대계는커녕 바로 내일 닥칠 일도 제대로 해결하지 못하고 우왕좌왕할 것이다.

제4부 | 대중문화와 신자유주의

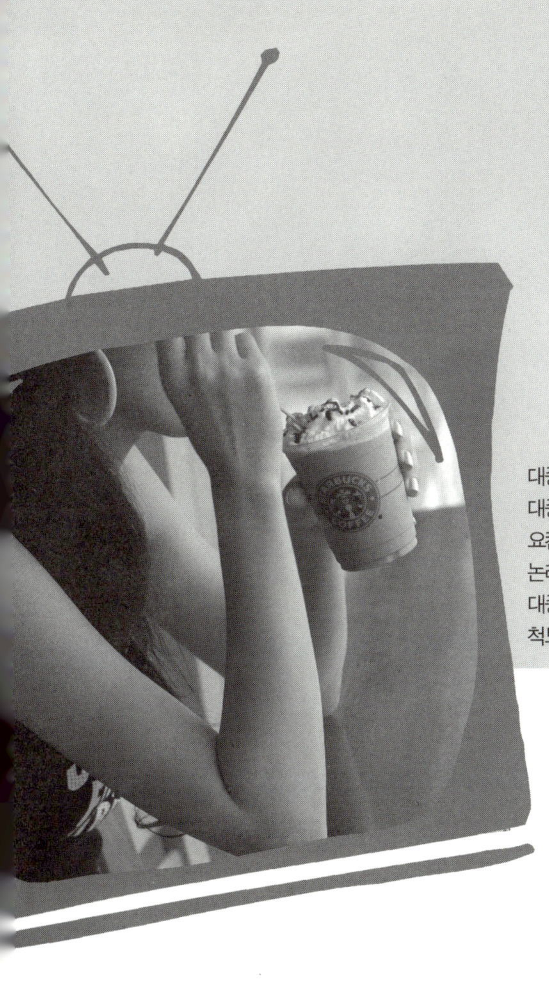

대중문화는 보수적인 형식이지만, 그래서 솔직하다.
대중문화는 대중의 욕망을 보여주는 바로미터이다.
요컨대 대중문화의 형식은 대중의 정치성을 욕망의
논리를 통해 드러내는 것이라고 할 수 있다.
대중문화가 사회의 평균 의식을 가늠할 수 있는
척도일 수 있는 이유가 여기에 있다.

◎ 37. 이론수입국의
징후

일부 언론에서 자크 랑시에르와 조르조 아감벤을 같은 특집으로 다뤘는데, 이 둘을 같은 맥락에 놓고 '같은 철학자'로 보는 관점 자체가 '이론수입국' 한국의 현실을 드러내는 징후 같다. 엄밀히 말해서 이 둘은 서로 다른 철학적 맥락에 놓여 있는 이론가들이고, 뚜껑을 열어보면 별반 관계가 없는 철학자이기도 하기 때문이다. 랑시에르나 아감벤이나 모두 '이단'이긴 하지만, 아감벤에 비한다면 랑시에르는 훨씬 현실정치real politik에 가까운 사람이다. 랑시에르는 루이 알튀세르의 이론주의를 비판하면서 장-폴 사르트르의 '참여'를 재구성하는 이론가다. 사실 나의 호감도로 치자면, 아감벤에서 풍기는 신학적 분위기를 별로 좋아하지 않고, 게다가 그가 드러내는 '하이데거스러운' 언술들도 마음에 들지 않는다. 말하자면 현실에 적용하기에 그의 주장은 다소 사변적이다.

방한 강연 이후　2008년 11월 30일 방한한 랑시에르(Jacques Rancière, 1940~)는 '민주주의와 인권' (서울대), '감성적 전복' (홍익대), '동시대 세계의 정치적 주체화 형태들' (중앙대), '테러가 뜻하는 것' (서울대)이라는 주제로 강연했다. 고액의 강연료를 받고도 요식행위에만 그쳤던 기존의 해외학자 초청강연과는 달리 중소 출판사들이 기획한 랑시에르의 강연은 알찼다는 평가를 받았으나, 그 뒤 랑시에르가 제기한 쟁점들이 제대로 논의되지 못했다는 점에서 랑시에르 역시 새로운 '브랜드' 로 소비된 것이 아니냐는 의구심을 자아냈다.

　　글로벌 자본주의와 신자유주의의 위력을 새삼스럽게 목격하는 요즘에 '자본주의는 없다' 같은 아감벤의 발언이 어떤 의미를 가질 수 있을지 모를 일이다. 눈에 뻔히 드러나는 단순한 사안을 너무 복잡하게 다룰 필요는 없는 것이다. 이게 랑시에르의 주장이기도 하다. 하이데거에서 출발했던 자크 데리다가 결국 맑스의 독자로 돌아온 게 뭘 의미하는지 우리는 다시 곱씹어 봐야 한다. 한국에서 아감벤이 읽히는 방식은 다분히 안토니오 네그리의 렌즈를 통한 건데, 이런 아전인수식 읽기와 아감벤의 진의는 엄연히 다르다. 랑시에르와 아감벤의 저서가

속속 번역되어 나오면서 국내에서도 새로운 정치철학의 르네상스를
예고하고 있긴 하지만, 순서를 따진다면 알랭 바디우에 대한 소개가
먼저 이뤄져야 하지 않을까 싶다. 요컨대 단편적인 소개에 그치는 것
이 아니라, 이들의 이론을 생성하고 태동시킨 문제의식들에 대한 이해
가 선행해야 하는 것이다.

　이를 위해서 필요한 건 무엇일까? 나는 무엇보다도 학문적 연대
의식이라고 본다. 그러나 아직 한국에서 이런 연대의식에 바탕을 둔
'훈훈한' 학문적 협동 정신을 발견하기란 쉬운 일이 아닌 것 같다. 일
전에 랑시에르의 한글 번역본을 가지고 한바탕 소란이 일어난 바 있
다. 유명한 알라디너 로쟈가 랑시에르의 한글 번역본에 대해 비평한
것이 발단이었다. 옛날에 비한다면 훨씬 살살 다룬 것 같은데도, 옮긴
이가 로쟈의 오역 지적을 참지 못했는지 고소까지 했다. 그러나 이보
다 더 심한 건 알라딘이 옮긴이의 항의로 로쟈의 원 글을 블라인드 처
리해버렸다는 사실이다. 솔직히 이게 더 황당하고 우려스러운 일이다.
알라딘이 로쟈 때문에 덕본 게 얼마인가? 지금이야 어떤 '계약관계'인
지는 모르겠으나, 초기에 알라딘에 '자발적'으로 논평을 올려준 건 로
쟈였다. 알라딘도 기업이기 때문에 '기업의 논리'를 따를 수밖에 없다
는 건가? 슬라보예 지젝은 아마존에 오르는 자기 책에 대한 험담에 불
평하곤 하는데, 이런 불평 때문에 아마존이 '자발적'으로 그 논평들을
지워버렸다는 소리를 듣지 못했다. 이런 문제는 어디까지나 독자의 판
단에 맡겨야 한다. 그게 이른바 '시장질서'다. '시장질서'가 싫다면,
뭐 그때는 다른 대안을 찾아야겠지만, 기업논리를 내세우겠다면 시장
질서도 한 번쯤 생각해봐야 하는 것이 당연한 이치이다.

우리가 만년 이론수입국의 처지에서 벗어나려면 인문학 연구자들끼리 연대의식을 기를 필요가 있다. 학문은 개인의 작업이라기보다 학문 집단의 구현이라고 말할 수 있다. 아니, 더 나아가서 보면 학문은 일종의 체계이다. 우리 모두는 과거의 학문 선배들이 만들어놓은 '거인' 위에 올라탄 난장이에 불과하다. 좀 틀렸다고 해서 잡아먹을 듯이 덤빌 이유도 없고, 그 틀린 걸 누가 폭로했다고 해서 발끈할 이유도 없다. 틀렸다면 인문학을 업으로 삼는 이들이 힘을 모아 조금씩 수정해가는 게 올바른 길이다. 그런데 이런 문제를 '사법부'의 힘을 빌려서 어떻게 해보겠다는 그 옮긴이의 발상을 도무지 이해할 수가 없다. 이론수입국을 벗어나기 위해 필요한 건 '정확한' 번역일 테고, 이런 완벽한 번역물을 혼자 만들어낸다는 건 여러모로 한계가 있다. 사후 교정이 필수적인 거다. 따라서 이런 '소란'은 어쩔 수 없이 거쳐야 할 통과의례일지도 모르겠다. 이렇게 오역을 지적하는 걸 하나의 장르로 만든 게 로쟈의 업적이라면 업적이고, 이런 '불경한' 업적에서 우리 방식의 '사유'가 출몰할 수도 있겠다는 생각이다. 사실 알고 보면, 서양의 철학이란 것도 모두 고전에 대한 오역과 오독을 지적하면서 시작한 것이나 마찬가지니 말이다.

자크 랑시에르 번역논쟁 사건일지

2007년　(12월 31일)『민주주의에 대한 증오』국역본 발간.

2008년　(1월 11일) 유명 알라디너 로쟈와 FTA반대balmas,『민주주의에 대한 증오』의
　　　　오역 지적.

　　　　(1월 21일)『민주주의에 대한 증오』옮긴이, 로쟈와 FTA반대balmas 등을 허위
　　　　사실 유포에 의한 명예훼손으로 고소.

　　　　(2월 15일) 로쟈,『민주주의에 대한 증오』의 오역 분석.

　　　　(3월) 로쟈, FTA반대balmas, 람혼 등 경찰에 출두. 곧 옮긴이에 의한 명예훼손
　　　　관련 고소 기각.

　　　　(4월 13일) 람혼,『민주주의에 대한 증오』의 서문 재번역.

　　　　(6월) 해당 출판사,『민주주의에 대한 증오』전량 회수.

2009년　(2월 20일) 로쟈,『뉴레프트리뷰』국역판에 수록된 랑시에르의「미학 혁명과 그
　　　　결과」에 관한 오역 지적.

　　　　(2월 23일)「미학 혁명과 그 결과」의 옮긴이, 로쟈의 지적에 수긍하고 자신의 블
　　　　로그에 정오표 게재.

　　　　(3월 9일)『교수신문』, 위 사례를 미담으로 기사화.

⊡ 38. 우파 교과서?

이른바 뉴라이트 학자들이 만들었다는 '대안' 역사교과서가 드디어 나왔다. 그러나 이 '우파들'이 주장하는 내용을 보면 고개가 갸우뚱해진다. 이건 우파의 견해라기보다 신역사주의와 유사한 관점이라고 할 수 있기 때문이다. 역사적 사실에 대해 수정주의적 입장을 취한다는 측면에서 그렇게 볼 수 있다는 뜻이다. 이런 역사해석 방식은 "텍스트가 직접적으로 역사를 반영한다"는 명제를 거부하는 태도에서 비롯하는데, 결국 중요한 건 텍스트에 재현되어 있는 내용이 아니라 그 텍스트가 재현하면서 배제해버린 것들이다. 이걸 신역사주의는 이데올로기 담론이라고 부른다.

신역사주의는 미셸 푸코의 견해를 바탕으로 만들어진 역사해석 방법론인데, 경제적인 차원에서 발생하는 생산양식의 문제로 역사를 파악하지 않고 이념사의 입장에서 역사를 분석하는 태도이다. 윌리엄 셰익스피어의 작품이 위대한 천재의 생산물이라기보다 르네상스 시대의 극장을 둘러싼 정치적 역학구도를 복합적으로 보여주고 있다는 식이다. 이런 이야기를 들으면 셰익스피어를 천재로 믿고 있는 이들은 분명 발끈할 것이다. 우파 '대안' 교과서는 이런 깜짝쇼를 노린 발언들을 마구 쏟아냈다.

일제식민지 시기, 이승만, 박정희에 대한 재평가를 보면 이런 관점이 선명하게 드러난다. 특히 일제식민지 시기에 대해 대안 교과서의 집필진이 "근대 문명을 학습하고 실천함으로써 근대 국민국가를 세울 수 있는 사회적 능력이 두텁게 축적되는 시기"로 평가하고 있는 부분은 탈민족주의적 입장을 선명히 하는 '급진적' 해석을 선보인다. 언제부터 탈민족주의가 우파의 관점이 됐는지는 모르겠지만, 하여튼 희한한 착시 현상을 일으키게 만드는 건 사실이다. 집필에 참여한 이들 중에 역사 전공이 드문 것도 이렇게 신역사주의적 관점을 무리 없이 채택하도록 만든 요인일 것 같다. 물론 이들이 이에 대한 문제의식을 갖고 있었다고 보기는 어렵다. 이들은 '뉴라이트'의 정체성을 확립하기 위해 이 교과서를 집필한 것이니 말이다. 의도적으로 신역사주의적 입장을 취했다기보다 역사주의와 맑스주의의 역사관을 동시에 극복하려고 하다 보니, 이렇게 어처구니없이 우파에게 어울리지 않는 '탈근대적인 역사기술'로 나아갈 수밖에 없었던 게 아닌가 싶다.

영국과 미국의 경우도 이른바 '좌파' 역사관을 새롭게 갱신하겠다는 뉴라이트의 '운동'이 없진 않았다. 마가렛 대처는 역사상 가장 위대한 진보가 이뤄졌던 빅토리아 시대를 좌파 역사가들이 가장 암울한 시기로 묘사하고 있다고 공격했다. 그러나 이런 관점은 분명 '민족주의'에 근거한 것이지 자칭 한국의 뉴라이트가 주장하는 해괴한 논리는 아니다. 다시 말해서 분명한 입장이 있는 것이고, 나름대로 확고한 태도를 견지하고 있는 것이라고 할 수 있다. 그런데 한국의 뉴라이트는 자기 자리도 제대로 못 잡고 '좌파사관 극복'이라는 존재하지도 않는 허상을 붙잡고 소란을 피우는 것처럼 보인다. 이런 일이 발생하는 건 한국 역사학계의 민족주의를 '좌파'라고 보는 오류를 범하고 있기 때문에 발생한다.

어쨌든 이들의 역사기술 방식은 아이러니하게도 문화유물론적인 관점이고, 탈민족주의를 우파 이데올로기로 착각하면서 1960년대 이후 서구 좌파들 사이에서 발아한 역사해석의 입장을 자기들도 모르는 사이에 취하게 되어버렸다고 할 수 있다. 어떻게 이런 일이 가능한지 궁금하겠지만, 일찍이 포스트구조주의의 관점에서 『한국논단』에 다양한 보수우파의 주장을 기고해왔던 박정자 교수가 『교수신문』에 기고한 칼럼을 읽어보면 그 답을 짐작할 수 있을 것이다. 특히 롤랑 바르트를 사용해서 '좌파 지식인'을 비판한 '문화비평'은 압권이다.

박정자 교수는 1970년대를 암울한 시대라고 정의하는 소위 "386세대 기자나 문화 관계 필자들"의 글을 비판하면서 '불온'과 '발칙'이라는 단어의 뜻을 왜곡해 "정의는 우리의 것이고, 도덕적 우위도 우리 편에 있다"는 뜻으로 쓴다고 주장한다. 말하자면, 원래 이 단어에 배어 있는 '네거티브한 의미'를 "자기들만의 결속을 다지며 과거의 어른들을 타자로 내어 모는, 매우 포지티브하고 배타적인 의미"로 쓴다는 것이다. 박정자 교수는 이런 '좌파의 용법'을 비판하기 위해 롤랑 바르트의 기호론을 다음과 같이 끌고 들어온다.

롤랑 바르트는 사람들 사이에 널리 확산된, 사실과 부합되지 않는 정치적 혹은 이데올로기적 편견을 현대의 신화라고 정의했다. 그리고 신화란 주로 우파의 신화일 뿐, 좌파의 신화는 수적으로도 적고, 서투르기 짝이 없어 별 것이 아니라고 했다. 그러나 '암울한 70년대'처럼 오늘날 우리나라의 헤게모니를 장악한 신화들은 모두 좌파의 것이고, 서투르기는커녕 너무나 정교하다.

롤랑 바르트를 그대로 따라서 말해 보자면 신화는 역사를 죽인다. 70년대에 부분적인 인권의 제한이 있었다 하더라도 평범한 사람들의 일상적인 삶은 역동적이고 행복한 것이었다. 지금의 386세대를 그처럼 화려하게 키워준 부가 축적되기 시작한 시대이기도 했다. 이 모든 역사적 사실들이 사상된 채 오로지 한 부분만 부각되어 '암울한'이라는 부가형용사와 '70년대'라는 시기가 한 데 짝을 이루고 있다. 신화의 한 특징은 또한 격언과 같은 반복성이다. 반복성은 모든 합리성을 죽이는 효과가 있다. 지겹게 반복되는 광고 문안의 효과 같은 것, 거기에는 합리적인 설명이 필요 없다. '암울한 70년대'라는 말을 반복적으로 듣는 사람들, 특히 젊은이들에게 70년대는 이론의 여지 없이 암울한 것으로 각인될 것이다(박정자, 「"70년대는 결코 암울한 시대일 수 없다"」, 『교수신문』, 2006년 9월 20일자).

이 글은 부르주아 신화에 대한 바르트의 비판을 '편의적'으로 사용하고 있을 뿐이다. 바르트가 말한 '현대의 신화'는 궁극적으로 알튀세르가 말하는 이데올로기의 작동방식과 유사한 것이다. 지배계급의 이해관계를 보편적인 것인 양 받아들이는 착시 현상을 갈파한 것이 바르트의 신화론인데, 이 글은 이처럼 중요한 바르트 기호학의 핵심을 간단하게 '폐기'한다. 바르트의 논리에 따르면, 좌파의 신화는 불가능하다. 왜냐하면 좌파는 신화를 만들어내지 않기 때문이다. 역으로 말해서, 신화를 만들어내는 세력이라면 그건 더 이상 좌파가 아니라는 뜻이기도 하다. 386세대 정치인이 더 이상 좌파가 아니라는 것, 이걸 인정할 수 없기 때문에 이 글에서 드러나는 억지가 발생하는 것이다. 이제 더 이상 실효성을 상실한 선악의 이분법을 유지시키는 판타지가 박정자 교수의 사고를 지배하는 것이라고 하겠다. 시대가 바뀌었는데도 여전히 반공주의적 패러다임으로 세계를 판단하는 '돈키호테들' 때문에 애먼 바르트가 한국에 와서 고생하는 꼴이다.

이론의 물화가 어떤 효과를 낳을 수 있는지 우리는 이런 글들에서 확인할 수 있다. 뉴라이트 학자들이 만들었다는 대안 역사교과서라는 것도 이런 맥락에서 이해할 수 있을 것이다. 우파이면서 좌파처럼 멋지게 현실을 비틀어 보여주고 싶은 의욕이 너무 지나쳤던 건지도 모른다. 최소한 우파 역사학자들이라면 프랜시스 후쿠야마 같은 기개나 대안 정도는 있어야 하는 것 아닐까? 우파라면 역사 같은 건 끝났다고 말해야 하는 것이지, 역사를 다시 써야 한다고 떼를 쓰는 게 아니다. 정말 한국에서 좌파가 불가능한 건 이 때문이다. 우파가 자꾸 왼쪽으로 넘어와서 내 자리 내놔라고 하니 어떻게 좌파가 제대로 자리보전을 할 수 있겠는가? 참으로 한국의 우파는 너무 욕심이 많다.

◎ 39. 전지현과
여자 친구

"전지현보다 여자 친구가 좋은 이유는 만질 수 있어서다"고 한 휴대폰 광고는 말한다. 그러나 정신분석학은 말한다. 당신은 여자 친구도 만질 수 없다고. '성관계'가 있을 수 없는 남녀의 욕망구조 때문이다. 남성과 여성은 결코 서로의 결여를 채워줄 수 없다. 언제나 상대방이 완벽한 대상이길 바라지만 결코 그럴 수가 없다. 그러나 이런 가설은 너무 원칙론이다. 이런 원칙의 문제를 떠나서, 전지현보다 여자 친구가 좋다는 진술을 더 파고들어가 보면 훨씬 흥미로운 점을 발견할 수 있다. 이 말의 모순은 이런 질문을 던져볼 때 드러난다. 전지현보다 여자 친구가 좋은 이유가 만질 수 있어서 그렇다는데, 그렇다면 전지현이 없는 경우는?

놀라운 진실이 모습을 드러낸다. 전지현이 없다면 여자 친구도 좋을 이유가 없다는 진실 말이다. 전지현은 좋지만 만질 수가 없다. 여자

"성관계는 없다"(il n' y a pas de rapport sexuel) 라캉 정신분석학에서 성관계가 없다는 말은 섹스를 할 수 없다는 뜻이 아니다. 이 말은 "남성과 여성은 서로 아무런 관련이 없다"는 의미이다. 요컨대 남성이든 여성이든 상대방을 위해서 섹스를 하는 것이 아니라 자기 자신을 위해 하는 것뿐이라는 함의이다. 따라서 이 말은 남성과 여성에게 부여되는 '성적 위치'나 '성차'(gender)에 대한 문제제기이다. 두 성 사이에 관계가 없는 까닭은 언어라는 타자가 이 둘을 가르고 있기 때문이다. 따라서 본능적으로 남녀가 끌려서 서로에게 반하는 경우는 없다. 또한 남녀 사이에 불편부당하고 호혜적인 관계는 불가능하다. 상징계가 불편부당하지 않고 일방적이기 때문이다. 따라서 남녀가 조화롭고 평등하게 관계를 맺는다는 건 환상이고 성적인 충동이 매력적인 상대방에게 향한다는 생각도 허위이다.

친구는 전지현보다 좋지 않지만 만질 수 있다. 그래서 이 발언의 화자는 전지현보다 여자 친구를 더 좋다고 한다. 만질 수 있기 때문이다. 그러나 전지현이 없다고 가정한다면, 상황이 간단하지 않다는 사실이 드러난다. 전지현이 없으면, 여자 친구를 만지는 행위는 아무런 의미가 없다. 전지현이 있기 때문에 만질 수 있는 여자 친구가 '더' 좋은 것이다. 이런 아이러니한 상황이 말해주는 것이 무엇일까? 바로 욕망의 대

자성이다. 욕망의 문제는 언제나 대자적이다. 전지현이라는 대자적 관계가 없다면, 여자 친구에 대한 나의 욕망도 없다. 이런 맥락에서 나의 욕망은 언제나 타자Other의 욕망이다. 여기에서 타자라는 것은 나의 의식이 통제할 수 없는 상징질서이며 법이다. 이런 맥락에서 나의 욕망은 타자의 담론이다. 내가 전지현보다 여자 친구가 좋은 이유를 말할 때, 그건 내가 말하고 있는 것이 아니라 상징적 대타자, 다시 말해서 휴대폰을 사도록 광고하는 '자본주의'가 말하고 있는 것이다.

그래서 당신은 여자 친구도 만질 수가 없다. 당신이 만지고 싶은 건 여자 친구가 아니라 전지현이기 때문이다. 당신의 손길이 더듬는 살flesh 너머에 전지현은 있다. 가닿을 수 없는 욕망의 대상으로 전지현이 있는 것이다. 당신의 여자 친구를 만지게 하는 욕망은 애초 전지현이라는 불가능한 대상을 향한 것이다. 비록 당신이 여자 친구를 만지더라도 당신은 전지현을 욕망하고 있다. 그리고 전지현이라는 기표가 은밀하게 가리고 있는 것은 자본주의의 쾌락이다. 오직 자본주의를 즐겁게 하기 위해 우리는 전지현을 욕망한다. 욕망의 법칙은 이런 것이다. 당신은 전지현도 여자 친구도 만질 수 없기에 휴대폰을 사야 한다. 법의 명령은 이것이다. 당신이 전지현뿐만 아니라 여자 친구도 만질 수 없다는 사실을 은폐하기 위한 간계가 바로 '신형' 휴대폰이다. 자신의 욕망에 대한 알리바이를 만들어낼 때, 당신은 '언제나 이미' 자본주의의 언어로 말하고 있는 것이다.

전지현의 이미지는 물화의 극단을 보여주는 스펙터클이다. 기 드보르의 지적처럼 스펙터클은 이미지의 극단적 물화 현상이다. 다른 말로 표현하자면, 스펙터클이 사라지게 만드는 것은 실천적 맥락에서 이미지가 개입할 지점을 마련해주는 매개이다. 매개 없는 이미지의 출현. 물론 이와 같은 어떤 이미지의 효과를 발터 벤야민은 힘의 긴장 속에서 돌연 정지해버리는 변증법적 이미지라고 했지만, 매개를 중시하는 입장에서 본다면 이미지는 실천을 배제해버린다는 측면에서 항상 부정적일 수밖에 없다.

그러나 이미지에 대한 가치판단을 떠나서, 이미지의 물화가 확산시키는 효과에 대해 생각해볼 필요가 있다. 이미지의 무매개성이 만들어내는 효과는 궁극적으로 중립성이다. 말하자면, 이미지의 물화를 가식성과 동격으로 놓고 보는 태도는 사실을 곧 진리verum-factum로 파악하는 사고방식의의 산물이다. 이런 원칙에서 행동을 곧 진리를 선취하는 조건으로 파악하는 진보주의적 태도가 발생한다.

그러나 이데올로기가 오류 인식의 문제라고 했을 때, 물화라는 것도 이와 무관한 것이 아니라고 볼 수 있다. 곧 대중의 입장에서 본다면 물화의 상태도 객관일 수 있는 것이다. 주관성의 정태적인 세계 인식과 그에 기인하는 '비과학성'에 대한 질타가 물화의 개념을 처음 창안할 때 가졌던 게오르그 루카치의 의도였겠지만, 실제로 자본주의의 상품구조에 기인하는 물화의 문제는 자본주의의 현실성과 연동하는 중요한 분석의 틀을 제공한다.

전지현의 이미지가 우리에게 보여주는 것이 바로 이것이다. 전지현의 이미지, 정확하게 말하면 광고에서 재현되는 전지현의 '몸'은 자연인 전지현의 육신이 아니다. 이것은 '살'의 차원을 넘어서 물화의 단계로 진입한 가치중립의 범주이다. 그래서 모든 이들이 전지현의 몸을 가질 수 있을 것 같은 착시 현상을 초래한다. 또한 이런 현상은 전지현

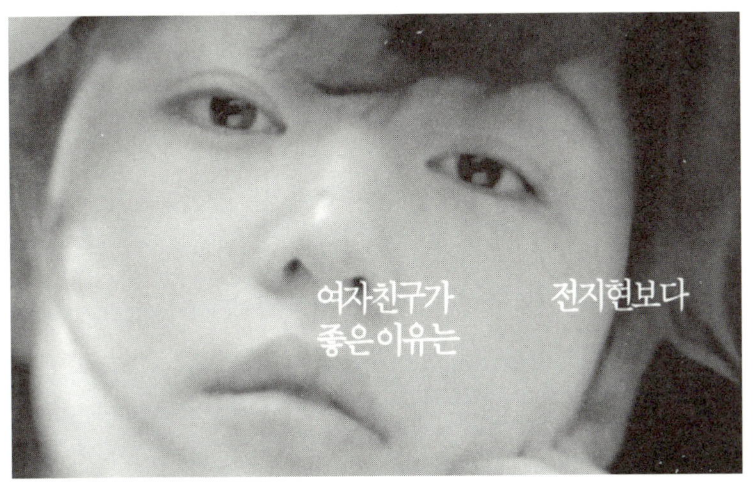

2008년 3월 31일 처음 공개된 삼성 애니콜의 터치폰 햅틱 광고(2편)는 "여자 친구가 전지현보다 좋은 이유는 만질 수 있어서다"라는 카피로 '전지현의 굴욕 CF'라고 불리며 큰 화제를 낳았다. 이 광고 덕택에 햅틱은 출시 7주 만에 판매량 15만대를 돌파하는 성공을 거뒀다.

을 외모의 표준으로 정립하는 보편화를 낳기도 한다. 이것은 일종의 '분리'separation이면서 동시에 '차이화'differentiation이다. 이 과정에서 대상은 원래의 메커니즘에서 떨어져 나와 "분리하지만 연결시키는 구체적 목적"을 위해 경계를 구성한다. 그리고 경계를 통해 분리된 것들은 독자적인 자율성을 획득한다. 니콜라스 루만은 이것을 시스템이라고 부르는데, 일단 완성되는 순간 시스템은 원래의 목적을 소멸시키고 자신의 생존만을 목적으로 삼는다.

이런 분리를 통한 자율성의 획득을 우리는 물화를 통한 가치중립화의 달성이라고 지칭할 수 있을 것이다. 물화는 보편성을 획득하게 만든다. 한마디로 말한다면, 물화라는 건 조건과 맥락의 산물에 지나지 않는 주관적인 것이 마치 원래부터 자율적으로 존재하는 것처럼 객관적으로 받아들여지게 되는 현상을 뜻한다. 그래서 물화는 심리적인 차원을 포함하고 있는 것이기도 하다. 이른바 '명품'이라는 게 대표적으로 물화에 해당하는 사례라고 볼 수 있다. 명품 가방에 담겨 있는 가치가 과연 그 명품 가방의 가격에 상응하는지는 전혀 문제가 아니다. 중요한 건 그 명품에 박혀 있는 브랜드다. 이런 브랜드의 가치가 물화이다. 사용가치를 초과한 교환가치의 고착화 말이다.

후기자본주의의 특징은 이런 가치중립화를 미덕으로 받아들이게 만드는 것이다. 분명 이것은 '새로운 자본주의 정신'이라고 부를 만한 현상이다. 이런 물화의 원리에 따라서 좌파 사상이 극적으로 경영학이론으로 차용될 수 있는 것이다. 급진 사상은 비즈니스 윤리를 재고하기 위한 논리적 근거로서 작동한다. 정작 '보수적인 것'은 사회주의였지 자본주의가 아니었다. 가치의 중립화는 곧 자본주의의 포획을 의미한다. 이렇게 판단의 전도 현상이 일어나게 만드는 것이 후기자본주의이고, 여기에서 우리는 탈정치화의 원인을 목격하게 되는 것이다.

8.

05.29.

◎ 40. 엉터리
시장주의

경기장에서 양복을 입고 주룩주룩 내리는 비를 맞고 있는 박지성의 모습이 한국의 축구팬들에게 큰 충격을 줬나 보다. 한 주요 일간지 칼럼까지 이 일을 두고 울분을 토로하고 있으니 말이다. 유럽의 챔피언스리그에서 일어난 '불상사'였다. 야속하게도, 박지성의 활약을 기대하며 뜬눈으로 밤을 새운 이들에게 세계적 명문 축구팀 맨체스터 유나이티드의 명장 퍼거슨은 냉정한 '판단'을 내렸다.

박지성은 최종 선발 엔트리에도 끼지 못하는 굴욕을 감수해야 했다. 어떻게 생각하면 작은 해프닝에 불과할 일이지만, 최근 불거지고 있는 쇠고기 파동과 이 일을 겹쳐보면 결코 범상하지 않은 속내가 드러난다. 쇠고기 파동을 단순히 광우병을 둘러싼 의사소통의 문제로 볼 수 없는 까닭이 여기에 도사리고 있다.

2008년 5월 21일(한국 시간 22일) 박지성은 맨체스터 유나이티드와 첼시의 2007/2008 유럽축구연맹 챔피언스리그 결승전에 출전하지 못했다. 경기는 승부차기에서 6-5로 맨유가 이겼지만, 국내 팬들의 기대에도 불구하고 박지성은 이 대회 결승전에 출전한 최초의 아시아 선수가 되는 기회를 놓치게 됐다. 박지성은 1년 뒤인 2009년 5월 27일 이 대회 결승전에 선발 출전함으로써 소원을 풀었으나 맨유는 2-0으로 FC바르셀로나에게 패했다.

『중앙일보』에 실린 칼럼에서 노재현 기자는 "박지성 없는 맨유는 내게 의미가 없다"고 하면서, 박지성의 결장을 안 후반전부터 상대방 팀인 첼시를 응원했다고 말했다. "첼시가 우승해 지구촌의 TV란 TV마다 몽땅 'SAMSUNG' 로고로 도배질되면 우리나라가 벌어들이는 돈도 그만큼 늘어나겠지"라는 생각이었다고 그 이유를 댄다. 미국산 쇠고기 수입을 반대하는 입장에 대해 비판적이었던 신문에서 이런 주장을 읽는 건 여러 가지로 흥미롭다. 이렇게 말하면, 아니 그게 무슨 관계가 있단 말이지 하고 되묻는 이들이 있을 것 같다.

그러면 이렇게 생각해보자. 문제적인 발언은 "박지성이 없다면 맨유도 (내게) 의미가 없다"는 말이다. 이 논리가 '시장'을 뛰어넘어 있다는 사실을 글의 화자는 이미 알고 있다. 박지성은 직업적 축구선수이다. 말 그대로 '축구하는 능력'에 따라 가치가 판정되는 '상품'인 것이다. 따라서 맨유의 선택은 구매자가 상품의 가치를 그것밖에 생각하지 않는다는 사실을 증명한다. 철저하게 시장논리에 따른 것이다. 그래서 노재현 기자는 그동안 박지성 때문에 (시장논리를 무시하고) 맨유를 응원했던 과거를 합리화하기 위해 "첼시에 대한 응원"을 곧 경제주의로 연결시켜버린다. 평소 지론인 시장주의를 위반하면서 맨유를 지지해줬는데, 그 마음을 몰라준다는 원망이 여기에 스며 있다.

이 칼럼은 여기에서 한국 사회를 지배하는 외설적 판타지를 고스란히 드러낸다. 노재현 기자가 칼럼을 잘못 썼다고 비판하려는 게 아니다. 나는 『중앙일보』 맨 뒤에 실리는 이런 '훈훈한' 칼럼들을 자주 보는데, 그 중에서도 특히 이훈범 기자와 노재현 기자의 글들이 뜻하지 않는 웃음을 선사해서 즐겨 보는 '애독자'이다. 텍스트가 내부 모순을 통해 진리를 드러내는 아이러니가 이들의 글에 있다. 사는 것과 생각하는 것이 다른 저자들에게서 종종 나타나는 '리얼리즘의 승리'를 이런 칼럼들에서 볼 수 있는 것이다. 박지성에 대한 노재현 기자칼럼도 이런 종류에 속한다. 저자의 의도와 상관없이 노골적으로 판타지의 논리를 드러낼 때 나 같은 '문화평론가'는 살맛이 난다.

이 칼럼은 전혀 시장주의가 아닌 것을 시장주의라고 믿고 있는 한국 사회의 판타지를 선명하게 보여준다. 이런 분들 머릿속은 일방통행로만 닦여 있는 관계로, 이 말을 하나 저 말을 하나 결국은 같은 말이다. 어떻게 생각하면 일관성 있어서 좋지만, 현실 장악력이 떨어진다는 점에서 최근 불거지고 있는 이명박 정부의 무능력과 일맥상통하는 측면이 있다. 이 칼럼의 주장대로라면, 박지성 때문에 맨유를 응원하는 것보다 삼성 때문에 첼시를 응원하는 것이 훨씬 시장논리에 맞는 것 같다.

그러나 여기에 함정이 있다. 박지성 때문에 맨유를 응원하는 것과 삼성 때문에 첼시를 응원하는 것은 결국 같은 말을 다르게 한 것뿐이다. 첼시가 삼성의 후원을 받는 팀이 아니었다면 이 칼럼의 저자는 누구도 응원하지 않았을지 모르기 때문이다. 그냥 텔레비전 끄고 자는 게 옳은 일이다. 그러나 이 글쓴이는 맨유를 원망하면서 그나마 돈이라도 벌면 다행이라는 마음으로 '삼성 때문에' 첼시를 응원했다.

과연 이게 시장주의일까? 결론적으로 말하자면, 전혀 그렇지 않다. 시장주의에서 중요한 건 시장이라는 '숭고대상'이지 '삼성'이 아니다. 이 칼럼의 저자는 전혀 자신의 의지를 꺾지 않고 있는 것이다. 시장의 논리에 어긋나더라도 끝까지 자신의 쾌락원칙에 충실하겠다는 게 이 칼럼의 본심이다. 사정이 이런데도 이들은 짐짓 거만하게 미국 쇠고기 수입 개방 때문에 청계천에 모인 '시민들'을 비난했다. 미국산 쇠고기 수입을 전면 허용하는 게 시장주의에 맞는다는 논리를 들이대며 말이다. 앞뒤가 맞지 않는 일이다. 이렇게 한국 사회는 진짜 시장주의자도 견디기 힘든 곳이다.

◎ 41. 두 가지 변주곡: 사랑과 예술, 새로운 주체의 공정

대체로 사람들은 '안정된 삶'을 갈망하지만, 사실 그런 건 없다. 우리가 우리 자신이고자 한다면 안정이 아니라 과잉으로 나아가야 한다. 예술이 우리에게 가르치는 것이 이 교훈이다. 과잉 없는 삶은 죽은 것이라고. 『잉글리시 페이션트』에서 주인공들은 운명적 사랑을 한다. 전쟁이라는 가혹한 현실을 넘어서는 이들의 사랑은 과연 무엇일까? 온몸이 불길에 뒤덮여 전신 화상을 입고 누운 알마시 백작에게 캐서린은 무엇이었을까? 약속을 지키기 위해 돌아간 그 동굴에서 그가 발견한 건 바짝 마른 캐서린의 시신이었다. 낙엽처럼 가벼운 연인의 몸을 들어 올려 그는 빛 속으로 나온다. 그리고 이후 삶은 자신의 과거를 다시 진술하기 위해 잠깐 유보한 생명일 뿐이다. 이렇게 우리는 결코 '사랑'의 주인공일 수가 없다. 오히려 사랑이 우리의 삶을 착취하는 우리 삶의 주인일지도 모른다.

사랑을 정의할 수 있는 방법은 없다. 그러나 확실한 건 하나다. 사랑은 편안한 것이 아니라는 것. 사랑은 존재를 흔드는 것이고, 그래서 모든 사랑은 에로스를 품고 있다. 『잉글리시 페이션트』에서도 주인공들을 밀고 가는 것은 육체의 관능이다. 이것을 동양적으로 부른다면 '색'色이고 라캉의 용어로 말하면 '향유'jouissance일 것이다.

리만 감독의 영화 『색, 계』가 보여주는 것은 사랑이라고 불리는 것이 실제로는 얼마나 '위험한 것'인지를 정확하게 보여준다. 『색, 계』가 보여주는 것은 남성과 여성을 하나로 묶어내는 어떤 힘이다. 그 힘은 한번 걸려들면 거부할 수 있는 것이 아니다. 이를 멈출 수 있는 것은 오직 '죽음'뿐이다. 왕치아즈(탕웨이)를 죽음으로 이끄는 힘은 자기 자신의 향유이다. 주변에서 남성들이 안전한 법의 그늘로 도피할 때, 왕치아즈는 과감하게 자신의 길을 간다. 왕치아즈를 그 자신의 길로 이끄는 것은 '스파이 임무'도 '독립투쟁'도 아니다. 그런 정치적 슬로건은 그냥 핑계일 뿐이다. 연약한 여인을 죽음의 여정으로 들어서게 만드는 요인은 그의 안에 깊숙하게 도사리고 있는 어떤 심연이다.

이 심연을 무의식이라고 부를 수 있다면, 결국 『색, 계』는 무의식의 문제를 다룬 영화이다. 욕망의 파도가 무한으로 넘실대는 무의식의 바다에서 우리는 위태한 조각배 위에 올라탄 불안한 승객일지 모른다. 어쩌면 우리의 삶은 색과 계를 가르고 있는 저 작은 쉼표(,)에 지나지 않는지도 모르는 것이다. 법의 경계를 풀어버리는 것이 향유의 힘이고, 이것은 당사자조차도 두려움에 떨 수밖에 없는 불가항력이다. 마치 코언 형제의 영화 『노인을 위한 나라는 없다』에 등장하는 안톤 시거처럼, 무정하고 매정하게 향유는 모든 것을 무너뜨리고 해체한다.

진리와 주체 프랑스 철학자 바디우(Alain Badiou, 1937~)는 진리란 정치, 과학, 사랑, 예술이라는 네 가지 공정을 거쳐서만 생산되며, 철학이란 이렇게 생산된 진리를 '진리'라고 말하는 행위라고 말한 바 있다. 사랑이라는 공정은 '만남'이라는 사건을 통해서 '둘'(너와 나)에 대한 진리를 생산한다. 그러나 만남은 사랑의 진리에 다가갈 수 있는 가능성을 열어줄 뿐, 그것이 진리임을 파악할 수 있는 것은 사랑의 사건과 그 진리에 충실한 주체밖에는 없다(이런 점에서 주체는 진리의 담지자이다). 이렇게 보자면 『색, 계』에서 왕치아즈가 죽는 이유는 '이'와의 만남이라는 사건을 통해서 알게 된 사랑의 진리에 충실해지기 위해서였다.

『색, 계』든 『노인을 위한 나라는 없다』든 결국 보여주는 것은 죽음이지만, 죽음을 통해 전달하려는 메시지는 역설적으로 '살아가는 것'에 대한 것이다. 이 역설 위에 모든 예술은 자신의 처소를 확보한다. 이 자리를 무엇이라고 부르든, 사랑은 이처럼 예술과 밀접하다. 발터 벤야민은 이렇게 말한다. "우주의 모든 힘과 형상들이 사랑에서 태어난 이름에서 나온다." 이것을 벤야민은 '플라토닉 러브'라고 불렀지만, 플라토닉 러브는 에로스를 배제했다기보다 그것을 넘어서 그 대상을 불멸로 만드는 사랑이라는 의미이다.

진정한 사랑은 이기적이다. "미안하다, 사랑한다"는 그래서 가능한 말일지도 모른다. 사랑해서 미안한 감정은 이렇게 발생하는 것이다. 『색, 계』는 이런 사랑의 메커니즘을 정확하게 보여준다. 왕치아즈는 결코 사랑할 수 없는 대상, '적'에게 접근한다. 왕치아즈가 막부인이 되게 만드는 건 이(량차오웨이)라는 사나이를 유혹하기 위한 것이다. 이 유혹은 아이러니하게도 독립운동이라는 구실을 만나서 정당화한다. 유혹의 기술은 왕치아즈를 '타락'시키지만, 동시에 그를 그답게 만드는 동인이기도 하다. 이건 우리가 상식적으로 알고 있는 그 사랑의 감정이 아니다. 사랑보다 더 무서운 어떤 감정, 내 안에 있지만 내가 통제할 수 없는 그 무한한 능력이다. 이는 한 번 불이 붙으면 끌 수 없는, 거대한 폭포 같은 열정이다. 이렇게 사랑은 상식의 선, 다시 말해서 법의 영역을 넘어갈 때 비로소 사랑의 본성을 드러낸다.

그러나 자본주의는 이런 사랑을 자본이라는 팔루스에 묶어두려고 한다. 전지현이 나오는 새로운 삼성 휴대폰 광고가 보여주는 건 이런 자본의 메커니즘이다. 이 광고는 말한다. 전지현보다 여자 친구가 좋은 까닭은 만질 수 있기 때문이라고. 과연 그럴까? 이 말이 사실이라면 이런 아이러니가 발생한다. 만일 전지현이 없다면 여자 친구도 필요 없다는 아이러니 말이다. 전지현을 만질 수 없기 때문에 여자 친구가 필요한 것이고, 그래서 전지현이 없다면 굳이 여자 친구조차 있을 필요가 없어지는 것이다.

이런 아이러니를 발생시키는 것이 바로 욕망이다. 욕망의 변증법. 그리고 이것이 무의식의 메커니즘이다. 그리고 이 메커니즘을 가장 적절하게 이용하는 것이 자본주의 소비사회이다. 물론 이것을 사랑이라고 지칭하기는 민망한 일이다. 사랑이라기보다 하나의 증상으로서 끊임없이 쾌락을 제공하는 것이 자본주의 욕망의 특징이다. 진짜 사랑은, 『잉글리시 페이션트』나 『색, 계』에서 그려지는 그 일탈의, 무서운 사랑은, 이런 쾌락의 원칙을 넘어가서 전혀 다른 방식으로 주체를 구성한다. 그래서 사랑은 예술과 마찬가지로 '새로운' 주체를 구성할 수 있는 중요한 '공정'procédure이다.

『노인을 위한 나라는 없다』는 이렇게 새로운 주체가 만들어지지 않을 때 어떤 결과가 발생할 수 있는지를 선명하게 보여준다. 이 영화에서 그려지는 죽음들은 대체로 쿠엔틴 타란티노의 영화들, 그 중에서 특히 『펄프 픽션』에 등장하는 마피아의 죽음들과 겹쳐진다. 이 영화의 교훈은 이렇다. 마피아가 제공하는 그 쾌락원칙을 넘어선 자만이 살아남을 수 있다. 그렇지 않은 경우는 모두 죽는다. 그렇다면 여기에서 의문이 생긴다. 『색, 계』에서 왕치아즈는 왜 죽는가? 자기만의 향유를 선취한 왕치아즈가 죽음을 기꺼이 맞이하는 것은 여러모로 이상하다. 그러나 생각해보면 그 이유는 간단하다. 왕치아즈는 막부인이기를 멈추고 왕치아즈로 돌아가기 위해 죽음을 선택한다. 이 영화의 결말에 등장하는 그 막막한 절벽은 막부인과 왕치아즈 사이에 가로놓인 극단을 보여준다. 왕치아즈는 막부인을 버리고 자기가 처음으로 연극단에 가입하던 그 시절로 돌아가고 싶어 한다. 그러나 그것은 불가능하다. 이미 상징계를 통과해버린 주체에게, 그리고 그 판타지의 끝을 봐버린 주체에게 상상계의 복원은 있을 수 없다. 오히려 왕치아즈의 죽음은 이런 상상계의 복원이 가능하지 않다는 사실을 알면서 기꺼이 소멸의 길로 나아가는 주체의 윤리를 보여준다.

어쩌면 예술이 사랑에 대한 묘사를 통해 우리에게 말하고 싶은 것은 이런 문제일지도 모른다. 주체의 윤리가 어떻게 가능한 것인지를 해명하는 것 말이다. 이 물음에 쉬운 답을 내릴 수는 없다. 오히려 남는 문제는 어떻게 주체의 진리, 다시 말해서 자신의 운명이 비극이라는 사실을 알고도 살아갈 수 있는 것인가 하는 문제이다. 이건 『올드보이』가 제기했다가 스스로 폐기해버린 질문이기도 하다. "너희들은 이 사실을 알고도 계속 사랑할 수 있을까"라는 질문은 바로 이에 대한 문제 제기이다. 그러나 『올드보이』는 서둘러 이 질문을 봉합했을 뿐이다. 남은 것은 최면을 통한 망각. 그리고 지루한 삶이다.

정작 중요한 것은 앎과 함께 가는 삶이다. 앎과 함께 가는 광기, 여기에 법을 넘어가는, 자본주의의 포획을 넘어가는 힘이 있다. 이건 결단의 문제이고, 이런 결단은 아무나 하는 것이 아니다. 사랑하거나 예술을 해야 하는 건데, 둘 다 공히 뭔가를 '생산'하는 일이라고 할 수 있다. 이 결단에 바로 주체의 윤리가 작동한다. 물론 이 윤리라는 건 일반적으로 세속에서 운위하는 도덕이 아니다. 이 윤리는 도덕의 계율을 넘어선, 그 특이성의 작용이다.

그냥 참을 수 없는 고통의 향연, 이건 마치 오스카 와일드의 연애처럼 불온하고 부도덕하다. 잘 알려져 있다시피 와일드의 연인은 알프레드 더글러스였다. 남자와 남자의 사랑이 어떻게 이성애와 평등한 것인지를 와일드의 사랑은 잘 보여준다. 『심연으로부터』라는 옥중서한을 통해 와일드는 자신의 작품에서 다룬 얘기들을 스스로 직접 실행할 수밖에 없었던 이유를 밝힌다. 이유는 간단하다. 알프레드를 '사랑'했음으로. 와일드의 사랑은 쾌락인 동시에 금기에 대한 도전이었다. "감

1895년 11월 13일, 빅토리아 시대의 보수적인 영국 사회를 비웃었던 와일드(Oscar Wilde, 1854~1900)는 동성 애인인 더글러스(Alfred Douglas, 1870~1945)와의 "막중한 풍기문란"을 이유로 2년간의 강제노동을 선고받고 투옥된다. 언론과 대중의 히스테리 속에서 4월 3일에 시작해 5월 25일 신속하게 끝난 재판을 통해 와일드는 "그 명칭을 감히 입에 올릴 수 없는 사랑"에 대해 이렇게 말했다. "그 사랑은 아름답고도 멋진 것이며 애정의 가장 고귀한 형태이다." 그 사랑에 대한 고백이기도 한 『심연으로부터』(De Profundis, 1905)는 와일드가 죽은 지 반세기가 훌쩍 지난 1962년에야 온전한 모습으로 공개됐다.

히 이름을 말할 수 없는 사랑"이라는 작품의 주제의식을 그는 삶 속에서 그대로 실현한다. 알프레드와 맺은 관계 때문에 재판을 받고 급기야 2년간 옥고까지 치러야 했던 와일드는 출옥 후 알프레드에게 편지를 보낸다. "쓸데없이 이토록 오래 기다린 후에 나는 너에게 편지를 쓰기로 마침내 결심했다." 그렇다. 이 결심에서 모든 것은 다시 시작한다. 이렇게 예술과 사랑이 우리에게 요구하는 건 평범한 일상을 단번에 벗어던질 결심이다.

◎ 42. 우리
　　　결혼했어요

요즘 한창 인기를 끌고 있는 『우리 결혼했어요♥』라는 오락 프로그램은 리얼리티로 가장한 '연출'과 '연기'를 정확하게 보여준다. 한국에서 리얼리티 쇼가 불가능한 건 한국 사회의 욕망이 솔직한 표현을 반기지 않기 때문이다. 한국에서 솔직성은 언제나 은밀한 것이다. 은밀해야지만 솔직해지는 것이 한국 사회의 욕망구조이고, 그래서 이 프로그램은 겉으로 보기에 감춰져 있는 이런 은밀한 욕망을 드러내는 것을 목적으로 한다. 그러나 이건 어디까지나 겉보기에 그렇다는 뜻이다. 정작 뚜껑을 열어보면 이 프로그램은 솔직성 자체를 위장하고 있을 뿐이다. 이 위장은 무의식적인 것이다. 마치 "꿈★은 이뤄진다"라는 슬로건처럼, 이 프로그램도 타이틀에 ♥라는 기호를 달아놓고 있다. 이건 단순한 기호일지 모르지만, 어떻게 생각하면 매끈한 상상의 표면에 남겨진 무의식의 얼룩 같은 것인지도 모른다. 욕망이 빚어낸 것이지만, 언어로 해명할 수 없는 것이 이렇게 유령 같은 기호로 출몰하는 것이다.

이 얼룩이 암시하는 것은 섹슈얼리티의 교환을 위한 계약관계, 즉 '결혼'이다. 제목이 말하고 있는 것은 가상의 결혼이지만 실제로 보여주는 것은 결혼이라기보다 '혼전 동거'이다. 이 프로그램은 남녀 유명 연예인들을 한 집에 살게 해서 가상 동거의 상황을 만들어놓은 뒤에 발생하는 여러 가지 해프닝을 보여주는데, 겉으로 리얼리티 쇼를 흉내 내고 있는 것과 달리 실제로 보여주는 것은 다양한 장르 혼합이다. 장르 혼합을 통해 이 프로그램은 리얼리티 쇼 장르에 내재해 있는 선정주의를 무마하고, 기존의 오락프로그램을 지탱시켜온 '뒷담화'의 즐거움을 계속 유지하고자 한다. 이런 프로그램을 통해 한국 사회는 가상현실을 현실보다 더 진짜인 것으로 받아들인다. 이 상황은 어떤 탈현실성이나 초현실성을 말하는 것이 아니다. 가상현실을 진짜로 본다는 뜻이다. 뒤집어서 말하면, 현실은 이제 진짜가 아닌 것이다.

가상현실을 진짜로 받아들이는 것은 현실을 인식하는 방식에서 어떤 변화가 일어났다는 사실을 암시한다. 청정원과 SK텔레콤 광고에 나오는 장동건은 서로 다른 상황에 놓인 캐릭터이지만, 사실은 같은 가상현실을 구성한다. 현실의 문제에 대처하는 방법에서 두 캐릭터는 동일한 해결책을 보여준다. 좋은 것이 좋은 것이라는 무기력한 대안이 이른바 '88만원 세대'를 위한 희망이랍시고 제시되는 것이다. 이런 상황이야말로 『88만원 세대』의 저자들이 말한 '희망 고문'the torture of hope인 것이다. 이제 세상은 "희망을 보여주는 것 자체가 실은 고문의 한 단계"인 시대로 접어든 것인지도 모른다. 이렇게 한국의 가상현실

2008년 3월 16일 MBC에서 정식 방송되기 시작한 『우리 결혼했어요♥』는 5월 넷째 주 전
국 시청률 18.8%를 기록하며 예능프로그램 1위로 뛰어 올랐다. 담당 PD는 "80%가 리얼이
고 20%가 허구다. 제작진과 출연진도 예측할 수 없게 상황이 전개되는 것이 『우리 결혼했어
요♥』의 매력이다"고 성공요인을 분석했다. 그러나 2009년 1월 18일 크라운J와 서인영 커
플이 하차하면서 사실상 '시즌 2'가 시작된 뒤로는 예전만한 인기를 못 끌게 됐다.

은 슬쩍 희망을 보여줬다가 그것을 잡으려는 찰나 빼앗아버리는 세련
된 고문이다. 그러나 문제는 지금은 아무도 이것을 고문으로 받아들이
지 않는다는 사실이다.

이런 현실은 확실히 의아한 것이다. 그러나 2002년 월드컵 이후
에 만들어진 주체성의 본질을 이해한다면 이것이 그렇게 특이한 현상
이 아니라는 점을 알 수 있다. 2002년 '월드컵 주체'는 실제로 1997
년 경제위기라는 트라우마를 치유하기 위해 불려나온 것이라는 사실
이 중요하다. 2002년 월드컵이 만들어낸 판타지는 주체에게 하나의
진정성을 부여했다. 한국 사회의 구성원 개인들이 꿈꾸는 것이 실현될
수 있다는 생각을 '진실한 것'으로 받아들이게 만드는 계기가 마련된

것이다. 오늘날 한국 사회를 설명하는 아파트와 교육이라는 두 가지 코드도 이를 기점으로 더욱 공고하게 됐다. 1990년대 이래로 한국 사회의 욕망을 빨아들이는 하나의 기표는 바로 '부자'이다. "부자 되세요"라는 광고가 세간의 덕담으로 변하는 그 지점에서 우리는 한국 사회의 욕망을 담은 지도를 얻을 수 있는 것이다.

부자가 되기 위해 필요한 것은 아버지의 말씀을 잘 듣는 것이다. 1980년대의 주체들이 무의식의 충동에 충실했다면, 1997년 이후 출현한 주체들은 법에 복종하면서 쾌락을 얻으려고 했다. 금지를 표현하던 1980년대의 기표가 '본드신'이었다면, 1990년대 이후의 기표는 '지름신'이다. 본드신이 본드 같은 환각제를 많이 사용하면 찾아오는 죽음의 신이라면, 지름신은 신용카드를 많이 사용하도록 부추기는 파산의 신이다. 본드신은 죽음을 강요하지만, 지름신은 소비를 명령한다. 지름신이 요구하는 것은 '질러라'이지만, 우리는 언제나 세상의 모든 것을 '질러서' 가질 수가 없다. 그러기 위해 필요한 것은 노동이고 자본이지만, 자본주의 사회에서 언제나 자본은 독점되어 있기 때문이다. 한국 사회에서 이 자본을 독점하는 방법은 부자가 되는 길이고, 이렇게 부자가 될 수 있는 방법이 부동산과 교육이었다.

1990년대 현실사회주의권의 붕괴와 1980년대 진보운동의 고립 내지 퇴조는 실제로 이런 '부자 신드롬'과 무관하지 않다. 한국에서 노동자가 계급의식을 가질 수 없는 까닭은 실제로 계급의 벽을 넘어갈 수 있는 부동산과 교육이 있었기 때문이다. 앞서 지적한 한국 사회의 보수화는 한국 사회의 계급분열이 점점 심해지며 고착하고 있는 조건에서 남들보다 더 유리한 고지를 점령하고자 하는 욕망의 산물이다.

한국 사회에서 남들보다 더 많은 부를 소유하기 위해 필요한 것은 공공재에 속하는 것들을 남들보다 효과적으로 사유화할 수 있는 수완이다. 한국 최초의 우주인 이벤트가 보여주는 것이 이것이다. 한국의 우주과학 발전을 위한 사업이라고 추진되긴 했지만, 실제로 이번 일로 득을 보는 이들은 몇몇 기업과 특정 방송사뿐인 것 같다. 기업들은 최초의 우주인을 모델로 내세운 광고를 제작하고, 방송사는 우주인 이벤트를 이용해서 광고 수주율을 높인다. 물론 이 기획이 그렇게 성공적인 것처럼 보이진 않지만, 어쨌든 실효성 없던 우주인 이벤트는 과학이라기보다 시장을 위해 추진됐다는 혐의를 벗기 어렵다.

한국 사회의 보수화는 자본주의라는 법을 개별 주체가 받아들이는 것이기도 하다. 21세기 한국 사회의 주체들에게 자본주의는 절대적 아버지의 이름으로 바뀌었다. 자본주의가 제공하는 쾌락원칙의 차원을 벗어나는 것 자체를 극도로 두려워하는 이 주체들이 만들어갈 한국 사회는 분명히 이전과 다른 성질의 체제일 것이다. 그러나 언제나 그러했듯, 욕망이라는 킹콩을 법의 쇠사슬에 영원히 묶어둘 수는 없는 노릇이다. 우리는 결국 자신의 눈을 자기 손으로 찌를 수밖에 없는 오이디푸스이기 때문이다. 그리고 그 과잉의 지점들이 촛불집회를 통해 외설적으로 드러난 것이라면 너무 섣부른 진단일까?

◎ 43. 엄마가
　　　뿔났다

한국 연속극에서 두드러지는 경향은 경제적 차이가 극심한 집안 배경을 가진 연인들이 만나서 갈등하는 이야기이다. 인기리에 방영되고 있는 『엄마가 뿔났다』나 『흔들리지 마』 같은 경우도 이에 속한다. 부유한 집안의 남성과 그렇지 않은 여성이 만나서 사랑한다는 이런 설정은 대체로 '신데렐라 신드롬'을 드러내는 것이기도 하지만, 동시에 한국 사회에서 결코 발설할 수 없는 실재의 차원을 암시하는 것이기도 하다.

부르주아 사회에서 핵심적인 것은 자본의 규모가 곧 신분의 문제로 전환한다는 사실일 것이다. 이런 측면에서 자본은 단순한 '돈'이 아니라 일종의 상징이다. 부르주아계급은 문화적인 구별짓기를 통해 이런 자본의 상징성을 더욱 공고하게 만든다. 명품에 대한 집착은 이런 구별짓기의 일환인데, 왜냐하면 구매를 통해 명품을 소유하는 것과 그

명품의 심미성을 구분할 수 있는 능력은 엄연히 다르기 때문이다. 이른바 우리가 명품이라고 부르는 '물건'은 대체로 이런 신비한 심미성의 차원을 내포하고 있는데, 이것은 산업의 심미화 또는 예술화라는 자본주의 고유의 속성 때문에 그렇다.

『엄마가 뿔났다』에 등장하는 두 가족의 모습은 한국 사회의 근대화가 우리에게 무엇을 의미하는지를 지시하는 것이기도 하다. 이건 기본적으로 중간계급의 세계관과 부르주아계급의 세계관이 서로 분열하고 있다는 사실을 보여준다. 과연 이 사실은 한국 사회의 현실과 무관한 것이라고 할 수 있을까? 무릇 모든 현상은 본질의 체현인 동시에 모든 형식은 내용의 논리이다. 이 말이 사실이라면 우리는 한낱 텔레비전 연속극에 불과한 『엄마가 뿔났다』가 한국 사회의 본질을 폭로하고 있다는 사실을 인정해야 한다.

그 본질은 도대체 무얼까? 기본적으로 이건 김수현이라는 방송작가의 입장을 드러내는 것이자 동시에 김수현이라는 개인의 눈으로 바라본 세계의 진실이다. 여기에서 우리는 보수주의자 김수현의 입장을 좀더 섬세하게 확인할 수 있지만, 더 나아가서 김수현이라는 중간계급 가치의 옹호자가 어떻게 근대화를 바라보고 있는지를 알 수 있는 것이기도 하다. 이 사실은 단순하게 방송작가 김수현이라는 개인의 범주에 국한되는 것이 아니다. 정작 중요한 건 김수현이 표방하고 있는 세계관이다. 다시 말해서 김수현이 옹호하고 있는 세계, 이것은 은아(장미희)가 보여주는 그 미국주의가 지배하고 있는 속물적 세계와 다른 세계이다. 물론 이 세계는 초월적인 것도, 세속적인 것도 아니다. 이 세계는 과거로부터 왔지만 미래를 강제하는 어떤 것이다.

은아의 가족은 아침을 커피와 빵, 그리고 소시지로 해결한다. 실제로 이건 한국 사회에서 상류문화에 속하지만 정작 미국에서 이런 식습관은 노동계급의 문화에 속한다고 할 수 있다. 미국의 대중문화가 한국에서 상류계급의 문화로 통용되는 건 참으로 아이러니한 일이다. 이런 사실은 단순한 왜곡을 보여준다기보다 어떤 문화의 본질을 증언하는 것이라고 할 수 있다. 이 본질은 바로 문화가 가치 전도의 문제이며 궁극적으로 계급이라고 불리는 사회적 모순의 구조를 전혀 다른 차원으로 재현한다는 의미이다.

간단히 말한다면 이런 것이다. 결국 드라마에서 나타나는 은아와 그의 가족은 한국 사회를 구성하고 있는 계급모순을 상징적으로 표현하고 있는 것이다. 이걸 어떤 의미로 해석하든지 중요한 건 이런 소재가 한국 사회에서 인기를 얻고 있다는 사실이다. 『흔들리지마』에서도 문제는 결국 신분 차이이다. 신분을 초월한 사랑이 얼마나 어려운지에 대해 이 드라마는 역설하고 있다. 이런 이야기는 한국의 현대판 로미오와 줄리엣이라고 부를 수 있을 것이다.

텔레비전 드라마에 불과하지만, 『엄마가 뿔났다』나 『흔들리지마』는 궁극적으로 한국 사회에서 불가능한 것에 대한 시도가 무얼 의미하는지를 선명하게 보여준다. 그건 말할 것도 없이 근대화의 불균형성이고, 그래서 새로운 분배구조를 위한 하나의 문화적 대안을 탐구해볼 만한 근거를 제공한다. 대중문화는 하나의 판타지에 불과하지만, 이게 판타지이기 때문에 부분의 진실을 담고 있는 것이다.

◎ 44. 스타벅스

커피숍은 우리에게 무엇인가? 우리는 왜 커피숍에 가는가? 아니 커피숍에서 우리는 무엇을 소비하는가? 스타벅스나 커피빈이 한국에서 대표적인 커피숍으로 자리를 잡은 지 오래인 판에 이런 질문은 다소 생뚱맞게 들릴 수도 있겠다. 그러나 우리가 당연시하는 그 현상 속에 우리가 쉽게 설명할 수 없는 욕망의 변증법이 숨어 있는지도 모른다. 스타벅스는 한국의 커피숍 문화를 표준화했다는 측면에서 흥미로운 고민거리를 던져준다. 이전에 통칭 '다방'이나 '찻집'으로 불렸던 커피숍의 풍경은 스타벅스의 출현 이후로 이제 도심 한가운데에서 사라졌다.

그나마 남아 있는 '토착 커피숍'도 스타벅스를 닮은 이미지로 탈바꿈해야 했다. 이른바 커피숍의 현대화. 이 과정은 한국 사회에서 '세계화'라는 것이 무엇을 의미하는지를 간접적으로 확인시켜주는 것이기도 하다. 이런 모습은 한국에서 특이하게 목격할 수 있는 현상이라고 할 수 있다. 서구화 또는 세계화가 우리보다 앞서 진행된 다른 아시아 국가들과 비교해도 한국처럼 순식간에 획일화가 일어나는 경우는 드물다.

숱한 서구 국가의 지배를 받은 적이 있는 말레이시아의 경우도 자기 고유의 커피숍 문화를 여전히 보전하고 있고, 한국보다 서구화가 훨씬 더 진전됐다고 할 수 있는 일본의 경우도 스타벅스와 공존하는 고유의 커피숍 문화를 갖고 있다. 이 사실이 말해주는 것은 무엇일까? 우리가 보편적인 것이라고 믿고 있는 스타벅스가 커피문화 중에서도 특수한 것에 지나지 않는다는 진실일 것이다. 이런 추측은 프랑스 퐁피두 광장에 있는 스타벅스를 상기해보면 가능할 것이다. 퐁피두 광장의 스타벅스는 프랑스의 '대표적 커피숍'이라기보다, 프랑스적인 것에 끼어 있는 '미국 문화의 상징'에 불과하다. 한국에서처럼 '보편적 코드'가 아닌 것이다. 영국의 경우도 스타벅스는 커피숍의 대표 브랜드가 아니다. 이들 국가는 자기들에게 고유한 카페 문화를 갖고 있는데, 이런 고유성과 스타벅스라는 외래성이 나란히 공존하는 것이 이들에게 이른바 '세계화'라고 할 수 있다.

따라서 정확하게 말하자면, 스타벅스는 미국의 커피문화를 의미하는 것이고 세계화는 '미국화'를 다르게 표현한 말이기도 한 것이다. 지난 10년 동안 한국에서 운위되어온 세계화라는 것이 어떤 의미맥락을 갖고 있는지를 스타벅스라는 기표가 명쾌하게 보여주는 것이다. 물론 스타벅스는 미국 자본이니 나쁜 놈들이라는 얘기를 하려는 것은 아니다. 이건 엄연한 현실이고, 따라서 우리는 이 상황에서 부정negation

1971년 미국 워싱턴 주의 시애틀에서 1호점을 연 스타벅스는 1999년과 2007년 중국 베이 징과 러시아 모스크바에까지 진출함으로써 명실상부한 미국 대중문화의 선봉장이 됐다. 한 국 스타벅스 1호점은 1999년 이화여대 앞에 처음 생겼으며, 2009년 현재(1월 기준) 총 매장 수는 285개에 달한다. 그러나 2007년 6월 18일 국내의 한 격주간지를 통해 스타벅스의 커 피값이 미국보다 한국에서 최대 60% 이상 비싸다는 통계가 발표되고, 20대 여성들의 과소 비 행태를 지칭하는 '된장녀' 논란까지 겹치면서 스타벅스는 한동안 논란거리가 됐다.

할 수 있는 것과 부인denial할 수 있는 것을 구분할 필요가 있다. 특정한 대상을 평가하는 건 기호의 문제이지 이데올로기의 문제가 아닌 것이 다. 어쨌든 눈앞에 펼쳐진 현실을 부정하는 건 정신건강으로 봐도 권 장할 만한 일은 아니다.

내가 말하고자 하는 건 스타벅스에 대한 가치판단이 아니다. 스타 벅스라는 기호에서 우리가 얻고자 하는 것이 무엇인가 하는 것이다. 이 기호를 소비함으로써 우리가 얻는 쾌락은 바로 '세계화된 공간'에 대한 유토피아 충동에서 발생한다고 할 수 있다. 아시아에 있는 스타 벅스는 대체로 미국 문화에 익숙한 이들에게 쉽사리 자신들의 습속을 유지할 수 있는 알리바이를 제공한다. 스타벅스는 이들에게 해방의 공간인 셈이다. 이 해방의 의미가 무엇일까? 대체로 이런 해방의 의미는 '자유주의'이고, 결국은 자기 이익의 추구가 곧 공공선의 발전에 이바지한다는 지극히 애덤 스미스적인 믿음이다.

이런 맥락에서 스타벅스는 모순적인 공간이라고 할 수 있다. 어떻게 보면 스타벅스는 '된장녀'라고 불리는 가짜 뉴요커의 상상적 자아가 실현되는 공간이면서 동시에 이런 상상적 자아가 불가능하다는 걸 깨달은 상징적 주체들이 발산하는 비극적 인식이 충돌하는 '장'인 것이다. 이런 상황을 만들어낸 원인은 바로 '세계화'라고 규정할 수 있는 후기자본주의의 메커니즘이다.

세계화의 메커니즘은 궁극적으로 내부 공간의 이질화를 낳는다. 한국의 경우를 예로 들자면 이런 것이다. 세계화의 메커니즘은 서울과 서울 아닌 공간 사이의 이질성을 만들어낸다. 서울은 세계화가 진행될수록 주변 공간에서 분리될 수밖에 없다. 이런 의미에서 스타벅스는 이런 공간의 이질화를 더욱 가속화시키는 기표이기도 하다.

우리는 이 기표를 소비하면서 비로소 세계화의 현기증을 견딜 수 있는 방어기제를 형성할 수 있는 것이다. 우리는 세계화가 일종의 '위반'에 대한 알리바이를 제공할 것이라는 판타지를 스타벅스 커피를 마시면서 확인하고 있는지도 모른다. 때때로 자본주의 소비문화는 자기 자신을 견딜 수 있는 유토피아 충동을 내장하고 있다. 맑스가 자본주의에 경탄한 까닭 중 하나가 이 때문일 것이다.

◎ 45. 1박 2일

우리는 왜 『1박 2일』을 보면서 즐거워하는 걸까? 기본적으로 이 프로그램은 건전하고 즐겁다. 이경규의 「양심냉장고」처럼 '착한 것'을 즐거움으로 탈바꿈시키는 위력이 있다. 선정성 논란을 잠재울 수 있는 전략이기도 하겠지만 뒤집어 생각하면 우리가 원하는 게 이런 것일지도 모른다. 쾌락과 도덕이 동시에 있는, 이 쾌락원칙이야말로 우리가 안전하게 쾌적한 즐거움을 유지할 수 있는 경계일 것이다.

그러나 이보다 더한 것이 『1박 2일』에 있는 것 같다. 이 프로그램이 우리에게 쾌감을 주는 근거는 연예인에 대한 탈신비화에 있다. 연예인이 우리에게 신비로운 존재로 비치는 건 연예인이라는 생물학적 유기체가 원래부터 이런 속성을 체현하고 있기 때문이 아니다. 이런 신비성을 만들어내는 요소는 자본주의의 상품구조가 만들어내는 물화이다. 물화라는 건 자율적이지 않고 의존적인 현상이 마치 처음부터 그랬던 것처럼 독립적인 사물처럼 보이는 것이다. 객관적인 것이 아닌데 집단적인 신념이나 착오를 통해 객관적인 것처럼 변질되는 것, 이것이 바로 물화이다. 대체로 자본주의 문화는 이런 물화의 과정이라고 볼 수 있는데, 이런 상황에서 연예인은 신비한 대상으로 출몰한다. 흥미로운 건 이 과정에서 남성 연예인들은 전일적인 몸으로 재현되는 반면, 여성 연예인들은 부분 대상으로 취급 받는다는 사실이다. 예를 들어서 우리는 장동건의 몸, 조인성의 다리, 배용준의 허리, 이런 식으로 남성 연예인들을 욕망하지 않는다.

하지만 여성 연예인들을 욕망할 때 우리는 전지현의 다리, 이효리의 배, 김태희의 얼굴, 이런 식으로 대상을 설정한다. 이들의 몸은 철저하게 자본주의의 응시를 체현하고 있다. 카메라 앞에 선 이들의 몸은 응시에 맞춰 왜곡되어 있다. 전지현은 항상 다리를 꼬아서 길이를 강조하고 이효리는 언제나 허리를 젖혀서 배에 하이라이트를 준다. 김태희는 어떤가? 쉴 새 없이 V자형 얼굴을 드러내는 표정을 짓는다.

또한 부분의 대상들은 숱한 모방을 만들어낸다. 전지현의 다리, 이효리의 배, 김태희의 얼굴을 따라잡기 위한 경쟁이 벌어지는 것이다. 그러나 결과는 뻔하다. 물화가 만들어낸 숭고대상을 대체할 수 있는 아류는 없다. 이것이 독점의 원리이고, 한국은 이걸 아이러니하게 '시장원리'라고 부른다. 이런 상황이라면 오직 하나, 이 대상들의 상품가치가 떨어질 때 교체가 일어날 수 있다.

이런 맥락에서 『1박 2일』은 이런 물화의 해체를 곧 오락거리로 만드는 특이한 프로그램이다. 이 프로그램을 작동시키는 원동력은 연예

2007년 8월 5일 '리얼 야생 로드 버라이어티'라는 컨셉으로 KBS2에서 정식 방송되기 시작한 『1박 2일』은 2009년 1월 11일 야구선수 박찬호의 출연에 힘입어 48%라는 역대 최고의 자체 분당 시청률을 기록했다. 이미 2008년 7월 20일 방송분(전북 장수 편)을 전후로 예능프로그램으로서는 달성하기 힘들다는 평균 시청률 30%대를 유지했던 『1박 2일』은 출연자들의 흡연 장면 노출, 폭력성 논란, 비속어 사용 등으로 구설수에 오르기도 했다.

인이라는 물화 대상을 적나라하게 '폭로'하는 형식 자체에서 발생한다. 유명 연예인들이 대중 속으로 들어가서 자신들의 '상징자본'이 어떻게 작동하는지를 확인하는 것이 중요한 내용의 논리를 이루고, 이것이 곧장 형식을 구성하는 것이 『1박 2일』이다.

아무나 붙잡고 "저는 OO인데요, 부탁 좀 들어주세요"라는 형식이 『1박 2일』을 지배하는 근본적인 발화의 구조인 것이다. 물론 여기에서 OO의 위치에 올 수 있는 건 『1박 2일』이라는 프로그램 전체일 수도 있다. 이런 구조는 지극히 한국적인 것인데, 이 점이 이 프로그램의 인기 비결을 엿볼 수 있게 해준다. 여기에서 한국적이라는 것은 '연줄'이다. 연줄이라는 것은 단순한 온정주의가 아니라 한국 사회를 구성하는 물적 토대에 가깝다. 말하자면 이런 연줄은 자본인 것이지 인연 같은 수사학으로 포장될 수 있는 모호한 낭만주의가 아니다.

이명박 정부가 머리 나빠서 '강부자'나 '고소영'으로 똘똘 뭉치는 게 아니다. 실제로 한국 사회가 굴러가는 방식이 이런 연줄의 복마전이다. 물론 어떤 사회나 연줄은 있다. 이른바 인적 인프라라고도 부를 수 있는 이런 상황을 근본적으로 척결하는 것은 가능하지도 않고 그렇게 적절한 것도 아닌 것처럼 보인다.

다만 한국 사회에서 문제가 되는 건 이런 연줄이 만들어지는 방식이다. 이 방식을 바꿀 필요가 이른바 '학벌사회'에 대한 비판을 통해 제기된 것이라고 할 수 있다. 『1박 2일』은 이런 '연줄사회'라는 한국 사회의 본질을 역설적으로 드러낸다는 측면에서 자기 반영적인 오락 프로그램이라고 하겠다. 재미있게도 한국에서는 어떤 장르보다도 이렇게 '코미디'가 세상의 진실을 더욱 잘 드러낸다. 이건 한국 코미디의 장점이지만, 또한 현실을 살아가는 우리의 입장에서 본다면 비극적인 것일지도 모른다.

回 46. 불온서적

이명박 정부가 들어선 뒤 갖가지 개그들이 있었는데, 이 인기몰이에 국방부도 동참하고 싶었던 모양이다. 뜬금없이 '불온서적'이라는 걸 지정해서 공개해버렸으니 말이다.

이런 발상을 하시는 분은 도대체 머리 구조가 어떻게 생겨먹었는지 한 번 CT촬영이라도 해보고 싶다. 정말 이 염천에 시원하게 우리를 웃겨 주시겠다는 숭고한 마음으로 이런 해프닝을 벌이신 것인지, 아니면 진짜 '불온한 것'을 제거하면 이 세상을 깨끗하게 만들 수 있다고 믿으시는 것인지 자못 궁금하다. 물론 나는 후자에 더 짙은 혐의를 두지만, 여하튼 우리의 국토를 지키시는 영용한 국방부 관계자들이 저렇게 현실을 인식하고 있다는 것은 차마 인정하기 싫은 현실이다.

특정 이념에 지나치게 물든 생각은 확실히 세계 인식을 편협하게 만든다. 폐쇄적인 사회라고 북한을 비판하는 이들이 자신의 적과 동일한 마인드를 갖고 있다는 것을 스스럼없이 드러내는 건 민망하기 이를 데 없다. 지금이 무슨 중세도 아니고, 이단을 없애버리면 더 좋은 세상이 올 것이라는 생각은 망상에 지나지 않는다. 국방부는 너무 사극을 많이 본 것 같다. 아직 세계관이 중세에 머물러 한 발짝도 나오지 못하고 있으니 말이다. 자유민주주의를 수호한다는 국방부가 전체주의적 발상을 일삼는 건 앞뒤가 맞지 않는 일인 것이다.

게다가 '불온서적'이라고 지정한 그 도서목록을 봐도 딱히 뭐가 불온한 건지 고개를 갸우뚱하지 않을 수가 없다. 특히 장하준 교수의 『나쁜 사마리아인들』이라는 책을 국방부가 불온하다고 판단한 건 참으로 해괴한 일이다. 이 책을 어떻게 불온하다고 생각할 수 있는지 하염없이 궁금할 뿐이다. 아마 '신자유주의'를 비판하는 책이라는 풍문에 이끌린 결과가 아닐까 싶다. 국방부의 판단과 달리 이 책의 내용은 박정희체제의 공과를 적절하게 지적하고, 이를 토대로 신자유주의적인 개방만이 능사가 아니라고 주장하는 것이다. 학문적인 측면에서 본다면 장하준 교수는 신자유주의 경제이론에 대한 하나의 대안을 제시한 것이고, 이런 그의 생각을 지금 세계 경제학계가 설득력 있는 학설로 받아들이고 있는 것이다. 이런 정황을 놓고 봤을 때, 이 책이 한국의 경제개발 경험을 토대로 신자유주의 비판에 새로운 이론적 토대를 제공하고 있다는 사실을 국방부는 전혀 이해 못하고 있는 셈이다. 이러니 도대체 책을 제대로 읽어나 보고 불온서적이란 것을 선정한 건지 아닌지 의심의 눈초리를 받을 수밖에 없다.

국방부가 시대의 흐름에 역행해서 불온서적 목록을 지정해 발표한 행위는 상당히 징후적인 사건이라고 할 수 있다. 이번 일로 국방부는 스스로 아무런 이념이나 신념이 없는 집단에 불과하다는 걸 은연중에 자인한 것이기 때문이다. 냉전 이데올로기가 붕괴한 뒤 국방부는 적절한 이념 무장의 근거들을 마련하기 힘들었던 것이 사실이다. 국가정보원처럼 재빠르게 '국익을 위한 순수 정보기관'이라는 새로운 정체성을 확립하기 어려웠던 것이다. 이런 정체성 전환은 한국 경제의 세계화가 가속화되고, 신자유주의화가 진행되면 될수록 나타날 수밖에 없는 필연적 현상이다.

이런 현실에 무관심할 수 없었는지, 국방부 역시 군 개혁이라는 의제로 토론을 벌였다는 '기사'를 홈페이지 메인에 올려놓고 있다. 흥미로운 건 이런 군 개혁과 관련해서 "미래를 준비하며 북한의 위협이나 비군사적·초국가적 위협 등 어떤 위협에 대해서도 대비해야 하고 이런 위협이 현실화됐을 때 승리하는 군대를 만들기 위해 노력해야 한다"는 국방부 장관의 발언이다. 이 발언을 토대로 봤을 때, 군 개혁의 방향은 어떤 위협에도 대처할 수 있는 군대를 만드는 것이다.

이번 불온서적 지정 해프닝이 보여주는 건 국방부가 표상하는 그 위기대처 능력이 뛰어난 군대라는 것이 결국은 어떤 불순함도 포함하지 않는 절대적 '순수성'purity에 근거하고 있다는 사실을 암시한다. 국방부가 바라는 정예부대는 승리 이외에 다른 생각을 할 필요가 없는 순수 전쟁기계이다. 그러나 이런 순수성은 폭력성 자체를 의미하기에 전시가 아닌 상황에서 이를 강요하는 건 불가능한 일이다. 전시라는 비상상황이 아니라면 군인은 일개의 '생활인'일뿐이고, 경제적인 측면에서 본다면 군대는 아무것도 생산하지 못하는 쓸모없고 비효율적인 소비 집단에 불과하다. 신자유주의의 입장에서도 군대는 개혁해야

2008년 국방부 불온서적 지정 사건일지

2008년   (7월 22일) 국방부, 북한찬양 11권, 반정부·반미 10권, 반자본주의 2권, 총 23권의 불온서적 군내 반입금지·회수조치 지시.

(7월 31일) 인터넷서점 알라딘, 최초의 불온서적 마케팅 '2008 국방부 선정 불온서적 23선' 이벤트 시작. 7월 3.03%에 불과했던 판매율이 8월에만 677.54%로 증가.

(8월 1일) 국방부, 논란이 일자 '불온서적' 명칭을 '장병 정신교육에 부적합한 서적'으로 변경

(8월 27일) 국가인권위, 국방부에 불온서적 지정 재검토 권고.

(10월 22일) 지영준 외 군법무관 7명, 국방부 불온서적 지정에 반대하는 헌법소원 제기.

(10월 27일) 불온서적 13권의 지은이와 출판사, 언론출판의 자유침해와 명예훼손 등으로 국방부와의 소송 개시.

2009년   (3월 18일) 국방부, 헌법소원 군법무관 2명 파면. 나머지 2명은 회유로 헌법소원 취하, 3명은 감봉 근신징계.

(4월 15일) 국방부 징계받은 군법무관 5명, 서울행정법원에 파면처분 효력정지 가처분 신청 및 징계처분 취소 청구소송 제기.

(5월 28일) 서울행정법원, 지영준 전 군법무관의 파면처분 효력정지 가처분 신청 기각. 법조계에 논란을 일으킴.

할 대상이지 보전해야 할 대상이 아니다. 지금 군의 정체성을 흔들고 있는 것은 '불온서적'이라기보다, 우리의 사고방식 자체를 바꿔버린 신자유주의 이데올로기이다.

차라리 이번에 국방부가 불온서적을 공표할 게 아니라 세계화시대에 직면한 국방과 안보의식을 가다듬는 '추천서적'을 발표했더라면, 세계화시대의 다양성에 대해 훨씬 성숙한 태도를 보이는 '건전한 보수주의'를 보여줄 수 있었을지도 모른다. 그러나 국방부는 여전히 이런 다양성을 배격해버림으로써 자신들의 정체성을 다시 구축하려고 했다. 한마디로 시대착오적이다.

이런 시대착오적인 사고구조로는 진보든 보수든 일상세계를 견뎌낼 수가 없다. 이렇게 국방부가 지켜야 할 건 반드시 국토만은 아닌 것이다. 최소한 세계화시대에 개혁을 운운하는 국방부라면 엄연한 현실로 존재하는 다양성을 현명하게 아우를 수 있는 지혜로운 자세를 유지할 줄도 알아야 하는 것이 아닐까?

◎ 47. 『놈놈놈』과 한국형 실용주의

김지운 감독의 『좋은 놈, 나쁜 놈, 이상한 놈』(이하 『놈놈놈』)은 무엇일까? '만주웨스턴'이라는 자기 정의는 이 영화의 정체성과 관련해서 상징적이다. 만주는 형식상 일본 제국주의의 점령지였지만, 내용의 측면에서 본다면 제국주의에 포섭당할 수 없는 유토피아의 충동들이 응결된 공간이기도 했다. 즉, 만주라는 공간보다 더 적절하게 근대 민족국가 단위를 넘어선 '나라 사이' inter-national를 재현할 수 있는 상징적 기표는 없는 것이다.

낯선 현실은 언제나 익숙한 과거로부터 호명된다. 『놈놈놈』이 제작 단계에서 이런 만주의 공간성에 얼마나 천착했는지는 알 수 없지만, 민족국가 사이에서 만들어지는 혼종성을 흥미롭게 드러내는 것은 사실이다. 이와 같은 사정은 확실히 이 영화를 과거 식민지 시절에 대한 회고물로 볼 수 없게 만든다.

2008년 5월 24일 칸영화제에서 첫 선을 보인 『놈놈놈』은 7월 17일 국내 825개 스크린에서 개봉해 총 관객수 6,685,988명(총 매출 4백30억여 원)을 기록하며 2008년 국내 최고의 흥행작이 됐다. 당시 이 흥행성적은 『아이언맨』, 『인디아나 존스 4』, 『다크 나이트』 같은 할리우드 블록버스터를 제친 성적이라서 큰 주목을 받기도 했다.

하기야 처음부터 흥행을 위한 블록버스터로 기획된 영화에서 심각한 역사적 주제를 요구한다는 건 앞뒤가 맞지 않는다. 물론 이런 수정주의적 견해가 한국 시장 특유의 '실용주의'를 옹호하는 이념으로 작동하는 건 문제이지만, 여하튼 『놈놈놈』은 흥행물이라는 그 본래성에서 한국 사회의 진리를 드러내는 측면이 있다.

『놈놈놈』을 만주웨스턴의 부활이라고 말하기도 하지만, 실제로 만주는 이 영화에서 상상의 공간에 지나지 않는다. 이 상상의 공간이 만주이든 아니든 중요하지 않다. 사정이 이런데도 이 영화가 굳이 만주를 선택한 까닭은 '역사성'에 대한 알리바이 때문이다. 이 영화는 할리우드 마카로니웨스턴의 장르 법칙을 따르는 것처럼 보이지만, 이건 어디까지나 겉모습만 그렇게 보이는 것뿐이다. 실제로 이 영화를 지배하는 이미지들은 '유사역사성'pseudo-historicity에 근거하고 있다.

이런 현상은 요즘 한국의 텔레비전 역사극에서 두드러지게 드러나는 것이기도 하다. 『해신』이나 『태왕사신기』에서 우리가 발견하는 것이 이런 유사역사성이다. 유사역사성은 자료의 부족과 기록의 부재를 상상력으로 보상하는 행위이지만, 동시에 현재의 기준으로 전통을 발명하고 역사 자체를 재구성하는 왜곡의 과정이기도 하다. 말하자면 유사역사성은 역사를 객관적인 실체로서 주관을 교정하는 진실의 척도로 보는 것이 아니라, 주관적인 욕망을 투영시켜서 '보고 싶은 것만 보게 만드는 스펙터클'로 만드는 것이기도 하다.

이런 맥락에서 『놈놈놈』은 과거의 역사에 대한 영화가 아니라 현재의 욕망에 대한 영화다. 이제 질문은 다시 처음으로 돌아간다. 『놈놈놈』은 무엇인가라는 질문은 결국 도대체 『놈놈놈』이 보여주는 현재의 욕망은 무엇인가라는 질문으로 다시 돌아온다. 이 질문의 답은 『놈놈놈』이 오마주하고 있는 『석양의 무법자』(원제가 "The Good, The Bad, The Ugly"이다)를 겹쳐놓는 순간 실마리를 드러낸다.

『석양의 무법자』도 남북전쟁이라는 역사적 사건을 배경으로 처리할 뿐, 그 역사 자체를 드러내지 않는다. 이 영화에서 역사주의는 소멸한다. 다만 이 영화가 보여주는 건 "개인의 이익을 추구함으로써 공익에 기여하는" 애덤 스미스적인 유토피아이다. 이런 명제는 한국에서 종종 '공익도 사익이다'는 해괴한 발상의 전환을 낳게 만드는데, 『놈놈놈』의 세계는 이처럼 뒤집어진 스미스의 명제를 표현한다. 『석양의 무법자』에서 '좋은 놈'은 역사의 정의를 실현하는 자가 아니다. 이 영화에서 좋다는 건 개인의 이해관계에 충실함으로써 공익을 추구하는 양심이다. 이 양심은 공익 같은 건 아랑곳없이 사익만을 추구하는 '나쁜 놈'에게 없는 무엇이다. '추한 놈'은 이런 양심의 명령에 불분명하게 반응하지만, 결국 '좋은 놈'의 편에 서서 공익에 기여하는 어리석지만 현명한 민중이다.

이런 사실에 비춰봤을 때, 『놈놈놈』은 분명히 『석양의 무법자』와 다른 맥락에 놓여 있다. 『놈놈놈』에서 '승리자'는 '착한 놈'이 아니라 '이상한 놈'이다. 『놈놈놈』에서 중요한 가치의 지표를 만드는 이는 착한 놈이 아니라 이상한 놈이고, 이 존재가 표상하는 게 '먹고사니즘'이라는 한국형 실용주의다. 여기에서 '나쁜 놈'은 사익을 추구하는 존재가 아니라 트라우마에 짓눌린 '불쌍한 놈'에 지나지 않는다.

이처럼 한국 사회에서 가난하고 병든 자는 나쁜 놈이다. 왜냐하면 그 가난하고 병든 상황을 극복할 능력이 없기 때문이다. 처음부터 잘난 착한 놈이야 그렇다고 쳐도, 못난 놈이라도 최소한 이상한 놈은 될 수 있어야 한다. 한국 사회를 지배하는 잔인한 경쟁의 논리가 『놈놈놈』에 고스란히 들어 있는 것이다. 이런 맥락에서 『놈놈놈』은 다른 무엇도 아닌 지극히 한국적인 '한국 영화'다.

08.20.

▣ 48. 회손녀

'회손녀' 사건은 교묘하다. 얼핏 보면 일련의 '~녀' 사건과 같은 선상에 있는 것 같기도 하고, 군가산점 문제로 일어났던 다양한 여성혐오성 논쟁을 연상시키기도 한다. 그러나 가만히 들여다보면, 이 사건은 훨씬 더 복잡한 내력을 숨기고 있다. 올림픽 유도 경기에서 금메달을 따지 못한 선수에 대한 회손녀의 욕설. 문제의 발단은 이 욕설에 있었다. 이 욕설의 근거는 유도 국가대표 선발전에서 작용했다고 의심을 받는 파벌. 결국 그렇게 정당하지 않은 짓을 하더니 이 꼴이 났다는 분노가 여기에 숨어 있다.

이런 분노는 본질적으로 정당한 것이다. 어떻게 보면 제대로 작동하지 않는 한국 사회의 민주주의에 대한 문제제기일 수 있기 때문이다. 그러나 이 문제를 좀더 깊게 파고 들어가 보면 결국 우리가 원하는 민주주의가 '어떤 민주주의인가'라는 유령 같은 문제에 항상 맞닥뜨리게 된다. 그렇다. 정말 어떤 민주주의를 위해 평범한 한국의 20대 대학생 회손녀는 은메달을 획득한 올림픽 유도 선수권 2인자에게 욕설을 퍼부었을까? 가장 중요한 이유는 금메달을 따지 못했다는 사실이다. 말하자면 '2등'을 했다는 것.

세계에서 두 번째로 유도를 잘하는 사람이라는 긍정성은 여기에서 깨끗하게 사라진다. 오직 남는 건 1등을 못하고 2등밖에 하지 못했다는 패배의식이다. 여기에서 회손녀가 욕설을 퍼부은 까닭을 짐작할 수가 있다. 그러나 정작 이 이유는 부차적인 것이었다. 핵심적인 건 바로 국가대표 선발전에 파벌주의가 영향을 미쳤다는 의혹이다. 이른바 음모이론. 음모이론이 현실에서 힘을 발휘하려면 증거가 있어야 한다. 바로 2001년 일본으로 귀화한 이종격투기 선수 추성훈이 그 증거다. 재일동포이면서 한국 국가대표선수가 되기 위해 고군분투했지만 끝내 그는 한국 유도계의 파벌주의를 넘지 못하고 일본으로 돌아갔다. 이 사건은 비장한 민족주의를 자극할 만했다.

한국 유도계가 파벌에 따라 움직인다는 사실은 추성훈의 사례를 통해 대중들에게 알려졌고, 이번 회손녀 사건은 이런 과거의 불신과 밀접하게 관련 있다고 할 수 있다. 흥미로운 건 회손녀가 옹호했던 그 이원희가 추성훈의 사례에서는 악역을 맡았다는 사실이다. 이원희는 파벌 때문에 국가대표가 되지 못했다는 말에 이의를 제기하며 큰 선수가 되려면 그런 난관은 극복해야 한다고 반박해서 공분을 샀다. 그러나 이원희의 말은 결국 추성훈이 제기한 '파벌의 실체'를 인정한 셈이었고, 따라서 이원희에 대한 분노는 간헐적으로 터져 나온 고질적인 스포츠계의 파벌 문제와 연결되어서 잠복하고 있었던 것이다.

2008년 8월 11일, 베이징올림픽 유도 결승전(73kg급)에서 왕기춘 선수가 13초만에 패배했다. 아테네올림픽 금메달리스트이자 그랜드슬램(올림픽, 아시안게임, 아시아선수권, 세계선수권)을 달성한 이원희 선수를 물리치고 국가대표가 됐기에 왕기춘 선수는 많은 기대를 모았었다. 그날 저녁 한 여대생이 자신의 미니홈피에 "이원희가 널 얼마나 원망하겠니"라는 글을 올리며 왕기춘 선수를 비난했는데, 커뮤니티사이트 디시인사이드에 이 사실이 알려지면서 이른바 '회손녀 사건'(당사자인 여대생이 명예훼손을 '명예회손'이라고 오기하자 디시인사이드 내의 '막장 갤러리' 이용자들[막갤러]이 '회손녀'라는 별명을 붙였다)이 불거졌다.

음모이론은 그 진위 여부를 떠나서 진실에 대한 총체화의 요구를 상징적으로 표현한 것이라고 할 수 있다. "만일 ~이 아니었다면 ~이었을 것이다"라는 논리가 이런 요구의 발화를 구성한다. 그러나 음모이론은 총체화의 성공이 아니라 그 실패를 드러내는 것이기도 하다. 총체화가 제대로 이뤄질 수 있다면, 음모이론 같은 상징 행위는 필요 없다. 총체화를 가능케 하는 건 집단적인 계급의식이다. 따라서 총체화가 불가능하다는 건 계급의식의 형성이 불가능하다는 걸 암시한다. 후기자본주의 사회에서 진정한 총체화는 자본 자체이다. 아이러니하게도 가장 뛰어난 자본주의 경영자들은 젊은 시절 모두 맑스주의자들이었다. 총체화의 자리를 잃어버린 주체가 의지할 건 주관적 믿음을 공고하게 만들어줄 신화이다. 이 신화가 바로 음모이론이다. 신화의 상징성은 아무런 매개 없이 하나에서 또 다른 하나로 손쉽게 이동한다. 회손녀의 분노는 궁극적으로 계급 불평등이라는 한국 사회의 모순을 해결하는 방향으로 나아가야 하는 것이다. 그러나 회손녀의 대안은 역시 시장경쟁주의였다. 금메달을 따지 못했기 때문에 더 잘하는 이원희를 누르고 올라간 왕기춘은 잘못한 것이다. 일등이 아니라서 은메달을 딴 것이 축하할 일이 아니라 비난받아야 할 일이 되어버렸다.

이 논리는 일등만 살아남는, 결국 아무도 행복할 수가 없는 한국 사회의 경쟁구조를 정확하게 폭로하고 있다. 그리고 이 폭로는 그 경쟁구조에서 결코 유리한 위치를 점했다고 판단할 수 없는 회손녀를 통해 이뤄졌다. 이건 총체화라기보다 욕망의 논리를 있는 그대로 드러내는 진리의 현시이다. 회손녀는 자기 욕망에 충실했고 그래서 끝까지 싸웠다. 회손녀의 주장이 옳고 그른 문제를 떠나서 바로 거기에, 그 과정에 진리라는 비밀병기가 탑재되어 있는 것이다. 주연이 회손녀였다면, 조연은 디시인사이드의 '막갤러' 마초들이었다. 회손녀 못지않게 이들도 끝까지 갔다. 이렇게 포기하지 않는 욕망은 소중하다.

◉ 49. 베이징올림픽 개막식

화려하게 폭죽을 쏘아 올리면서 베이징올림픽 개막식이 시작되던 그 시간에 러시아군의 탱크는 그루지야를 향해 포격을 가했다. 영국의 BBC뉴스는 화면을 둘로 나눠서 베이징올림픽 개막식과 러시아 탱크의 전투장면을 동시에 보여줬다. 두 개의 스펙터클. 이것은 분명히 우연성의 산물이었지만, 또한 발터 벤야민이 말한 '변증법적 이미지'를 연상시키기에 충분한 극적인 상황이었다. 모순이 합일 없이 그대로 드러나는 사태가 역사의 표면을 뚫고 튀어나온 것이다.

어떻게 생각하면 이것은 아무런 의미 없는 두 가지 스펙터클의 공존처럼 보인다. 그러나 그 의미를 파고 들어가면 예사롭지 않는 연결고리가 두 사건 사이에 숨어 있다는 사실을 알 수 있다. 그것은 바로 세계체제의 변동과 무관하지 않다. 흥미롭게도 중국과 러시아는 공히 과거 냉전시대에 미국과 대척점에 놓인 또 다른 세력, 즉 양극체제를 지탱하는 절대적 표상이었다. 그러나 역사적 공산주의의 붕괴 이후 이들은 다극체제의 한 축을 담당하는 역할로 만족해야 했고, 양국 모두 과거의 명성을 되찾아오기 위한 다양한 노력을 아끼지 않고 있었다. 특히 중국의 경우는 '대국굴기'大國崛起라는 말로 요약할 수 있듯, 자본주의 선진국을 따라잡고 명실상부하게 세계적 대국으로 거듭나기 위한 '문화혁명'으로 올림픽을 유치했다고 해도 과언이 아니다.

러시아는 이번에 그루지야를 공격함으로써 지난 이라크전쟁에 이어, 역사적 공산주의의 붕괴 이후 출현한 미국 중심의 일극체제가 제대로 작동하고 있지 않다는 사실을 다시 한 번 확인시켰다. 러시아는 전쟁 후 그루지야에 계속 군대를 주둔시키면서 미국의 심기를 건드렸고, 터키 대통령은 러시아야말로 미국과 대적할 만한 또 다른 축이라고 주장해서 논란을 불러일으켰다. 이렇게 상황이 발전하자 미국은 러시아의 행동을 냉전체제의 복원시도라고 비판했고, 이에 화답이라도 하듯 러시아는 나토와 군사협력을 중단한다고 통지했다.

러시아가 군사행동을 통해 미국 중심의 지배질서를 흔들어놓았다면, 중국은 올림픽이라는 문화행사를 통해 러시아와 비슷한 목적을 달성하려는 것처럼 보인다. 베이징올림픽의 개막식은 이런 중국의 의도를 암시하는 것이라고 할 수 있다. 중국 5세대 영화감독으로 불렸던 장이머우가 지휘한 이번 개막식에서 중국은 '중국적인 것'이 무엇인지에 대한 메시지를 제공하고자 했다. 이 메시지를 구성하는 논리는 중화민족주의였고, 아이러니하게도 이런 민족주의는 중국 내의 시선에 따른 것이라기보다 다른 국가가 중국을 재현하는 그 오리엔탈리즘

2008년 8월 8일 베이징의 국가체육경기장에서 제29회 하계올림픽 개막식이 개최됐다. 2008년을 뜻하는 2천8명의 고수(鼓手)가 드럼을 치는 것으로 시작해 톈안먼광장에서부터 행사장까지 불꽃놀이가 이어지는 등 그야말로 성대한 개막식이었다. 그러나 전세계의 언론들은 중국 문화의 역사와 전통을 뽐내기에만 급급한 지나친 자국 홍보가 올림픽의 상징성(지구촌의 상생, 평화, 화합 등)을 가려버렸다고 비판했다.

의 이미지를 염두에 둔 것이었다. 여기에서 재미있는 건, 중국 고유의 이미지를 미학적으로 표현해서 각광을 받은 장이머우 감독이 이 개막식을 연출했다는 사실이다. 『연인』이나 『영웅』에서 장이머우 감독은 이전과 다른 방식으로 중국을 바라보는 시선을 선보인다. 이 시선이 대상화하는 것은 중국 자체이다. 이런 현상을 레이 초우는 '원시적 열정'이라고 불렀는데, 말하자면 근대화 또는 현대화를 거치는 과정에서 주체가 익숙했던 자연을 타자화해서 미학적으로 드러내는 것이다. 이 타자화를 소외라고 부를 수 있다면, 이것은 마치 자본의 시초축적처럼, 민족이라는 근대적 상상공동체를 떠받치는 이미지를 생산하는 근본 기제라고 할 수 있겠다.

이런 과정은 비단 중국에만 해당되는 것이 아니다. 한국의 경우도 임권택 감독의 영화가 여기에 해당한다고 할 수 있다. 특히 『취화선』은 한국인에게 어떻게 '한국적인 것'이 낯선 것일 수 있는지를 잘 보여주는 대표적인 영화이다. 『취화선』의 영상에 담긴 한국의 자연은 어떤 자연 다큐멘터리보다도 더 아름답게 보인다. 마찬가지로 장이머우 감독의 최근작들에서도 중국의 자연은 중국 내부의 시선을 통해 이미지화된 것이라기보다 타자의 시선을 의식한 이미지로 재탄생한 것이라고 할 수 있다. 이 재탄생이 의미하는 것은 자연을 더 이상 자연의 자리에 머물 수 없도록 만드는 미학화이다.

근대적 또는 현대적 주체의 탄생은 이렇게 미학의 문제와 밀접하게 관련이 있는데, 여기에서 미학이라고 불리는 것은 감각의 전환을 의미한다. 이런 전환은 습관의 인식이 변하는 것이면서 동시에 평범한 것을 비범한 것으로 만들어내는 구별짓기이기도 하다. 주체의 구성이 미학적인 차원에서 이뤄진다는 사실은 이번 베이징올림픽 개막식을 단순히 보고 즐기는 엔터테인먼트로만 받아들일 수 없도록 만든다. 베이징올림픽 개막식이 제공하는 즐거움은 '중국 전체'라는 이미지의 재현과 교묘하게 결합해 있다. 이 결합을 통해 중국은 '새로운 중국' 또는 '강대국 중국'의 이미지를 각인시키고자 한다. 가령 세계 4대 발명품이라고 할 수 있는 화약, 종이, 인쇄술, 나침반을 상징화한 각각의 테마는 지금 세계가 누리고 있는 문명의 원천이 중국이라는 사실을 드러낸다. 대항해시대 서구에게 부유한 대국의 대명사이기도 했던 중국은 장이머우 감독의 연출을 통해 화려하게 다시 태어났다. 돌연 상상은 바야흐로 중세가 기울고 자본주의의 기운이 태동하던 그 시기로 되돌아갔다. 서구 전체의 부를 합쳐놓은 것보다도 더 많은 부를 소유하고 있던 그 중국이 다시 그곳에 돌아왔다. 이것을 중국은 '중화'의 실체라고 무의식적으로 말하고 있는 것인지도 모른다.

스펙터클은 결국 고도의 물화에 지나지 않는다. 원시적 열정은 궁극적으로 자본주의의 상품구조가 전제되어야 발생할 수 있는 것이다. 거꾸로 말하면, 상품화의 과정은 원시적 열정을 토대로 이뤄지는 것이다. 일전에 영국의 웨일스를 여행하다가 흥미로운 사실을 발견했다. 웨일스 독립운동으로 유명한 어느 작은 도시가 웨일스 독립투사들의 사진을 팔고 있었다. 독립투쟁이라는 현실정치의 문제는 이색적인 '관광 상품'으로 재탄생함으로써 기존의 맥락에서 떨어져 나와 중립성을 획득한다. 이런 까닭에 정치적으로 보수적인 관점을 가진 이라도 라틴아메리카의 혁명가 체 게바라의 얼굴이 새겨진 속옷을 제작하거나 사서 입을 수 있는 것이다.

특정 대상을 그 고유한 맥락에서 떨어져 나오게 만드는 것이 바로 상품화이다. 이처럼 상품은 탈영토화의 과정을 거쳐 등가교환의 논리로 재영토화된 '익숙하지만 낯선 것'을 의미한다. 이런 맥락에서 상품화는 여러모로 미학화의 메커니즘을 닮아 있다. 그 누구도 자신이 입는 옷이나 밥 먹는 숟가락을 예술작품이라고 생각하지 않는다. 그러나 이런 평범한 옷이나 숟가락을 예술작품으로 만들었을 때, 이 익숙한 물건들은 낯선 것으로 바뀐다. 물론 이렇게 상품화와 미학화가 서로 닮은 것이 예술의 잘못은 아니다. 예술의 전위성을 끊임없이 체재 내부로 포섭하는 자본주의 고유의 특성이 산업의 미학화와 미학의 산업화를 동시적으로 초래하기 때문이다.

베이징올림픽 개막식이 보여주는 것은 바로 이런 복잡한 미학화와 상품화의 변증법이라고 할 수 있다. 문제가 되고 있는 티베트 독립이나 민주주의 같은 정치적 이슈는 여기에서 깨끗이 소거당해야 한다. 타자의 시선에 부합하는, 또는 거기에 적극적으로 조응하는 이미지를 만들어내기 위해 제거되어야 하는 것은 바로 중국이라는 현실국가의 실상이다. 날로 심화되고 있는 계급 불평등과 민족주의 문제, 그리고 티베트에 대한 탄압 같은 오늘의 중국을 지배하는 이슈는 '축제'라는 명목으로 잊혀야 할 불쾌한 것들이다. 올림픽 개막식에서 환호하는 관객들이 보고자 하는 것은 불쾌한 것이 아니라 쾌적한 것이다. 이 쾌적한 즐거움을 통해 중국이 전 세계 인구에게 보내는 메시지는 간단하다. 바로 앞으로 새롭게 구성될 세계질서에서 중국은 주도적인 역할을 할 수밖에 없는 대국이라는 사실이다. 베이징올림픽 개막식을 지켜본 관객이라면 거대한 규모와 화려한 색채로 뒤범벅된 각각의 테마가 '개인'보다는 '집단'을, '민주주의'보다는 '지도력'에 훨씬 더 비중을 두었다는 점을 어렵지 않게 깨달을 수 있을 것이다. 러시아와 마찬가지로 중국은 미국과 다른 가치를 추구하는 자신들의 세계관을 고스란히 개막식에서 드러냈다고 할 수 있다. 그리고 그 가치에 동의해줄 것을 전 세계의 인구에게 요청하고 있는 것이다. 이것을 이들은 새로운 문화혁명이라고 생각하는지도 모를 일이다.

◎ 50. 맘마미아

『맘마미아』라는 뮤지컬이 올해 영화로 만들어져서 공전의 히트를 기록하고 있다. 영화를 본 소감은 무대 뮤지컬에 비해 다소 느슨하지만 장르의 한계를 뛰어 넘어 선방했다는 느낌이다. 특히 뮤지컬에서 보여줄 수 없었던 아름다운 지중해의 풍경은 인기 있는 무대 뮤지컬을 굳이 영화로 다시 만든 이유를 짐작할 수 있게 해줬다.

원래 이 작품은 스웨덴 출신의 댄스 그룹 '아바'의 노래에 기초해 만들어진 뮤지컬이라서 화제를 낳았다. 존재하지 않던 것을 창작했다기보다 기존의 인기곡들을 조합해 새로운 작품을 만들었다는 의미에서 전형적인 '주크박스 뮤지컬'이라고 할 수 있다. 노래는 아바의 히트곡을 사용했지만, 플롯은 1968년에 나온 『부오나 세라 미시스 캠벨』이라는 영화에서 차용했는데, 어떻게 생각하면 전적으로 '문화산업의

1999년 4월 6일 런던에서 초연된 『맘마미아』는 아바의 히트곡 23곡으로 엮여진 주크박스 뮤지컬로서, 영국의 극작가 존슨(Catherine Johnson, 1957~)이 대본을 담당했다. 초연 당시부터 "이제 프로작(항우울제)은 끝났다. 『맘마미아』를 보라!"라는 격찬을 받았던 이 작품은 현재(2008년 기준)까지 총 11개 국어로 번안되어 41개 나라에서 상영됐다. 뮤지컬의 성공으로 2008년 6월 30일 첫 선을 보인 영화 『맘마미아』 역시 약 6억 달러를 벌어들임으로써(2009년 4월 기준) 역대 영화 흥행순위 43위에 올랐다.

논리'에 맞춰 만들어진 작품이라고도 할 수 있을 것이다. 대중문화에 선입견을 갖고 있는 이들에게 이런 작품은 별반 의미가 없을 수도 있다. 그러나 그런 색안경을 걷어내고 이 뮤지컬을 본다면, 상업주의를 넘어가는 대중문화의 위력을 느낄 수 있다. 물론 여기에서 지칭하는 '대중문화'는 근대의 출현과 함께 역사를 주도했던 민중적인 것the popular을 의미한다.

　『맘마미아』는 모더니즘의 자기모순을 넘어선 대중문화의 즐거움을 선사한다. 모더니즘은 미학이라는 이데올로기를 통해 자본주의에 저항했는데, 이런 논리는 상품이면서 상품이기를 거부하는 역설을 낳았다. 말하자면, 모더니즘 작품은 비상품성 또는 반상품성이라는 자기 정체성을 상품화해서 자본주의 시장에 유통시켰던 것이다. 모더니즘은 자본주의 시장에서 문화적 헤게모니를 장악하기 위해 고급 미학의 이념을 추구했던 것인데, 『맘마미아』같은 뮤지컬은 이런 경우와 반대에 있는 작품이라고 할 수 있다.

『맘마미아』가 추구하는 것은 대중의 파토스에 대한 공감이다. 이 공감은 어디에서 오는 걸까? 바로 아바의 노래와 함께 청춘을 보낸 '디스코 세대'의 향수이다. 한국에서 다소 낯설지만 위트 스틸먼 감독이 만든 3부작 중 하나인 『디스코의 마지막 나날들』은 『맘마미아』의 들뜬 낭만주의를 차분히 가라앉힌 판본이라고 할 수 있겠다. 『맘마미아』는 1970년대에 젊은 시절을 보내고 중년을 맞이한 세대의 향수를 달래고 새롭게 시작하는 '인생'을 설파하고 있다는 점에서 한국으로 치자면 공지영 류의 '386세대 후일담 문학' 같다. 말할 것도 없이 이런 측면이 작품의 인기로 이어졌던 것이다. 대중문화에서 소재를 가져왔지만 『맘마미아』는 그리스 고전극의 요소와 할리우드 로맨틱 코미디의 장점을 흥미롭게 차용했을 뿐만 아니라, '여성성'과 '소비주의'라는 당대의 문제에 대한 성찰을 제공하는 작품이기도 하다. 다시 말해서 우리는 이 작품에서 즐거움만을 얻는 것은 아니다.

『맘마미아』의 성공은 우리에게도 많은 것을 말해준다. 즉, 이른바 문화를 고부가가치 산업의 총아로만 생각하는 이들에게 그런 게 그냥 이뤄지는 것이 아니라는 사실을 일러준다. 이런 우스개가 있다. 한국 영화에서 진중한 이야기를 발견하기 어려운 까닭은 영화 관계자들이 영화만 봐서 그렇다고. 한때 한국에서 "게임만 잘해도 대학 간다"는 황당한 이야기가 횡행했는데, 게임만 잘해서 대학을 갈 수 있는 사회가 과연 제대로 된 곳인지 진지하게 생각해볼 필요가 있다. 『디 워』 같은 영화를 만들어놓고 세계시장 공략이라는 민망한 구호나 남발한다면, 한국 대중문화의 앞날은 결코 밝을 수가 없다.

대중문화의 생명은 공감의 보편성이다. 청소년층부터 노년층까지 세대간 차이를 뛰어넘어 공감할 수 있는 어떤 공통의 경험치를 부여해주는 것이 바로 대중문화이다. 이런 맥락에서 한국은 세대문화를 넘어선 대중문화가 존재하지 않는 사회이기도 하다. 한국형 주크박스 영화였다고 할 수 있는 『와이키키 브라더스』의 실패는 이런 사실을 증명해주는 것이 아닐까? 우리에게 필요한 건 『명성황후』 같은 거창한 얘기가 아니라, 별 것 아닌 것처럼 보이지만 보편적 진실을 담고 있는 작은 일상들을 이야기로 만들어내는 것일지도 모른다. 그 일상에서 보편적 체계의 진리를 찾아내는 훈련이 지금 시급한 것이다. 영화 『맘마미아』를 보고 나오면서 문득 내 머리를 스친 생각이었다.

◎ 51. 제임스 본드와 이순신

우리가 '007 영화'라고 말하는 제임스 본드 영화는 애초 냉전시대에 조응하는 영화였다. 자본주의체제를 위협하는 외부의 적, 즉 소련 공산주의에 대항해서 싸우는 영국 스파이의 활약상을 다뤘다. 흥미롭게도 본드는 자본주의체제의 우월성을 드러내는데, 대체로 그 방식은 쾌락의 자유를 과시하는 것이었다. 무슨 뜻인가 하면, 본드라는 이름에서 알 수가 있듯이, 기본적으로 이 비밀요원은 여성에 대한 압도적인 친화성을 드러낸다.

무엇보다도 제임스 본드 영화는 여성에 대한 남성의 판타지를 드러내는 것인데, 여성은 '아버지'의 명령을 잘 이행했을 때 받을 수 있는 보상 같은 것이다. 그러나 이 보상은 선불처럼 먼저 받는 것이기도 하다. 말하자면 임무를 수행해야 할 본드는 '사고'를 치는 것이고, 그가 임무를 잘 수행하는 한에서 이와 같은 일탈은 묵인 받는다. 제임스 본드 영화를 탁월하게 분석한 영국의 문화비평가 토니 베넷은 이런 제임스 본드 영화의 논리가 일정하게 당시의 사회상황을 반영하고 있다는 것을 밝히고 있는데, 이런 관점에서 본다면 제임스 본드 영화를 범상한 오락거리로만 취급하는 건 부당하게 느껴진다.

거칠게 말하자면, 초기에 제임스 본드는 국가의 특혜를 받는 존재였다. 국가의 개입이 명시적으로 드러나는 것이다. 본드는 거기에서 아버지의 명령을 충실히 따르는 아들 역할을 하면 그만이다. 주어진 임무를 완수한 뒤 본드에게 돌아오는 건 국가-아버지의 감시를 잠깐 벗어나는 일탈의 쾌락이다. 제멋대로 하는 것 같지만 본드는 항상 아버지에게 돌아온다.

그러나 이런 상황은 사회조건의 변화와 함께 바뀐다. 대처리즘의 등장 이후 제임스 본드 영화에서 '나쁜 놈'은 구체적인 악한이 아니라 복지국가이다. 국가는 본드의 활동을 제약하고, 그의 능력을 남용한다. 이와 같은 갈등의 재현은 궁극적으로 대처리즘이 목표로 삼았던 핵심적인 전략, 다시 말해서 자본주의의 모순을 모두 복지제도 탓으로 돌리는 담론을 가감 없이 드러내는 것이다. 이렇듯 대중문화는 보수적인 형식이지만, 그래서 솔직하다.

어떤 이들은 이런 대중문화의 보수성을 지배계급의 대중조작이나 선전선동 때문이라고 생각하겠지만, 반드시 그런 것은 아니다. 정말 그렇다면 대중문화 따위나 분석하면서 시간을 허비할 필요가 없을 것이다. 대중문화는 대중의 욕망을 보여주는 바로미터이다. 제임스 본드 영화의 변화는 대처리즘의 선전선동에 대중의 의식이 마비되어서 그런 것이 아니라, 대중이 대처리즘을 욕망하고 있었기 때문에 일어난

1962년 『닥터 노』를 시작으로 2008년 『퀀텀 오브 솔라스』까지 총 22편이 제작된 최장의 영화 프랜차이즈 '제임스 본드 시리즈' 는 영미 자본주의의 변천을 보여주는 흥미로운 대중문화 텍스트이다. 1980년대 내내 저조한 흥행성적을 기록했던 이 프랜차이즈는 1990년대 최초의 본드 영화 『골든아이』(16편)를 통해 기사회생한다. 냉전질서라는 전통적인 자양분을 버리고 신자유주의의 외상과 그에 대한 상상적 해결책(국가 혹은 동료의 음모와 배신, 경쟁과 이데올로기로 잃었던 삶, 의리와 사랑의 영원성 등)을 제시하는 "본드 시리즈의 현대화" 를 통해서 말이다.

것이다. 요컨대 대중문화의 형식은 대중의 정치성을 욕망의 논리를 통해 드러내는 것이라고 할 수 있다.

제임스 본드 영화는 이런 면에서 영미 자본주의의 변천을 보여주는 흥미로운 대중문화 텍스트라고 할 수 있다. 한국의 경우도 이런 변화를 읽어낼 수 있는 형식을 쉽게 찾을 수 있다. '이순신'이 그것이다. 시대별로 만들어진 이순신 영화를 살펴보면 한국 사회의 '전환기'를 읽어낼 수가 있다. 이 전환기는 단순하게 정치공학의 차원에서 드러나는 것이 아니다. 정치공학은 대중의 욕망이 빚어낸 지형도일 뿐이다.

이미 모든 것은 그림 이전에 진행이 이뤄졌다. 노무현 정부 시절에 유행한 『불멸의 이순신』은 대처리즘의 이념을 체현한 제임스 본드 영화처럼, 당시에 추진된 신자유주의 개혁의 논리를 담고 있다. 이 드라마에서 적은 조선을 침공한 일본이라기보다 이순신을 괴롭히는 '국가'이다. 박정희 시대에 만들어진 이순신 영화에서도 이순신의 적은 '비겁한 원균'이었지, 일본이 아니었다.

대중문화는 그 사회의 상식에서 자양분을 얻는다. 그래서 사회의 평균 의식을 가늠할 수 있는 척도이기도 하다. 댄스 음악이 힘을 얻는 것은 내용보다 형식 때문이다. 반복적으로 흥얼거릴 수 있는 멜로디는 우리에게 자기의 존재감을 확인시킨다. 일상의 반복은 싫지만, 반복할 수 있는 리듬은 좋다. 그 까닭은 어떤 반복도 똑같은 게 없기 때문이다. 어떻게 생각하면 이런 반복은 우리를 해체하는 외부의 법칙에 대항하기 위한 필사적인 노력인지도 모른다.

예전 같으면 서인영 같은 캐릭터는 대중의 호응을 얻을 수 없었을 것이다. 원더걸스의 「소 핫」이나 「노바디」라는 노래도 마찬가지이다. 이들을 통해 재현되는 것은 얼마 전까지만 해도 미덕에 속하지 않던 것이었다. 정치적이지 않다고 생각했던 그곳에 바로 정치적인 것이 숨어 있다. 대중의 배신을 탓하기 전에, 그 배신이 무엇을 의미하는지를 고민해볼 일이다.

◎ 52. 최진실

최진실이 죽었다. 그것도 자살. 으레 그렇듯 세간의 입들은 최진실이 왜 이런 식으로 삶을 마감할 수밖에 없었는지 이러쿵저러쿵 입방아를 찧고 있다. 물론 그 누구도 최진실이 자살을 선택한 이유에 대해 명쾌한 해명을 제시할 수가 없다. 그 원인은 언제나 오리무중이다. 원인은 복합적일 수 있다. 물론 꾸준히 누적해왔던 원인에 방아쇠를 당긴 건 안재환의 자살이었을 수 있다. 심리적 전이효과로 자살충동이 더 강해졌을 가능성이 있다. 상실감은 우울증을 더 심하게 만들기 때문이다. 죽은 자는 말이 없다는 게 여기에서도 여실하다. 결국 죽음의 길을 택한 이는 자신의 죽음을 논하는 이승의 언어들로부터 완벽하게 소외당할 수밖에 없다.

항상 결론은 '우울증'이지만, 멜라니 클라인이 밝히고 있듯이 우울증은 원인이라기보다 방어기제이다. 말하자면, 더 근본적인 원인이 있기 때문에 우울증이 나타나는 거다. 이런 맥락에서 자살의 원인을 '하나의 단서'에서 찾는 건 무의미하다. 모든 자살이 항상 오리무중인 까닭은 모든 자살이 충동적이기 때문이다. 더 이상 자살충동을 제어할 능력을 상실했을 때 자살자는 자살을 실행한다. 따라서 중요한 건 최진실이 왜 자살을 선택했는가에 대한 물음이 아니다. 오히려 최진실의 죽음이 무엇을 의미하는지를 묻는 것이 타당하다.

최진실 이전에도 연예인의 자살은 잇달았다. 연예인, 특히 여자 연예인의 자살은 바깥을 상상할 수 없는 한국 자본주의의 논리와 무관한 게 아니다. 무엇이 여자 연예인을 죽음으로 몰고 가는가? 언론의 보도대로 우울증이라는 원인만을 제시한다면 그 죽음의 의미를 이해하기 어렵다. 여자 연예인은 대중의 시선을 의식하면서 자기 정체성을 확립한다. 이 시선의 욕망이야말로 여자 연예인을 '살아 있게' 만드는 것이다. 이 시선을 다른 말로 '인기'라고 부를 수 있겠다. 따라서 엔터테인먼트 시장의 경쟁구도는 결국 이런 시선을 얼마나 자신에게 오래 잡아두는가에 달린 문제이다. 살인적인 다이어트와 성형수술이 발생시키는 트라우마도 이들은 감내해야 한다.

문제는 여자 연예인들이 이런 폐쇄적인 경쟁구도 바깥을 상상할 수 없다는 사실에 있다. 이들은 인형이고 용도를 다하면 폐기되어야 한다. 이런 고통을 감내할 수 없을 때 여자 연예인들은 자살을 선택할 수밖에 없다. 그러나 다른 연예인들의 죽음과 최진실의 그것은 겹치면서도 갈리는 지점을 드러낸다. 안재환을 비롯해서, 이전에 자살한 여자 연예인들은 한국 자본주의에서 낙오할 걸 두려워한 나머지 자기 스스로 자신을 파괴해버린 경우이지만, 최진실의 경우는 딱히 이렇다고

최진실의 자살은 이은주(2005), 유니(2007), 정다빈(2007), 장자연(2008) 등과 겹치면서도 갈라지지만, 한국에서 '여자' 연예인으로 살아간다는 것을 되돌아보게 해준다.

보기 어렵다. 최진실은 한국 자본주의에서 '승자'였고, 한국 사회의 대다수 구성원들이 우러러보는 부와 명예를 거머쥔 '스타'였다.

최진실의 죽음을 접한 이들의 반응 중 흥미로운 건 "저렇게 날씬하고 예쁜 여자가 왜 자살했을까"이거나 "저렇게 돈이 많은 사람이 왜 자살했을까"라는 궁금증이다. 결국 외모와 재력 두 가지 모두에서 누구에게도 뒤지지 않는 '톱스타'가 죽음을 선택할 수밖에 없었던 상황이 너무도 초현실적인 거다. 물론 어떻게 생각해보면, 이 특이성의 영역이야말로 최진실을 최진실답게 만들어준 에너지의 근원이었을 수 있다. 죽음 충동이 강한 사람일수록 삶을 밀고 가는 힘도 강하다.

최진실의 자살은 한국 사회에서 최고의 가치로 꼽히는 외모와 재력이 궁극적으로 개인의 불행을 치유해줄 수 없다는 사실을 웅변해준다. 이게 중요하다. 저 둘만 갖추면 삶이 더 행복해질 것이라고 믿는 이들에게, 최진실의 자살은 인정하기 싫은 실재의 귀환이다. 최진실의 죽음은 우리가 살아가고 있는 한국 사회의 참혹함을 일깨운다.

그러나 한국 사회는 이런 최진실의 자살에서 드러나는 의미에 별반 관심이 없는 것처럼 보인다. 그냥 인터넷 악플 때문에 우울증이 걸려서 최진실이 자살했다는 손쉬운 결론으로 문제를 종결하려는 것 같다. 골치 아픈 문제에 대한 '해결사'가 우울증이고 인터넷 악플이다. 보수언론과 한나라당은 이 기회에 그동안 눈엣가시 같았던 인터넷을 단단히 잡도리할 태세를 갖췄다. 일명 '최진실법'을 만들겠다는 것이다. 그러나 그 법을 만들어서 어떤 효과를 볼 수 있을지는 미지수다. 현행법으로도 정도가 심한 악플은 이미 충분히 처벌하고 있기 때문이다. 법이 없어서 악플이 많이 발생하는 게 아니라는 뜻이다.

따지고 보면, 최진실에 관한 악성 루머는 악플에서 나온 것이라기보다 이른바 증권가에서 떠돈다는 '찌라시'에서 기인했다. 경찰이 지금 수사하는 게 이 찌라시의 출처라는 걸 모르는 사람이 있는가. 그런데도 인터넷 악플을 최진실의 자살을 초래한 결정적 원인으로 몰아붙이는 건 어딘가 앞뒤가 맞지 않다. 경우가 정말 그렇다면, 문제의 루머를 퍼뜨린 증권사 여직원이 최진실에게 전화를 걸어서 선처를 호소한 것이 결정적인 자살의 원인이라고 봐야 하는 게 아닌가.

그 여직원이 어떻게 최진실의 연락처를 알게 됐는지 묻는 기자의 질문에 경찰은 정확하게 대답을 하지 않았는데, 그렇게 사생활 보호가 중요하다면 어떻게 여직원이 그런 개인 정보를 입수할 수 있었는지를 밝히는 일이 우선해야 하는 것 아니겠는가. 사실 이 사건에 공공적인 의미가 있다면 이것일 테다. 어떻게 일개 증권사 여직원이 그토록 손쉽게 최진실의 개인 정보를 손에 넣을 수 있는지, 정작 여기에 대해 문제의식을 느껴야 하는 거다. 그런데 보수언론과 한나라당은 이번 사건마저 정략적인 차원에서 어떻게든 자신들에게 유리한 쪽으로 활용해보려고 하는 것 같다. 하기야 그에 반발하는 야당이라는 이들도 이런 혐의에서 크게 자유롭지는 못하니 어쩌겠는가.

사람들은 최진실이 왜 죽었는지에 관심이 있을 뿐, 그 죽음이 드러내는 의미에 대해 깊이 생각해보지 않는 것 같다. 주목할 만한 건 최진실의 죽음을 접한 이들 중에서도 이른바 386세대의 비애가 특별한 것처럼 보인다는 사실이다. 대중문화라는 건 궁극적으로 세대를 중심으로 만들어질 수밖에 없는 것이지만, 어쨌든 뭔가 '축적'이라는 걸 찾아보기 힘든 한국 사회에서 최진실의 죽음에 대한 이런 특정 세대의 애도 분위기는 특이한 것이라고 할 수 있다.

단순히 함께 나이를 먹어가던 한 '배우'의 불행에 대한 연민으로 이런 정서를 보기는 어렵다. 이 정서의 실체를 짐작케 해주는 건 최진실의 죽음을 둘러싼 사람들의 반응이다. "그렇게 돈도 많이 벌고 예쁜 사람이 왜 스스로 목숨을 끊었을까." 최진실의 죽음을 접한 여러 반응 중에 하나일 뿐이지만, 어떻게 생각하면 너무도 세속적인 이런 발언은 거부할 수 없는 어떤 현실성을 암시한다. 이 음침한 현실성에서 이른바 386세대는 깊은 패배감을 느끼는지도 모른다.

베르톨트 브레히트의 말처럼, 결국 우리가 만들어낸 건 천국이 아니라 지옥에 불과했다는 사실을 386세대는 무의식적으로 자인하고 있는 셈이다. 도대체 우리는 무얼 위해 그렇게 달려온 건가. 최진실처럼 대중의 사랑을 받았던 존재조차도 살아가기 힘든 이곳에서 우리는 어떤 희망을 발견할 수 있을까. 생활비가 없어 카드빚에 쪼들린 주부가 아이들을 아파트 옥상에서 집어던지고 자신도 떨어져서 자살하는 끔찍한 현실을 최진실의 죽음은 다시 우리에게 환기시킨다.

어떤 이는 두 사건이 전혀 별개의 사건이라고 주장할 거다. 그러나 이 둘은 별개가 아니고 하나의 몸뚱이로 태어난 샴쌍둥이이다. 한국은 '노인을 위한 나라'가 아니다. 약자에 대한 배려가 없는 사회에서는 강자도 행복할 수 없다. 쥐들의 경쟁만이 난무하는 지옥에서 행복은 머나먼 비잔티움에나 있을 뿐이다. 가혹한 경쟁논리만이 지배하는 사회에서 오래 견딜 연약한 영혼은 없는 법이다. 처치 곤란할 법이나 만드는 대신, 최진실의 죽음이 우리에게 말해주는 게 무언지 더 늦기 전에 깊이 되새겨볼 일이다.

최진실(崔眞實, 1968~2008) **연보**

1988년   MBC 드라마 『조선왕조 오백년: 한중록』으로 연예계 데뷔.

1989년   삼성전자 CF로 큰 인기를 얻음.

1992년   (6월 1일~7월 21일) 국내 최초의 '트렌디 드라마' 인 MBC의 『질투』로 폭발적인
          인기를 얻음.

1997년   (3월 10일~4월 29일) MBC 드라마 『별은 내 가슴에』, (10월 11일~1998년 4월
          26일) MBC 드라마 『그대 그리고 나』, (11월 22일 개봉) 영화 『편지』의 경이적인
          성공으로 전성기를 누림.

2000년   (12월 5일) 야구선수 조성민과 결혼. 2002년부터 파경의 조짐을 보이다가 2004
          년 9월 1일 조성민과 협의이혼.

2005년   (8월 24일~11월 10일) 평균시청률 34.2%를 기록한 KBS 2TV의 드라마 『장밋
          빛 인생』으로 연예계 복귀에 성공.

2008년   (9월 22일) "사채업을 하며 동료 연예인의 남편에게 돈을 빌려주고 죽음에 이르
          게 했다"는 악성루머에 대한 수사 의뢰.
          (9월 30일) 악성루머 유포혐의 증권사 직원 A씨 불구속 입건.
          (10월 2일) 자택에서 압박붕대로 목을 매 숨진 채로 발견.
          (10월 4일) 경기도 양평군 양수리 갑산공원 가족묘에 안치.

2009년   (6월 16일) 악성루머 유포혐의 증권사 직원 A씨와 B씨에게 징역 10개월, 집행유
          예 2년, 120시간 사회봉사명령 선고.

回 53. 칙릿,
도시의
여성 노동자를
위한 판타지

1990년에 미국에서 처음 출현한 칙릿Chick-lit은 이제 하나의 문학 장르로 자리를 잡은 것처럼 보인다. 칙릿은 젊은 여성chick이라는 속어와 문학literature을 뜻하는 영어 단어가 결합한 신조어로서, 도시에서 생활하는 20대 후반이나 30대 초반 여성 직장인들의 삶을 소재로 삼는 문학 장르이다. 연대기적인 관점에서, 1998년에 나온 아델 랭의 『사회부적응 신분상승자의 고백』이라는 소설이 최초의 칙릿이라고 보는 견해가 지배적이다.

그 이후 칙릿은 진지한 대학의 문학평론보다, 시장의 마케팅 문구에서 자기 정체성을 확보했다. 『브리짓 존스의 일기』에서 『악마는 프라다를 입는다』에 이르기까지 칙릿은 20~30대 직장여성들의 지지를 받으면서 자기 자리를 찾았다. 물론 이와 같은 칙릿 현상은 영미 문화에서 시작한 것이지만, 한국에서도 칙릿 장르에 속하는 소설을 발견하기란 어려운 일이 아니다. 당연한 말이지만, 영미의 칙릿 현상과 한국의 그것은 유사하면서도 서로 다른 측면을 가진다. 최근 출간되어 인기를 끌고 있는 백영옥의 소설 『스타일』에서 주인공은 다음과 같이 푸념한다. "패션지 기자나 명품업체 홍보실장이나 겉으론 화려해 보여도 실상은 그렇지 않다. 『악마는 프라다를 입는다』 같은 영화는 그저 영화일 뿐이란 소리다."

얼핏 보면 이건 그냥 이상과 현실 사이에 존재할 수밖에 없는 괴리를 표현한 클리셰일지 모른다. 그러나 칙릿이 기본적으로 1990년대 이후 영미 사회를 주도했던 신자유주의적 자본주의 붐에 기반하고 있다는 걸 이해한다면, 이런 토로가 범상하게 들리지 않는다. 즉, 영미의 칙릿과 한국의 칙릿을 구분하는 차이는 생각보다 훨씬 '경제의 차원'을 숨기고 있는 것이다. 대체로 영미의 칙릿은 대도시 직장인 여성의 정체성 문제와 무관하지 않다. 이런 정체성의 문제는 신자유주의를 등에 업고 더욱 가속화한 소비주의와 깊은 관련을 맺고 있다.

한마디로, 칙릿이란 소비주의 시대를 살아가는 도시 여성을 위한 수다문학이라고 말할 수 있다. 이런 문학은 20~30대를 위한 할로퀸 로맨스 소설이 성인용으로 버전업된 것이다. 10대에 읽었던 할로퀸 로맨스 소설의 유치함을 제거한 칙릿은 성인 여성을 위한 동화로서 10대의 환상이 붕괴하는 걸 지연시키기 위한 서사전략을 구사한다. 물론 형식적으로 이런 소설은 '성장소설'의 내러티브를 취하는 것처럼 보이지만, 실상은 항상 본래성authenticity을 찾는 것이 중요하다는 메시지를 담고 있다. 이렇게 가벼운 문체와 잡담에 가까운 내용이 궁극적으로 말하고 있는 건 아이러니하게도 모더니즘적 실존주의인 셈이다.

너 자신을 찾으라는 메시지가 흥미롭게 변주된 소설은 『브리짓 존스의 일기』이다. 여기에서 주인공은 우여곡절 끝에 "있는 그대로의 모습"을 사랑하는 멋진 신랑감을 만나서 결혼에 골인한다. 이런 이야기 구조는 굳이 칙릿이라서 가능한 게 아니다. 제인 오스틴의 소설도 분류하자면 19세기적인 칙릿이라고 할 수 있을 것이니 말이다. 오스틴의 소설에서 중요한 건 바로 관습을 이기는 '취향'이다. 엘리자베스가 처음에 다아시를 거부하는 건 바로 취향에 맞지 않기 때문이다. 다아시를 당황하게 만드는 건 바로 취향이라는 낯선 판단의 범주이다. 귀족들이 꿈도 꾸지 못했던 새로운 시대가 온 것이다.

오스틴 소설의 주인공들이 이렇게 새로운 시대를 증언했다면, 칙릿의 주인공들은 어떤가? 칙릿에 등장하는 주인공은 대체로 일중독에 빠질 만큼 자기 일에 매진하는 젊은 여성들이다. 그러나 이들을 단순하게 '여피족'이라고 볼 수는 없다. 이들을 괴롭히는 건 전술한 『스타일』에서도 확인할 수 있듯이, 3D직종에 가까운 힘든 노동이다. 『악마는 프라다를 입는다』가 기본적으로 전하는 메시지는 거품만이 넘쳐나는 패션계의 본질이다. 말하자면, 칙릿이 보여주는 건 삶에 대한 관조라기보다 이에 대한 거리두기이다.

이런 맥락에서 칙릿은 정신적 성장이 지체된 후기자본주의 사회 여성 노동자의 모습을 상징적으로 드러내는 것이라고 볼 수 있다. 후기자본주의 시대로 접어들면서 사회의 노동구조는 산업의 재편과 함께 급격한 변화를 맞이한다. 제조업에서 금융업으로 자본이 이동하면서 남성 노동자의 근육이 필요한 산업이 더 이상 사회의 중심에 놓일 수 없게 됐다. 공장들이 도심에 위치했던 19세기형 도시구조도 필연적

국내 칙릿 열풍의 견인차는 미국 케이블 영화채널 HBO의 드라마 『섹스 앤 더 시티』(1998~
2004)일 것이다. 미국에서 시즌 4가 방송될 무렵인 2002년 국내 케이블 영화채널 캐치온 등
을 통해서 선보인 이 드라마는 전체 시청자의 48.5%를 차지했던 20~34살 여성들에게 브
런치, 게이친구, 지미 추, 네임플레이트 목걸이, 잇백 등에 관한 관심뿐만 아니라 유행이 아
닌 삶의 방식으로서의 '능력 있는 싱글 직장인 여성' 판타지를 심어줬다.

으로 변화했다. 공장이 떠난 자리에 들어선 것은 유리벽으로 덮인 고
층빌딩이었다. 이런 빌딩에서 지난 30년간 복잡한 수학과 물리학 공식
들로 무장한 '금융공학 전문가들'이 밤낮없이 일하면서 괴상한 논리
로 투자자들의 지갑을 열게 만들었다.

　　이 과정에서 기업들은 노동유연성에 적합하고 고용효율성이 높
은 여성 노동력을 선호하기 시작했다. 이런 현상을 '여성화'라고 부르
기도 하는데, 말이 좋아서 노동유연성이고 고용효율성이지, 결국은 쉽
게 해고할 수 있고, 적은 임금으로 많은 노동을 강요할 수 있는 여성 노
동력을 기업들이 활용했다는 걸 의미한다. 칙릿이 그려놓은 세계는 흥
청망청 놀고먹는 유토피아처럼 보이지만, 실상은 그렇지 않은 것이다.

이런 현실은 영미의 칙릿보다 한국의 칙릿이라고 할 수 있는 『달콤한 나의 도시』나 『스타일』에 더 짙게 배어 있다.

20대 후반을 지나면서 도시에 사는 한국의 여성 노동자들은 아무리 일을 해도 자립할 수 없는 자신의 처지를 돌아볼 수밖에 없다. 이런 불안을 위무해주는 것이 바로 칙릿의 목적이다. 취향과 현실의 갈등. 오스틴의 소설과 달리 해피엔딩은 그렇게 쉽게 찾아오지 않는다. 앤드리아와 이서정을, 브리짓 존스와 은수를 가르는 차이가 여기에서 발생한다. 이 차이를 만들어내는 건 한국 자본주의의 특수성이고, 이 특수한 여건 속에서 화이트칼라 여성 노동자의 위상이 징후적으로 드러난다. 칙릿조차도 한국에 들어오면 심각해질 수밖에 없는 것이다.

『스타일』 같은 한국형 칙릿에서 드러나는 모순은 이것이다. 무늬는 칙릿이지만 '강남문화'에 대한 보고서처럼 읽히는 게 엄연한 현실이다. 아직 한국 사회는 카페에서 커피를 마시면서 우아하게 칙릿을 읽을 만큼 그렇게 여유로운 곳이 아니다. 현실은 정반대다. 교통혼잡이 빚어내는 매연과 소음, 건물세를 감당하기 위해 세계에서 가장 비싼 가격으로 팔리고 있는 커피, 좁은 공간에서 많은 이윤을 뽑기 위해 닭장처럼 다닥다닥 붙여놓은 테이블과 의자들, 귀가 멍멍하게 시끄럽게 떠들어대는 손님들로 가득한 곳이 바로 한국인 것이다.

◎ 54. 스타크래프트

스타크래프트는 이제 단순한 외래 게임이 아니다. 아시아에 위치한 작은 반도국에서 e-스포츠로 탄생하는 순간 스타크래프트는 미국의 컴퓨터게임 회사가 만들어낸 컴퓨터 소프트웨어라는 자기 정체성을 훌쩍 넘어간다. 스포츠계의 '듣보잡'이라고 할 e-스포츠로서 스타크래프트 리그는 정보기술혁명이라는 '구라'를 멋지게 문화의 영역으로 흡수하면서 신경제주의의 화신처럼 강림했다.

언제나 그렇듯 신종 테크노크라트는 기술력보다 '정보력'으로, 소프트웨어 개발보다 주식 투자로 돈을 벌었다. 신흥 부르주아계급이라고 할 이들이 테헤란로에 몰려들어 현란한 기술도면과 수학공식으로 눈먼 돈을 끌어 모을 때, 밤샘을 불사하고 그들의 뒤치다꺼리를 해줬던 '신기술 노가다들'은 인터넷게임이나 하면서 다가올 미래의 불안을 잊을 수밖에 없었다. 김대중 정부는 "게임만 잘해도 대학 간다"는 '현대의 신화'를 창안했고, 이런 신화는 스타크래프트라는 게임을 일약 고등교육과 연결하는 가치전환의 계기로 만들었다. 김대중 정부의 신기술 담론은 '공부는 못해도 게임은 잘하는 가난한 10대들'의 로망에 일조했던 '어른의 논리'였던 셈이다. 이른바 시장주의를 전제한 평등의 이념이 여기에서 중요하게 작동했다.

시장을 통해 제도의 보수주의를 개혁하겠다는 '착시 현상'은 정치인들에게 즐거운 환상을 제공하는 한편, 입시경쟁에서 희망을 발견할 수 없었던 10대들에게 '프로게이머'라는 하나의 대안을 제시했다. 이런 차원에서 스타크래프트는 단순한 컴퓨터게임으로서 중요한 게 아니라, 하나의 스포츠 장르로서 '리그'를 만들어내면서까지 그 의미를 극대화했다고 할 수 있다.

일명 '스타리그'를 '스포츠'라고 부를 수 있는 까닭이 여기에 있다. 스포츠라는 건 기본적으로 세대의 정서와 함께 가야 한다. 이런 세대 정서가 만들어지기 위해 필요한 건 그 해당 스포츠에 대한 매혹과 열정이다. 그리고 이 매혹과 열정을 지속시켜줄 삶의 논리가 공존해야 한다. 이 문제는 스타리그를 좀더 복잡하게 만든다. 마치 20대 후반에서 30대 초반에 이르는 도시의 여성 노동자들이 '칙릿'을 소비하는 것처럼, 스타리그를 소비했던 주요 연령층이 있다.

물론 스타리그는 연령층별로 세대가 나뉘기도 하지만, 스폰서에 따라서 관객층이 갈리기도 한다. 예를 들어, 면도기 회사 질레트가 후원했던 스타리그 세대와 곰티비가 지원했던 스타리그 세대는 엄연히 다르다. 이런 세대론에 따르면, 일명 '질레트 배 스타리그 세대'는 스

스타크래프트는 미국의 컴퓨터게임제작사 블리자드엔터테인먼트가 1998년 선보인 전략시뮬레이션 게임으로서, 세계 판매량(2007년 기준 9백50만 장)의 절반인 4백50만여 장이 한국에서 팔렸다. PC방과 프로게이머를 등장시킨 국내의 스타크래프트 열기는 개인전 대회인 스타리그(온게임넷)와 MBC게임스타리그(MBC게임), 팀별 대회인 프로리그의 탄생을 낳기도 했다(위 사진은 2008년 7월 19일 블리자드엔터테인먼트의 공동설립자 겸 게임개발 부문 수석 부사장 프랭크 피어스가 방한해 국내 프로게이머들과 기념사진을 찍고 있는 장면이다).

타크래프트가 e-스포츠로서 비교적 확고하게 자리 잡았던 시절에 입문한 이들인데, 이건 리그 관람 이력이 그렇게 오래되지 않았다는 사실을 은연중에 드러내는 거다.

이런 현상을 단순히 세대별 구별짓기로 단언하기는 어렵다. 스타리그 스폰서의 변천사는 관객층의 성장과 궤를 같이 한다고 볼 수 있기 때문이다. 약간 놀라운 사실은 올해 스타리그 스폰서로 취업정보회사인 인크루트가 나섰다는 거다. 인크루트가 나선 게 뭔 대수인가 싶겠지만, 스타리그 중계를 인터넷상으로 관람하려면 인크루트 회원으로 가입해야 한다는 규정이 고개를 갸웃하게 만들 수밖에 없다.

이런 스타리그의 변모를 보면서, 어른들과 다른 세계를 구축했던 그 '컬트문화 세대'가 기성으로 편입할 수밖에 없는 때가 온 것이라고 말한다면 너무 잔인할 걸까. 인크루트 회원이 되는 순간 취업연령대에 있는 스타리그의 '늙은 10대들'은 인크루트의 인력정보 풀로 들어가는 셈이다. 공부 못하는 가난한 10대들에게 평등한 기회의 로망으로 작동했던 스타리그가 이제 취업정보시장을 위한 정보원으로 물화하고 있는 거다.

어차피 자본주의 사회에서 상품구조를 피해갈 수 있는 '순수한' 스포츠는 있을 수 없겠지만, 그리고 반상품적인 삶은 가능할지 몰라도 비상품적인 삶은 불가능한 게 자본주의의 원리겠지만, 그래도 스타리그에 내재해 있던 유토피아의 충동을 너무 무시하는 건 e-스포츠의 발전을 위해서도 그렇게 바람직하지 않다. 스타리그에 대한 매혹과 열정이 문화산업의 논리를 가능케 했지만, 문화산업의 논리가 스타리그를 밀고 온 그 매혹과 열정을 항상 이끌어낼 수 있는 건 아니기 때문이다. 지금까지 스타리그를 지탱하고 발전시켜왔던 그 에너지가 어디에서 온 건지를 진지하게 고민해볼 필요가 있다.

◎ 55. 강마에와
  부르주아적
  개인

『베토벤 바이러스』가 화제였다. 클래식 음악이라는 희귀한 소재와 연기자의 개성이 어우러져 특별한 드라마를 만들어냈다. 여러 가지 측면에서 이 드라마는 흥미롭다. '강마에'라고 불리는 캐릭터는 누가 봐도 베토벤을 연상시킨다. 드라마의 효과음도 대체로 베토벤의 음악이다. 베토벤이 누군가? 상승기 부르주아계급의 담대한 용맹성을 구현하고 있는 남성적인 음악가다. 이 드라마가 '음악'을 소재로 한 작품일 수 있는 까닭이 여기에 있다. 베토벤 음악의 속성에 대한 통찰이 드라마에 힘을 보태고 있는 거다.

어떻게 생각하면 이 드라마는 익숙한 패자부활전을 색다르게 표현한 것일 수도 있다. 그러나 『베토벤 바이러스』가 체현하고 있는 이념은 그렇고 그런 패자부활전의 애수를 넘어간다. 이건 오히려 『공포의 외인구단』에 가까운 정서다. 강인한 지도자가 어중이떠중이 우매한

2008년 9월 10일부터 11월 12일까지 방송된 MBC의 수목 드라마 『베토벤 바이러스』(총 18회)는 고구려의 역사를 다룬 KBS의 『바람의 나라』와 조선 후기의 화가 신윤복을 다룬 SBS의 『바람의 화원』을 제치고 동시간대 시청률 1위(평균 시청률 17.8%)를 고수하며 숱한 화제를 낳았다. 특히 오케스트라 단원들의 이야기를 다룬 드라마답게 『베토벤 바이러스』는 클래식 신드롬을 일으켰는데 극중 삽입된 곡들을 엮은 클래식 OST는 음반불황에도 불구하고 높은 판매량을 기록했고, 아마추어 오케스트라단 결성붐을 일으키기도 했다.

대중을 단련시킨다는 설정은 확실히 1980년대 풍이다. 그러나 이 드라마는 그 지도자의 강인성에 대해 딴죽을 건다. 강마에는 말 그대로 '외로운 존재'로 그려지기 때문이다.

강마에가 원하는 건 뭘까? 패자들에게 화려한 인생의 반전을 선사하는 걸까? 아니면 이들에게 시혜를 베풀어서 자신의 도덕성을 공고히 하려는 걸까? 아직은 알 수 없는 일이다. 그러나 대충 짐작하자면, 이 둘과 전혀 다른 길을 선택할 것 같다. 강마에와 '거지' 오케스트라가 갈등하면서 결국 합일을 이루는 방향으로 말이다. 이건 웅혼한 계몽적 서사시를 안방 버전으로 만들어놓은 거다. 문제는 이 드라마의 내용이 이런 걸 얼마나 잘 보여주고 있는지에 대한 게 아니다. 중요한 건 바로 이 드라마에 대한 시청자의 호응이다.

이 드라마는 어떤 욕망의 감각을 충족시켜주고 있는 걸까? 이 드라마의 즐거움은 통속적인 애정관계에서 유래하기도 하지만, 또한 강마에라고 불리는 캐릭터에서도 발생하는 것이라고 할 수 있다. 강마에는 누구인가? 대통령 앞에서 지휘를 할 수 있는 '성공한 음악가'이다. 그러나 단순한 음악가가 아니다. 이 드라마에서 음악은 계급적인 차이와 갈등하는 절대적 범주로 설정되어 있다. 강마에가 실패자들을 거두어 자신만의 오케스트라를 만들어내겠다는 건 민중에 대한 계몽주의를 드러내는 것이기도 하다. 이 지점에서 강마에는 '계몽적 부르주아'의 표상으로 거듭난다.

한국 사회의 대중이 열망하는 것 중 하나가 바로 '해방적 부르주아'이다. 강마에의 캐릭터는 이런 열망에 조응하는 카리스마를 갖고 있다. 상승기 부르주아계급의 용맹성은 변화에 대한 순응성의 다른 측면이다. 신분과 세습에 얽매어 있던 귀족 사회를 타파할 수 있었던 논리가 여기에 근거하고 있다. 이건 곧 '진보'에 대한 열망이었고, 이런 측면에서 상승기 부르주아계급은 지금 우리가 살고 있는 근대적 삶의 논리를 만들어낸 획기적인 계급임에 틀림없다.

강마에가 한국에 제대로 존재한 적이 없었던, 하지만 모든 대중이 열망하는 해방적 부르주아의 입장을 드러낸다는 건 그래서 재미있는 현상이다. 강마에는 자신의 완벽성을 추구하면서 자신이 구축해놓은 남성적 상징계의 질서 내로 타인들을 포섭하고자 한다. 강마에에게 이건 음악, 그것도 클래식이라는 완벽한 형식미의 음악이다. 이 형식미를 위해 강마에는 음악성이라는 규칙을 제대로 지키지 않는 이들을 질타한다. 강마에의 윤리는 '착한 심성'에서 나오는 게 아니다. 강마에는 괴팍하고 신경질적이고 상대를 가리지 않고 독설을 퍼붓는 악한처럼 보인다. 따라서 강마에는 '도덕적 인간'이라기보다 기성의 도덕률을 수용하지 않고 조롱하는 존재다. 강마에에게 윤리성을 부여하는 건 바로 '아름다움'이다.

'다크 나이트'처럼 강마에는 고독한 부르주아이면서 또한 부르주아의 계급성을 초월한다. 강마에가 원하는 건 지위를 통해 얻을 수 있는 안정성이라기보다 끊임없이 그 안정성을 박차고 나올 수밖에 없는 충동이다. 강마에의 '음악'은 가혹한 현실의 경쟁논리를 이겨낸 뒤에 얻을 수 있는 어떤 경지를 암시한다. 패자들이 다시 부활하려면 '평등한 기회'가 보장되어야 한다.

이런 보편적 가치를 위해 헌신할 때 강마에는 개인의 이해관계를 통해 전체의 이익을 구현하는 완전한 부르주아적 개인으로 탄생할 수 있는 거다. 이와 같은 부르주아 상은 금융위기를 불러온 그 '탐욕의 이미지'와 사뭇 다른 것이기도 하다. '이상적' 부르주아의 이미지는 부르주아계급 자신에게도 부담스러운 거울이다. 강마에는 이런 초췌한 현실을 에돌아 비춰주는 캐릭터라고 할 수 있겠다.

◎ 56. 신윤복의
비극성

『바람의 화원』의 인기는 많은 부분 '유사역사성'에서 온다. 역사적 사실을 허구적으로 재구성했다는 의미에서 '팩션'이라는 '신조어'를 사용하긴 하지만, 어쨌든 역사적으로 발생했던 사건에 집착하지 않는다는 측면에서 이런 종류의 작품은 역사성으로부터 자유롭다고 할 수 있다. 따라서 『바람의 화원』을 두고 "역사적 사실을 왜곡했다"는 주장은 뭔가 앞뒤가 맞지 않는 일이다. 역사가의 입장에서 본다면, 신윤복이 남장 여인이었을 것이라는 '추측'은 난센스에 불과하겠지만, 창작자의 관점에서 생각한다면 이 설정이야말로 『바람의 화원』이라는 이야기 자체를 가능하게 만드는 핵심적 모티브이기 때문이다.

그렇다면 이런 의문이 든다. 도대체 역사성의 재창조는 왜 이뤄지는 걸까? 인간은 기본적으로 '이야기하는 존재'이다. 이야기는 인간과

2007년 발표된 이정명의 동명 소설을 원작으로 삼은 SBS의 수목 드라마 『바람의 화원』(총 20회)은 조선 후기의 화가 신윤복이 사실은 여자였다는 허구적 설정에 바탕을 두고 있다. 2008년 9월 24일부터 12월 4일까지 방송되는 동안 꾸준히 10% 중후반대의 시청률을 유지하며 호평을 받은 이 드라마에서의 호연으로 문근영(신윤복 역)은 2008 SBS 연기대상 대상을 최연소로 수상하기도 했다.

여타 동물을 구분해주는 중요한 속성이다. 자신의 체험을 이야기를 통해 반추하는 행위는 즐거움을 주는 것이기도 하다. 이런 맥락에서 역사성을 다시 구성하는 문제는 역사적 사실이라는 필연성에 포박당한 '자연적 존재'인 인간을 '문화적 존재'로 거듭나게 만드는 과정과 무관하지 않다.

따라서 최근 대중문화에서 흔히 목격할 수 있는 유사역사성은 현실의 욕망을 고스란히 투영하고 있는 지형도라고 할 수 있을 것이다. 이런 까닭에 『바람의 화원』을 보면서 조선시대에 대해 질문하는 건 절반만 옳은 태도처럼 보인다. 좀더 정확하게 질문하려면 이 드라마가 보여주는 오늘날의 현실이 무엇인지를 물어야 할 것이기 때문이다.

『바람의 화원』은 여러 가지 측면에서 흥미를 유발하는데, 무엇보다도 이 드라마가 신윤복의 그림에 근거해서 이야기를 펼치고 있다는 점이 그렇다. 신윤복의 작품은 우리가 눈으로 볼 수 있는 실체를 갖고 있기 때문에, 시청자는 이야기의 개연성을 확보할 수가 있는 것이다.

원작 소설에 비해 드라마 『바람의 화원』은 신윤복이 그림을 그리는 장면을 '보여주는' 과정에서 더 많은 핍진성을 확보한다. 이 때문에 원작이 풍기고 있는 추리소설 같은 긴장감을 드라마는 포기할 수밖에 없었다. 그 대신에 드라마는 『취화선』이나 『스캔들』 같은 한국 영화가 보여줬던 '인류학적 영화'의 전례를 따른다. 인류학적 영화는 바로 '우리 역사'를 타인에게 보여주기 위한 전시물로 만들어내는 것이다. 말하자면 '우리 것'을 타자의 시선을 통해 관찰하는 태도를 드러내는 게 이런 영화의 특징이다. 이를 통해 전통은 현재의 요구에 맞춰 재배열되고 재구성되기 마련이다.

분명 『바람의 화원』은 인류학적 시선을 통해 '우리 것'을 새롭게 보여줌으로써 시청자들에게 즐거움을 주는 드라마이다. 그러나 이건 어디까지나 드라마의 오락성 차원에서 그렇다는 것이고, 이 드라마가 더욱 흥미진진해진 것은 제작자가 미처 생각하지 않았던 효과 때문이다. 그건 바로 이 드라마가 소재의 특성상 '젠더' 문제를 다룰 수밖에 없다는 사실에서 발생한다. 드라마로 제작된 『바람의 화원』은 원작 소설과 같은 이야기구조를 가질 수가 없다. 그 까닭은 신윤복이 여성이라는 사실을 숨겨놓았다가 이야기구조의 비밀을 푸는 열쇠로 활용하는 원작 소설의 경우와 달리, 시청자는 '문근영'이라는 '여성'이 신윤복이라는 사실을 처음부터 알 수밖에 없기 때문이다.

이 드라마는 확실히 『커피프린스 1호점』의 계보를 잇고 있다. 그러나 젠더 문제를 다루고 있다고 『커피프린스 1호점』이나 『바람의 화원』이 젠더 문제를 본격적으로 파고드는 드라마라고 말하기는 어렵다. 말 그대로 이 드라마들이 젠더 문제와 관련을 맺는 건 그냥 소재가 그렇기 때문이다. 오히려 이 드라마들은 젠더에 대한 한국 사회의 태도를 상징적으로 드러내는 징후라고 할 수 있다. 지난 『바람의 화원』 방영분에서 신윤복의 형인 영복은 환각상태에서 '여동생' 신윤복을 그린다. '여성' 신윤복은 이처럼 현실에서 재현할 수 없고 판타지 속에서만 이미지화할 수 있는 대상이다. 어떻게 보면 이건 "여성은 없다"는 정신분석학적 명제를 슬쩍 비틀어놓은 것처럼 보이기도 한다. 그러나 흥미로운 건 여기에서 신윤복에 대한 영복의 감정은 남장을 할 수밖에 없었던 신윤복의 사연 때문에 발생한다. 말하자면 "여성은 여성답게 살아야 한다"는 발화가 이 지점에서 아주 굳건하게 주제화되고 있는 것이다.

이런 혐의는 기생인 정향과 신윤복의 '연애'에서 더욱 선명하게 드러난다. 동성애를 환기시켰던 이 장면은 그러나 겉보기와 달리 지극히 이성애적인 메시지를 전달했을 뿐이다. 결국 정향과 신윤복의 사랑은 '이뤄질 수 없는 사랑'이다. 동성애는 이성애에 비해 '형이상학적인 사랑'처럼 그려지지만, 이는 바꿔서 말하면 동성애는 이성애와 '다른 것', 즉 '비현실적인 것'이라는 사실을 인정하는 것이다. 이를 두고 제작진은 동성애를 표현했다기보다 '뮤즈와 예술가의 관계'를 보여주려는 의도였다고 말했지만, 예술사적으로 본다면 뮤즈와 예술가의 관계보다 더 확실하게 이성애적 욕망을 전제하는 경우는 없다.

『바람의 화원』은 제작진이 의도했든 하지 않았든 간에 젠더가 생물학적인 것이 아니라 상징적 차원에서 문화적으로 구성되는 것이라는 사실을 은연중에 드러낸다. 그러나 이런 사실은 말 그대로 그림자처럼 잠깐 나타날 뿐이다. 드라마는 시종일관 문근영의 남장을 '일탈'로 보는 관점을 유지하고 있기 때문이다. 정향에 대한 사랑은 나중에 '완성할' 김홍도와 신윤복의 사랑이라는 '이성애적 관계'를 위한 미숙한 감정에 지나지 않는다. 『바람의 화원』이 보여주는 세계관은 한국사회의 현실과 무관한 것이 아니다. '뛰어난 개인'을 방해하는 '나쁜 제도'에 대한 비판은 복지제도에 대한 신자유주의 신봉자들의 공격을 떠올리게 만든다.

이런 측면에서 신윤복의 캐릭터를 구성하는 '젠더의 일탈'은 탁월한 개인의 재능을 더욱 돋보이게 만드는 '비극성'의 요소로 그려질 뿐이다. 도대체 이 비극성의 실체는 무엇일까. 이는 여동생을 여동생이라고 부를 수 없는 영복의 슬픔이고, 이뤄질 수 없는 정향과 신윤복의 사랑이고, 마침내 여성으로 완결해야 할 신윤복의 인생역정이다. 이처럼 『바람의 화원』은 의심할 여지없이 유사역사성에 근거한 드라마이지만, 그 본질은 지극히 역사주의적인 이야기인 것이다. 이렇게 현실은 질기게도 우리를 지배하고 있다.

⊡ 57. 무엇이 제임스 본드를 멈추지 못하게 하는가?

미묘한 시점에 제임스 본드 시리즈가 새롭게 시작됐다. 과거의 시리즈와 비교했을 때, 터프 가이 대니얼 크레이그를 본드로 캐스팅한 새로운 시리즈는 폭력의 스펙터클을 한층 강화했다. 아무리 어려운 상황에서도 하얀 와이셔츠에 피 한 방울 묻히지 않았던 단정한 본드의 모습은 더 이상 찾아볼 수 없다.

이런 변화는 뭘 의미하는 걸까? 물론 문화가 현실을 어떻게 예견할 수 있는지는 여전히 왈가왈부 중이다. 버락 오바마의 대통령 당선을 놓고 벌어진 논란도 이렇다. 영국의 신문 『가디언』은 미국의 인기 텔레비전 정치드라마 『웨스트윙』이 오바마의 당선을 예견했다는 흥미로운 분석을 내놓기도 했지만, 흑인 대통령이 영화 속에 등장하는 선례는 이미 『제5원소』나 『딥임팩트』 같은 할리우드 영화에서 어렵지 않게 발견할 수 있다. 분명 이런 영화들은 마크 레이븐힐의 말처럼, "미국의 꿈을 드러내는 환상"에 불과하겠지만, 이런 환상이 선행했기 때문에 오바마라는 '실재의 응답'이 나타났을 때 대타자의 이데올로기가 작동할 수 있었을 것이다.

이런 관점에서 흥미로운 건 새로운 제임스 본드 영화『퀀텀 오브 솔러스』가 보여주는 세계관이다. 이 일탈적인 제임스 본드 영화는 과거와 달리 분노한 본드를 보여준다. 야수 같은 본드를 저지하기 위해 '국가'는 혼신을 다하지만, 보기 좋게 그 시도들은 무용한 것으로 드러난다. 도대체 이 본드는 무엇인가?

물론 새로운 본드의 모습에서 복지국가에 대항하는 개인이라는 신보수주의적 이데올로기를 체현했던 과거 이미지의 귀환을 읽어내는 건 어렵지 않다. 그러나 과거가 돌아오긴 했지만 그 모습 그대로 돌아온 건 아니다. 모든 반복은 차이를 묻혀놓고 있는 법이다.『퀀텀 오브 솔러스』에서 본드의 적은 과거처럼 국가라기보다 부패한 제3세계 독재자와 다국적 기업, 그리고 비양심적인 미국의 정보기관이다. 여기에 더해서 MI6의 고전적인 관료주의가 여전히 본드를 방해하지만 새롭게 그려지는 미국 CIA의 노회함에 비하면 아무것도 아니다.

적의 변화는 주체의 재구성을 의미한다. 공산주의에서 테러범으로, 그리고 마침내 '퀀텀 오브 솔러스'라는 보이지 않는 전지구적 부패의 커넥션으로 적의 범주가 바뀐 건 제임스 본드 영화를 가능하게 만드는 그 매트릭스가 변했다는 사실을 암시한다. 하지만 역시 중요한 건 국가가 아니라 시장이다.『퀀텀 오브 솔러스』에서 문제적인 건 바로 시장 독점이다. 이 비밀조직은 자기들끼리만 공유할 수 있는 기밀 정보와 커넥션으로 자원을 독점해서 시장질서를 지배하려고 한다. '보

전편에서 무려 6년 뒤에 공개된 『골든 아이』(1995)의 가장 놀라웠던 점은 아버지 M이 어머니 M(주디 덴치 분)으로 바뀐 것이었다. 이와 더불어 흥미로운 점은 새로운 본드가 M의 명령을 잘 듣지 않는다는 점이다. 그래서인지 어머니 M은 『골든 아이』에서 본드를 "성차별주의자이자 냉전의 유물"이라고 비난하며, 『어나더 데이』(2002)에서는 북한에 억류된 본드를 모른 체하고, 『퀀텀 오브 솔러스』(2008)에서는 본드를 무장 해제시키기도 한다. 어머니 M의 별명이 통계와 분석에 치중하는 "악독한 숫자의 여왕"이며, 본드의 적이 냉혈한 비즈니스맨들로 바뀌었다는 사실은 새로운 제임스 본드 시리즈의 변화를 이해할 수 있게 해준다.

이지 않는 손'이 작동하지 않는 시장은 시장이라고 할 수가 없다. 새로운 본드는 이렇게 시장의 기능을 정지시키는 악과 대항해서 싸우는 '정의의 사도'이다.

새로운 제임스 본드 영화가 재현하는 세계화의 공간은 시장화의 공간이고, 시장자유주의가 절대적인 선으로 받아들여지는 세계이다. 『퀀텀 오브 솔러스』에서 본드는 자신의 복수심 때문에 용의자들을 살해하는 건 아니지만 여러 가지 상황과 방해공작으로 그런 오해를 불러일으킨다. 오해를 받으면서도 본드가 임무를 멈추지 않는 이유는 뭘까? 이건 『국부론』을 집필할 당시 애덤 스미스의 마음을 가득 채웠던 그 시장 낙관주의의 원칙에 근거했을 때 이해할 수 있을 것이다. 본드는 '국가'의 방해를 무릅쓰고 자신의 신성한 의무(이건 사랑하는 사람을 앗아간 자들에 대한 복수이기도 한데)를 수행한다. 자기 이해관계의 추구를 통해 공적인 이해를 달성한다는 스미스주의는 여기에서 합리적 낙관주의의 단계를 넘어서 욕망의 변증법으로 발전한다. 남성적 주이상스의 화신으로 강림한 본드는 금융자본주의의 유토피아를 '부패'라는 도덕적 기표로 치환하면서 파국을 맞이한 자본주의가 돌아가야 할 기원, 시장자유주의라는 고향을 환기시키고 있는 것이다.

놀랍게도 본드는 멈추지 않는다. 무엇이 본드를 멈추지 못하게 만드는가? 본드걸이 그에게 말해주는 것처럼, 그건 본드의 주체성을 구성하는 근본적인 결여이다. 이 결여는 본드가 모든 적을 제거한다고 할지라도 사라지지 않는다. 이 결여로 인해 제임스 본드 시리즈는 끝없이 되풀이될 수 있는 거다. 마치 자본주의가 그러하듯이 말이다.

◎ 58. 장기하와 얼굴들

언더그라운드 밴드 하나가 바람을 일으키고 있다. 이미 밴드의 이름은 인터넷에서 회자 중이었고, 마침내 공중파 방송을 타면서 수면 위로 실체를 드러냈다. 이름 하여 '장기하와 얼굴들.' 이름도 특이한 이 밴드는 그 행태도 기이하기 이를 데가 없다. 물론 이해 못할 바는 아니지만, 공연에서 드러나는 어색함과 뻣뻣함은 다분히 위악적인 구석마저 있다.

인기의 비결을 논한다면, 무엇보다도 이들이 들려주는 독특한 모던 록의 리듬과 특이한 음색이 관심을 끄는 첫 번째 요소라고 할 수 있겠다. 재미있는 노랫말과 어눌한 풍모도 이런 인기에 한몫을 하는 것처럼 보인다. 물론 이런 평가는 지극히 인상적인 것이고 형식 내적인 것이라고 하겠다. 즉, 원더걸스의 인기비결을 단순 반복하는 리듬과 복고풍의 음색 때문이라고 분석하는 것과 크게 다르지 않다.

그러나 어떤 특정한 문화형식이 대중적 인기를 얻는 건 단순하게 형식 내적 논리만으로 가능한 게 아니다. 형식이라는 것 자체가 형식 바깥의 '내용'을 논리화하고 있다는 사실을 명심해야 한다. 사실 '문화비평'이란 건 이런 내용의 논리를 형식에 대한 분석을 통해 파악하려는 노력에 지나지 않는다. 요컨대 내 관심사는 장기하 현상이 감추고 있는 진실이다.

먼저 장기하 현상을 두고 떠도는 얘기부터 할 수 있겠다. 장기하의 음악에서 표현하고 있는 세계가 '신림동 대학생'의 내면을 반영하고 있다는 지적 말이다. 이런 생각은 장기하가 그 문제의 '서울대' 학생이었다는 사실과 무관하지 않다. 말 그대로 '자취방' 정서가 여기에 있다는 것이고, 중간계급 이하 출신의 명문대생이 품을 만한 상대적 박탈감을 드러내는 것이라고 볼 수 있다.

장기하의 노래가 이런 박탈감에 대해 기술적descriptive일 뿐이라는 비판은 충분히 타당하다. 실제로 중간계급 이하의 명문대생이 가질 법한 박탈감이란 건 부르주아계급에 대한 것이고, 이는 '국립대'라는 공공재를 특정 계급의 사유물로 전락시켜 사유재산의 재생산을 공고하게 만드는 한국 자본주의의 축적방식에 대한 문제제기로 확장되어야 할 사안이다. 이게 이른바 학벌주의의 본질인 셈이다.

고작 노래 부르는 밴드 하나에 너무 많은 걸 요구한다는 비난도 있겠다. 그럼 이런 불만을 품은 이들에게 한 번 물어보자. 도대체 그렇다면 왜 고작 노래나 부르는 밴드 하나에 이렇게 많은 관심이 쏟아지고 '장교주'를 모시는 팬덤이 만들어지는 걸까. 간단하게 이 모든 걸 마케팅 탓으로 돌리고 상업주의를 개탄하면 끝날 일이다. 그러나 일은

2008년 5월 10일 홍익대 근처의 클럽 프리버드에서 데뷔한 '장기하와 얼굴들'이 31일 발매한 첫 번째 싱글앨범의 타이틀곡 「싸구려 커피」는 공전의 히트를 기록했다. 고단하고 비루한 자취생활을 유머러스하게 노래한 「싸구려 커피」 덕택에 장기하는 '루저의 왕' 혹은 '장교주'로 등극했고, 2009년 3월 12일 열린 2009년 한국대중음악상 시상식에서는 '네티즌이 뽑은 올해의 음악인' 남자 부문 수상자로 뽑히기도 했다. 그러나 "출구가 막혀 아무것도 할 수 없는 것 같은 박탈감"의 대변자로 장기하를 보는 세상의 시선은 일면적일 뿐이다.

이렇게 간단하지 않다. 욕망은 언제나 간접적으로 적나라하다. 아무리 숨기고 싶어도 우리는 항상 이렇게 말한다. "내가 원하는 건 이게 아니에요, 하지만 섹스해요."

장기하와 얼굴들은 고작 노래나 부르는 밴드가 아니다. 이 밴드가 구현하고 있는 정서는 20대를 대변하는 것처럼 보이지만 실상은 그렇지 않다. 이건 마치 '88만원 세대'가 대학생만을 뜻하는 게 아니라는 사실을 은폐하는 보수언론의 20대론과 무관하지 않다.

보수언론에게 20대는 4년제 대학을 나왔지만 취업도 제대로 못하는, 또는 못할지도 모르는, 아니 요즘은 못하는 게 확실해진 대학생들일 뿐이다. 세상을 망쳐 놓은 건 부르주아인데 불쌍한 건 대학생들이다. 하지만 어디 한국 사회에 20대가 대학생들만 있는가. 대학생이 아닌 이들에게 장기하의 노래는 사치처럼 들릴지도 모른다. 한국 사회에서 존재하지만 존재하지 않는, 대학도 못간 '투명인간 20대'에게 장기하의 노래는 불편하기 그지없는 궁상일 공산이 크다. 이런 현실이 한국 사회의 반지성주의를 떠받치고 있는 냉혹한 일상성이다.

주디스 버틀러의 지적처럼, '헐벗은 자'일수록 더욱 강고하게 법의 지배를 받는다는 아이러니를 넘어서야지 장기하와 얼굴들은 명실상부한 20대의 청춘을 대표하는 밴드가 될 수 있을 거다. 이런 딜레마를 어떻게 극복할 수 있을까. 현실을 비참하게 느낄 수 있다는 것 자체도 '특권'이라는 사실을 장기하 현상은 잘 보여준다. 이건 정말이지, 고작 노래나 부르는 밴드의 문제가 아니다. '다른 세상'을 꿈꾸는 모든 이들에게 해당사항이 있는 문제이다.

08.

12.04.

▣ 59.『미인도』, 섹슈얼리티를 위해 억압당한 역사

『바람의 화원』과 동일한 주제를 다룬 영화 『미인도』가 손익분기점을 넘어 흥행에 성공했다. 그 원인 분석들이 분분했는데 여배우가 화끈하게 벗어서 그렇다는 둥, 신윤복에 대한 대중의 관심 때문에 그렇다는 둥, 여러 견해가 있다. 그러나 중요한 건 흥행의 원인을 분석하는 게 아니다. 오히려 『미인도』의 흥행이 무엇을 의미하는지를 묻는 게 타당한 것 같기 때문이다.

김민선이라는 여배우가 벗었다는 건 『미인도』를 포장하고 있는 수많은 미학적 수사학 밑에 깔려 있는 외설적 현실이다. 영화는 이 지점에서 이 현실을 감추기 위한 이데올로기로 미학을 동원한다. 『미인도』에 담겨 있는 '아름다운 장면'은 외설성을 불편해하는 관객에게 안전망을 부여한다. 이로 인해 관객은 욕망에 대한 금지를 작동시키지 않고 '편안하게' 영화를 감상할 수가 있다. 물론 이런 특징이 영화의 흥행을 보장하는 건 아닐 테다. 영화라면 기본적으로 이런 설정을 해놓는 게 상식이다. 모든 대중문화는 즐거움을 주기 위해 미학의 형식을 차용한다. 그 미학이 『베토벤 바이러스』처럼 철지난 고전주의 풍월이든지, 아니면 원더걸스처럼 모더니즘에 대한 패스티쉬이든지, 여기에서 미학은 "아름다움은 보편적 즐거움을 준다"는 칸트적 명제를 충실히 따르고 있는 것처럼 보인다.

그러나 『미인도』는 이보다 더 깊은 사연을 담고 있는 것 같다. 모든 형식이 내용의 논리를 체현하고 있다는 사실을 감안한다면, 『미인도』라는 형식은 분명 어떤 내용의 논리를 통해 만들어진 것이라고 할 수 있다. 영화에서 중요한 모티프는 '신윤복이 여자'라는 숨겨진 진실이다. 그러나 영화는 영화라는 장르의 특성상 이 진실을 숨긴 채 시작할 수가 없다. 『컬러 오브 나이트』처럼 이런 진실게임을 영화의 목적으로 삼을 수도 있었겠지만, 『미인도』는 애초부터 비밀스러운 플롯에 관심이 없었다.

『미인도』는 처음부터 모든 걸 다 보여주면서 시작한다. 다시 말해서, 신윤복이 '여자'라는 걸 관객은 처음부터 알고 있다. 그런 뒤에 영화는 "자, 이제 무슨 일이 일어날까요?"라고 묻기 시작한다. 당연히 누군가 신윤복은 여자라는 사실을 발견할 때까지 비밀은 관객만이 아는 것이라고 영화는 속삭인다. 그러나 반드시 그런 건 아니다. 결말에서 플롯의 모든 결정권을 쥐고 있는 '데우스 엑스 마키나'의 구현체인 김홍도가 처음부터 신윤복이 여자라는 사실을 알고 있었다는 게 밝혀지니 말이다. 김홍도야말로 신윤복에게 비극적 운명을 부여한 신과 같은 존재이다. 그렇다면 신윤복은 김홍도가 만들어낸 바로 그 '여성'인 셈이다. 김홍도의 '얻을 수 없는 욕망의 대상' l'objet a 으로서 신윤복은 거기에 있었던 것이다.

신윤복이 여성이라는 사실, 정확하게 말하면 김민선이라는 현실을 알고 있는 관객은 아름다운 김민선의 나신을 보여주는 영화라는 정보를 이미 갖고 있다. 결국 관객과 영화는 아무것도 감추거나 숨길 게 없다. 김홍도가 어린 신윤복의 운명을 결정지은 존재라는 '비밀'을 제외한다면 이 영화는 새로운 사실을 아무것도 말해주지 않는다. 말할 것도 없이 이 비밀이란 건 신윤복에 대한 김홍도의 집착, 다시 말해서 젊은 여제자에 대한 중년 남성의 성욕이라는 진부한 주제를 해명하기 위해 불려나오는 것뿐이다. 형식 내적 논리로 본다면 이런 설정은 강무와 김홍도의 갈등을 만들어내기 위한 장치라고 볼 수 있겠다.

따라서 『미인도』는 포르노그래피의 장르원칙을 충실히 따르는 영화이다. 플롯은 '섹스'를 보여주기 위한 핑계에 불과한 것이기 때문이다. 다만 감독과 제작진은 포르노를 만들 생각이 아니었기에 미학적 채색을 덧입혔다고 할 수 있다. 문제는 이렇게 '김민선의 베드신'을 보여주기 위해 영화가 필연적으로 '역사적 사실'을 억압할 수밖에 없다는 점에서 발생한다. 신윤복을 둘러싼 이야기는 역사적인 사실에 근거해도 충분히 흥미진진한 내용을 갖추고 있다. 그런데도 『바람의 화원』을 비롯해서 『미인도』에 이르기까지 신윤복을 소재로 삼은 대중문화의 형식들은 여기에 관심을 보이지 않았다.

이렇게 섹슈얼리티를 위해 역사를 억압해야 할 필요는 왜 발생하는 걸까? 감독이나 제작진의 음모 때문일까? 아니면 영화판의 낮은 역사의식 때문일까? 이건 자본의 논리를 빼놓고 생각할 수가 없다. 신윤

2008년 11월 13일 국내 463개 스크린에서 개봉한 『미인도』는 총 관객수 2,323,741명(총 매출 1백50억여 원)을 기록하며 한국 영화 중 7위의 흥행성적을 거뒀다. 그러나 '조선 최초의 에로티시즘'을 전면에 내세운 『미인도』는 드라마 『바람의 화원』과 끊임없이 비교되고, 내용 보다는 여배우의 노출에 이목이 쏠리는 불운을 겪어야만 했다.

복이 남자인 것보다 신윤복이 여자일 경우에 감독은 관객을 유혹할 수 있는 설정을 더 많이 확보할 수 있다고 판단한 것이다.

자본의 논리에 따라 만들어진 영화라서 『미인도』는 나쁜 영화라고 말하는 게 아니다. 『미인도』는 지금 한국 영화판의 현실과 이 현실을 주조하는 자본의 논리를 드러내는 대중문화의 형식이라고 볼 수 있다. 결론적으로, 한국 영화의 흥행부진이라는 위기감에서 가장 '안전한 길'을 택한 결과가 바로 『미인도』라고 평가할 수 있겠다.

▣ 60. 한국 문학의 냉소주의

영국의 작가 오스카 와일드는 냉소주의자를 일러, "모든 것의 값어치price를 알면서 어떤 것의 가치value도 모르는 사람"이라고 정의했다. 와일드의 말이 옳다면, 냉소주의자는 '속물'처럼 보일 수도 있다. 그러나 비아냥거림을 감춰두고 있다는 점에서 냉소주의자는 오히려 속물의 현실을 너무도 잘 알고 있는 현실주의자에 가깝다고 보는 것이 적절할 듯하다. 원래 냉소주의는 그리스어에 연원을 두고 있는 말인데, 인간의 선함이나 진실함을 전혀 신뢰하지 않는 입장을 의미한다. 어떻게 보면 냉소주의는 인간의 삶에 내재한 허무주의에 대한 솔직한 태도라고 할 수 있다.

와일드의 말을 칼 맑스의 언어로 변주한다면, 냉소주의는 교환가치의 전일적 지배로 인해 사용가치가 소멸해버리는 자본주의적 현실에 대한 문제의식을 내포하고 있는 것이라고 말할 수 있다. 와일드에게 자본주의의 실상을 정확하게 그려내는 작업은 '낭만주의'였지만, 여기에서 말하는 낭만주의는 "자기가 보는 것을 자기가 그리고 싶은 대로 그리는 것"을 뜻하는 사실주의의 다른 말이었다. 산업자본주의가 통합적 지배를 관철시켜나갔던 19세기 빅토리아시대의 현실은 이처럼 '예술가의 거울'을 싫어했던 것이다.

한국의 경우도 사정은 크게 다르지 않다. 1980년대의 이른바 노동문학이나 민중문학이라는 문학적 정체성은 1990년대를 맞이하면서 찾아온 역사적 공산주의 국가의 소멸과 더불어서 명맥을 다했다. 사회의 모순, 정확하게 말하자면 자본주의적 착취구조를 드러내는 것이 문학 본연의 임무라고 생각했던 '사회주의 리얼리즘'은 오랜 풍월로 취급당했고, 과거에 행해졌던 모든 일들은 돌연 모두 잘못한 일이거나 아예 그런 일이 일어난 적이 없었던 것처럼 취급당하는 냉혹한 부인의 단계로 접어들었다. 정신분석학의 지적처럼, 부정이 욕망의 억압을 방어하면서 그 욕망을 자기 것으로 인정하지 않는 행위라면, 부인은 자신에게 고통을 주는 현실 자체를 받아들이지 않는 태도이다. 부인을 통해 경험은 원초적인 장면처럼 기억 속에 봉인된다.

이념의 시대가 종언을 고한 뒤 한국 문학에 출몰했던 '역사적 인간'은 사라질 수밖에 없었다. 대의와 문학을 구분하지 않았던 과거의 '민족문학'은 비루한 일상과 사소한 개인주의를 자양분으로 삼은 새로운 문학적 주체에게 길을 내줘야 했다. 이념적 쟁투에서 주변적인 것으로 밀려나야만 했던 것들이 갑자기 문학의 중심 주제로 진입한 것이다. 이런 상황이 뜻하는 것은 무엇일까. 어떤 이들은 이런 문제점을 작가라는 개인의 범주에서 찾지만, 이와 같은 입장은 너무 단순하게 문학적 담론의 변화와 작가라는 개인의 범주를 매개하려는 것처럼 보인다. 문제는 작가의 역할이라기보다, 특정한 문학의 형식을 규제하는 현실성의 논리가 아닐까.

1990년대 이후 한국 문학을 일컬어 냉소와 환멸의 문학이라고 규정하는 익숙한 명명은 작가의 양심과 책임감이라는 인간주의적 테제를 되풀이하고 있다. 이런 생각은 확실히 현실의 질량에 비해 넘치는 비분강개이다. 신경숙의 『풍금이 있던 자리』는 1980년대의 기준으로 본다면 성에 차지 않는 문학이었지만, 그 이후 문학들의 나르시시즘에 비한다면 훨씬 진지한 문제의식을 보여주는 것이다. 황종연이 언급한 '비루한 것의 카니발'은 비루하기 때문에 문제인 것이 아니라 카니발이기 때문에 주목할 만한 것이다. 어떻게 1980년대에 보이지 않던 것이 갑자기 1990년대에 분출하게 됐던 것인가.

이런 변화를 단순하게 문화적 헤게모니의 문제로 보는 것도 우스운 일이다. 문학 영역에서의 담론투쟁이 사회의 보수화와 맞물려 냉소와 환멸로 빠졌다는 판단은 너무도 주관적이다. 우리에게 필요한 것은 사회의 보수화가 무엇을 의미하며, 여기에서 발생하는 냉소와 환멸이 어떤 문제를 드러내는 징후인지를 파악하는 것이다. 상상력은 언제나 선험적이다. 이때 선험적이라는 것은 경험에 근거하기보다 그 경험을 불러내 재구성하는 것을 상상력이 담당한다는 뜻이기도 하다. 이런 개념은 칸트 철학에서 중요하게 취급하는 것인데, 헤겔이 이런 문제의식을 발전시켜 만들어낸 것이 종합의 활동이라는 생각이다.

헤겔의 입장에서 상상력의 종합은 그냥 이뤄지는 것이 아니다. 헤겔에게 부분의 총합은 전체보다 크다. 왜냐하면 상상력의 종합은 감각의 다양성을 그냥 모으는 활동이 아니기 때문이다. 감각에서 얻어지는 다양한 내용을 분해해서 종합하는 것이 상상력의 실체이다. 슬라보예 지젝의 지적처럼, 이런 맥락에서 헤겔이 구상한 상상력은 초월적이다. 이 초월적 상상력은 종합이면서 동시에 분열적이고 해체적이다. 분열과 해체를 통해 상상력이 도달하는 지점이 헤겔이 '세계의 밤'이라고 부른 무한한 창조의 공간이다. 이 텅 빈 공간에서 우리는 '피 흐르는 머리'와 '하얀 유령'을 발견할 수 있다. 인간이 품고 있는 이 무無의 영역이야말로 무의식이면서도 실재의 자리이다.

무한한 상상력의 원천이라고 할 이런 내면에서 작가는 무엇인가를 발굴한다. 이를 통해서 우리는 '새로운' 문학이라고 일컬어지는 것을 얻어낼 수 있다. 이런 측면에서 본다면 최근 젊은 작가들 사이에 만연한 냉소주의는 작가 개인의 태도나 세계관에서 연유하는 것이라고 보기 어렵다. 이런 현상은 상상력과 연동하는 사회적인 현실과 무관한 것이 아니다. 프레드릭 제임슨이 말하듯이, 미학적 형식은 봉쇄전략의 일종이다. 이와 같은 봉쇄는 리얼리티에 대한 작가의 판단이 불가능할 때 발생하는 것이라고 할 수 있다. 리얼리티의 지점에 가면 가치의 위계는 붕괴하고 혼란에 빠진다. 상대적 차이를 통해 균형을 이루고 있던 가치체계가 리얼리티의 가장자리에서 분해되는 것이다.

냉소주의는 이처럼 이해할 수 없는 리얼리티에 대한 주체의 판단이라고 할 수 있다. 리얼리티를 적절하게 감당할 수 있는 위치를 확보하지 못할 때 주체는 도덕적 범주로 도피한다. 리얼리티를 드러내야 할 지점에서 주체는 자기 자신의 분열을 극복하기 위해 상상적 봉합을 시도하는 것이다. 백영옥의 『스타일』 같은 '칙릿'에서도 이런 경향은 드러난다. 작품 속의 화자가 뉴욕의 현실과 서울의 현실을 지적하면서 장르의 규칙이 강제하는 비현실성을 빠져나갈 때, 작가는 명백하게 도덕적 판단의 범주를 활용하고 있는 것이다.

김연수의 『밤은 노래한다』도 마찬가지이다. 작품의 형식논리를 지배하는 이정희와 김해연의 사랑은 여기에서 민생단 사건이라는 역사적 사실에 자리를 내주고 밀려난다. 말하자면, 소설을 다 읽고 난 뒤에도 독자는 김해연의 운명을 바꾼 이정희를 전혀 파악할 수가 없다. 이정희야말로 소설 형식의 경계이자 리얼리티의 가장자리인 셈인데, 이 지점을 역사성이라는 범주로 은폐함으로써, 작가는 '역사소설'을 얻는 대신 '연애소설'을 버린 것이다.

리얼리티야말로 바로 자본주의 생산양식에 내장해 있는 모순이다. 작품의 형식이 이 모순에 직면했을 때 작가는 이를 봉합하기 위해 인식을 포기하고 도덕을 채택한다. 냉소주의는 인식이라기보다 도덕의 문제이다. 자신이 원하는 것을 할 수 없는 이를 천재라고 지칭한 자크 랑시에르의 말을 변주한다면, 우리는 이런 작가의 냉소주의가 작가 개인의 문제라기보다, 그 작가를 둘러싸고 있는 리얼리티에 대한 주체적 대응으로 이해할 필요가 있는 것이다. 말하자면, 냉소만이 오늘의 한국 작가에게 유일한 도덕인 셈이다.

▣ 61. 변희재와 88만원 세대론

흥미로운 글이 『조선일보』에 실렸다. 변희재의 글이다. 제목은 「실크 세대론과 88만원 세대론의 소통을 위해」. 88만원 세대라는 용어법을 처음 봤을 때 우려했던 일이 '훈훈하게' 일어나고 있는 현장이다. 요즘 우석훈의 행보가 좀 위태롭게 보였는데, 이번에 결정적 실수를 한 것 같다. 변희재와 함께 보수언론의 구미에 맞춰 진중권이나 까는 일에 힘을 보탠 꼴이 되어버렸으니 말이다. 진중권의 논리를 깐다고 그 자체가 잘못하는 일이라고 할 수는 없겠지만, 깔려면 좀 적절하게 설득력 있게 까야 하는 거 아닌가?

변희재의 주장에 따르면, 강준만 교수와 조흡 교수가 개최한 소통 포럼에서 우석훈을 만나 "지면에서 토론하기로 합의"했다고 한다. 그래서 변희재가 먼저 글을 쓰고 거기에 우석훈이 화답하는 방식으로 『한겨레』에 실은 게 「20대 당사자 운동과 변희재의 실크세대」이다.

두 글을 읽고 나니, 우석훈이 변희재에게 낚였다는 생각밖에 들지 않는다. "386세대는 가라, 실크세대가 뜬다"는 생뚱맞은 구호가 뭔가 했더니 변희재가 주도한다는 실크로드CEO포럼이라는 단체에서 따온 모양이다. 제목만 봤을 때, 실크세대라고 해서 처음에 나는 머리 허연 노년세대가 뜬다, 이런 말로 착각을 했다. 젊은 놈들 꼴 보기 싫어서 어르신들이 나섰다, 이런 뜻으로 생각했던 것이다. 그런데 그게 아니었다. 변희재가 내세운 세대 명칭부터 할 말을 잃는다.

변희재의 논리에 따르면 지금 88만원 세대가 고생하는 까닭은 오직 386세대 때문이다. 그 원인으로 드는 것이 두 가지인데, 386세대의 공고한 인맥 패거리와 386세대가 벤처창업한 포털이 그것들이다. 변희재는 다른 원인들도 있겠지만 이 원인들이 더 시급하다고 얼버무리며 지나가는데, 그 이유는 '진중권'이라는 세 글자를 통해 흔쾌히 맞춰진다. 두 가지 원인 모두 진중권과 관련이 있다고 변희재 자신이 언급하고 있기 때문이다. 다시 말해서 "전문성도 없는 386세대 지식인" 진중권의 인기가 이 둘 때문에 가능하다고 변희재는 '믿고' 있다. 그전까지는 잘 몰랐는데, 이 글들을 읽어보니 확실히 변희재는 진중권에 대한 강박증이 있는 것 같다. 아마 이런 증상은 진중권의 인기가 치솟으면 치솟을수록 더 심해지지 않을까 싶다. 이거 오래 방치하면 마음에 병이라도 생길 것 같다. 걱정스럽다. "내 귀에 도청장치"가 그냥 나오는 게 아니다. 그런데 안타깝게도 진중권의 인기는 앞으로도 쭉 갈 것 같으니 이만저만 걱정이 아닐 수 없다.

사실 88만원 세대라는 용어는 그 자체로 성립 불가능한 형용모순을 내포하고 있다. 왜냐하면 이 용어는 계급모순으로 설명할 수 없는 것을 세대론으로 해명하려고 하는 개념이기 때문이다. 그래서 계급모순과 세대론이 슬쩍 버무려져 있는 형국이다. 사실 이와 같은 문제는 이 용어를 작명한 저자들도 충분히 공감하고 있었다. 월급 88만원 받는 이들이 분명 20대의 대다수를 차지하겠지만, 그렇다고 그보다 몇 배를 받는 20대가 없다고 할 수 없다. 이건 비정규직이라는 용어의 쓰임법과 비슷하다. 고용형태를 지칭하는 비정규직이라는 개념을 정치적인 용어로 사용했을 때 문제가 발생한다. 연봉 1억을 받는 비정규직도 엄연히 존재할 수 있기 때문이다. 따라서 정규직 대 비정규직이라는 고용형태를 둘러싼 대립구도는 비정규직 문제에 대한 해답을 가질 수 없는 거짓 문제라고 할 수 있다.

변희재는 자신의 문제와 세대의 문제를 혼동하고 있을 뿐만 아니라, 현상의 원인을 엉뚱한 곳으로 돌리는 오류도 범하고 있다. 이런 인식을 가진 인물이 '진보적 소장학자'가 주최하는 모임에 간다는 것도 우습고(사실 주최한 면면을 보면, 어디에서 변희재가 뿌듯하게 언급하는 그 진보성을 읽어낼 수 있는지 모르겠지만), 이걸 '20대 당사자 운동'의 우파버전이라고 띄워주는 우석훈도 좀 그렇다. 결국 변희재나 그 '동료들'이 하겠다는 게 자본축적해서 자본가가 되겠다는 거 아닌가? 이게 과연 88만원 세대 해결을 위한 우파버전이라고 할 수 있나? 한국의 386세대가 정말 '양심적'이지 않아서 한국 자본주의가 이 모양 이 꼴이라고 생각하는 걸까? 한국 자본주의가 스미스주의적 양심을 견지할 수 없는 축적방식으로 발전해왔기 때문에 한국 부르주아계급의 양심은 '공공성'을 확보하지 못했다. 세대론이 도달할 수 있는 여러 경우의 수 중에서도 가장 황량한 종착역을 우석훈과 변희재의 토론이 정확하게 보여주는 것 같다. 변희재가 말하듯이 이 모든 문제의 원인이 386 세대라면 얼마나 좋겠는가?

안타깝지만 변희재가 지금 맡고 있는 역할은 과거 진중권에게 놀림 받던 『조선일보』 이한우 기자의 그것에 견줄 만할 것 같다. 하지만 이한우 기자라면 이 말 듣고 섭섭할 거다. '듣보잡' 변희재는 이한우 기자보다 공부를 하지 않아서 훨씬 '자질'이 떨어지니 말이다. 내가 지도교수라면 대갈통을 쥐어박아서라도 공부를 시켰겠지만 그래도 꼴에 무슨 '회장'이라서 말이나 제대로 들을지 모를 일이다. 실제로 변희재는 우석훈을 이용해서 논지를 펼치려고 했다가 『88만원 세대』 공저자인 박권일의 반론(「88만원 세대론 조선 독우물에 빠지다」)을 받았는데, 이에 한방 먹었다고 생각했는지 분기탱천해서 「88만원 세대론은 계급투쟁용이라 고백한 공저자 박권일」이라는 칼럼을 썼다.

그나저나 이름 옆에다 1974년생이니 이렇게 민중 까는 짓은 안 했으면 좋겠다. 민중 까봤자 변희재나 나나 별 차이가 나지 않는다. 사실은 같은 세대라고 해도 별로 할 말 없다. 그게 세상 이치다. 원래 생물학적으로 한 세대는 25년 정도이다. '세대'라는 말은 '시작'을 뜻하는 그리스어에서 왔다. 하지만 요즘은 이런 생물학적 차원보다 문화적인 차원에서 세대를 나누는 게 보통이다. 학자들 사이에 이견은 있지만 대체로 10년에서 15년 정도 주기로 세대가 바뀐다는 게 통설이다. 사정이 이러니 변희재가 열심히 주창하는 그 '물갈이'는 사실 학문적으로 전혀 근거 없는 나 홀로 개념정립일 뿐이다.

『조선일보』에 연재된 변희재와 그 동료들의 글을 접한 '어른들'의 반응도 신통찮다. 가뜩이나 좁은 시장에 경쟁자들 많아져서 좋을 것 없다는 눈치다. 우리는 당신들보다 어리니 한번 봐주세요, 이런 정서가 통할 거라고 생각하면 오산이다. 88만원 세대론을 폐기하자고 외쳐봤자 좋아할 사람은 20대라기보다 보수언론이나 대기업이다. 취직하지 말고 창업하라고 하니, 마음대로 해고할 수 있어서 좋고, 청년실업이 눈덩이처럼 늘어나도 고용 같은 거 확대하지 않아도 되고, 이래저래 인건비 팍팍 줄이고 생산비 낮춰 시장 경쟁력 강화하고, 여하튼 '있는 어른들'이라면 쌍수를 들고 환영할 얘기를 우리 변희재가 해주고 있는 거다. 이런 걸 요즘 20대가 모를 줄 아나 보다. 변희재가 얼마나 허황한 이야기를 하는지를 누구보다도 20대들이 잘 알고 있다. 이게 21세기 한국 사회를 살아가는 20대의 장점이자 단점이다.

부모 잘 만난 20대야 변희재 얘기가 자기한테 해당사항이 없으니 관심 없을 테고, 부모 못 만난 20대는 하루 살기 바빠서 이런 얘기에 관심을 가질 여유가 없다. 오히려 후자는 변희재보다 학벌은 딸릴지 몰라도 무식하진 않다. 사실 한국에서 좌파나 우파나 공히 빠지는 함정이 이것이다. 지식인은 대중보다 낫다는 암묵적 편견을 그대로 믿는 것이다. 미네르바의 신분을 검찰이 자랑스럽게 공개한 거나, 이를 두고 '속았다'고 입을 모아 외친 보수언론의 행태가 이를 잘 보여준다. 좌파라고 해서 나을 건 없다. 어쨌든 뭔가 대중에게 가르침을 줘야 한다고 생각하는 믿음이 '지식인'에게 스며들어 있다.

감히 『조선일보』에 칼럼을 쓰는 변희재인데, 진중권보다 대중들이 더 신뢰하지 않아서 억울할지도 모르겠다. 『조선일보』에 칼럼을 쓰는 게 변희재의 인생 목표라면 훨씬 낫겠다. 수전 손택의 꿈처럼 말이다. 하지만 『조선일보』는 『뉴욕타임스』가 아니다. 그리고 손택은 독자

2009년 1월 16일 진중권과 변희재는 야후코리아가 주최한 '끝장토론: 미네르바를 말한다!'에서 설전을 벌였다. 한국경제신문 최진순 기자의 사회로 진행되고 온라인(야후미디어)을 통해서 생중계된 이 토론회는 동시접속자 1만 명, 댓글 1만 건을 기록하는 등 많은 사람들의 이목을 집중시켰다. 토론회 내내 두 사람은 치열한 신경전을 벌이기도 했다.

5백 명이면 족하다고 했는데, 변희재는 그보다 꿈이 커서 문제다. 여하튼 변희재와 그 일당에게서 발견할 수 있는 공통 코드는 '무능'이다. 이건 요즘 이명박 정부에 대한 '국민'의 판단과 어슷비슷하다. 이들은 스스로 무덤을 파고 있는 것이라고 할 수 있다.

문제는 자질이라기보다 조건인데 이걸 잘 모르는 것 같다. 이병철과 정주영이 '변희재와 좋은 친구들'의 나이 때에 뭘 했는지 한번 생각해보자. 그 나이에 아직도 '창업 중'이라면 누가 이들을 훌륭한 세대라고 말해주겠는가. 뭔가 보여준 뒤에 우리처럼 해라고 말하는 게 순서인 것 같은데, 아무 것도 한 일도 없이 "나를 따르라"고 하니 20대들이 웃을 수밖에. 변희재는 칼럼 말미에 "자신 없으면 20대 필자들을 우리 한테 넘겨라. 시장성을 조사한 뒤 책을 내줄 테니 말이다"고 했는데, 우스울 뿐이다. 한마디로 "너나 잘하세요" 되겠다.

자신들이나 좀 '시장성 조사'를 해보라는 생각이 드는 게 사실이다. 시장이 자기들 것이라도 되는 모양이다. 가라타니 고진이 말하듯이, 시장은 부르주아도 목숨을 거는 백척간두의 절벽이다. 경력도 미미한 '어린애들'이 이런 소리를 하고 있으니 '어른들' 눈에 어떻게 보이겠는가. 이런 상황에서 『조선일보』마저 버린다면 변희재의 가치는 끝이다. 정치적 감각이 조금이라도 있는 변희재가 이걸 모를 리가 없다. 그래서 이 칼럼의 결론은 박권일과 『한겨레』, 말하자면 '개혁진보 세력'의 독자에게 향하고 있다. 이렇게 말이다.

박권일과 한겨레신문이 세대론의 선구자 우석훈의 격려 한마디에 대체 왜 이렇게 다들 신경질적으로 나오는지 이해할 수가 없다. 실크세대론은 청년창업을 위한 것이고, 그 과정에서 언론를 휘어잡고 젊은 세대를 지배하겠다는 무능한 소수의 권력형 386을 비판했다. 386세대들이 자신들의 힘을 과시하며 그토록 아랫세대를 조롱할 때는 입도 열지 않고, 88만원 세대론으로 정치적 선동할 때도 가만있다가, 당사자들이 창업 좀 해보려니까 싹을 자르겠다는 자세로 속속 튀어나오고 있다. 386세대, 88만원 세대론자, 그리고 한겨레 등 진보좌파 신문에 묻는다. 실크세대들이 창업하면 안 되나? 실크세대들이 아시아대중문화 네트워크를 건설하면 안 되나? 실크세대들이 좌파들이 환호하는 미국의 오바마 세대와 손을 잡으면 안 되나? 실크세대들이 대기업 취업중심의 경제구조를 청년 창업형으로 바꾸면 안 되나? 실크세대들이 청년창업 방해의 주범 포털을 옹호하는 정치꾼 386 지식인들을 비판하면 안 되나? 실크세대론이 뜨면 좌파는 몰락하는가? 스스로 방문 걸어 잠그고 자문자답해보기 바란다.

얼굴에 미소를 머금지 않을 수 없다. 나는 당신들한테 '적'이 아닌데 왜 이런 취급을 하는지 모르겠다는 '투정'이 여기에 묻어 있다. 변희재는 아직도 자신이 공정한 중립적 지식인이라고 믿는 것이다. 보수언론과 진보좌파언론 중간에서 심판 역할을 하겠다는 게 변희재의 속셈인 것 같다. 하지만 현실정치는 축구경기가 아니다. 유시민의 말로가 말해주는 게 바로 이것이다.

여러 댓글이 『레디앙』에 실린 박권일의 글에 많이 달렸지만, 그 글의 주장은 이렇다. 88만원 세대론과 실크세대론의 대립이 실제로 세대론의 대결이 아니라 계급 담론과 부르주아 담론의 차이라는 사실을 박권일은 폭로했다. 이제 '계급'을 말하지 않고 두 세대론의 차이를 논할 수 없는 상황이 만들어진 것이다. 88만원 세대론이 세대가 아니라 계급에 대해 말했다고, 그렇게 공저자 중 한 명이 '자백'했다고 『조선일보』 독자들에게 일러바치고 있지만, 변희재 자신 또한 마찬가지 '고백'을 하고 있다는 걸 모르는 것 같다. 이런 구절 말이다.

실크세대론은 계급을 다루지 않고 있다. 밑바닥에서 창업으로 올라온 실크세대이든, 대기업을 물려받은 3세와 4세든, 동등한 기업가의 입장에서 서로 협력해 청년창업 붐을 이루고 세계로 진출하자는 담론이다. 반대로 이야기하자면 계급투쟁론을 절대 선으로 삼는 정통적 좌파의 논리에 대해서는 처음부터 관심이 없었던 것이다.

한마디로 자본주의 원리에 무지하기 이를 데 없는 발언이다. 세상에, 변희재는 '동등한 기업가'가 자본주의 사회에서 존재할 수 있다고 믿는 것이다! 부르주아 경제학조차도 이런 유토피아가 불가능하다고 보기 때문에 여러 가지 대안정책을 내놓는 게 엄연한 현실이다. 좌파는 계급투쟁을 절대 선으로 삼지 않는다. 계급이 문제라고 생각하기 때문에 사회주의니 공산주의를 주창했던 것이다. 계급을 없애는 게 좌파의 최종 목적인데, 변희재는 무슨 소리를 늘어놓는 것일까.

오히려 계급을 신분이나 자질의 문제로 귀속시키는 게 부르주아 사상의 핵심이다. 이렇게 기초가 없어서 어떻게 20대들을 설득할 수 있을까. "88만원 세대론은 계급투쟁론이래요"라고 떠들면 떠들수록 변희재의 입지는 지만원 쪽으로 이동할 수밖에 없다. 변희재한테 미안한 말이지만, 앞으로 상황은 호락호락하지 않을 것이다. 거의 1920년대 공황에 준하는 경제침체가 세계적으로 확산되고 있는 이 마당에 창업은 죽고 계급이 뜰 수밖에 없는 조건이 도래하고 있기 때문이다. 계급이 뭔지, 세대가 뭔지도 모르는 '비전문가'도 칼럼을 쓸 수 있는 『조선일보』를 열심히 읽는다면 망하기 십상인 세상이 오고 있다. 정신 바짝 차려라. 이제부터 내리막이다. 스릴은 눈을 똑바로 뜨고 있는 사람만이 즐길 수 있다.

변희재의 주장에 담긴 문제점은 한국 사회를 지배하는 '자질론'과 관련 있다. 변희재의 주장은 한마디로 "20대여 꿈을 크게 가져라"

이고 "우리가 그 꿈을 키워주겠다" 이런 얘기다. 여기에서 진중권은 변희재에게 자기 앞가림이나 하라고 충고했고, 한윤형은 변희재의 꿈을 20대가 가질 필요가 없다고 반박했다. 진중권도 지적하고 있지만, 자본주의 사회가 그렇게 호락호락하지 않다. 변희재가 아무리 "우리는 20대 청년실업을 해결할 묘책이 있다"고 떠들어도 본인들이 자본주의 사회의 승자가 아니라면 공염불일 뿐이다.

삼성경제연구소가 왜 대한민국 최고의 연구소겠는가? 그건 '삼성'이기 때문이다. 변희재가 아무리 '변희재경제연구소'를 만들어봤자 씨알이 먹히지 않는다는 말이다. 누가 변희재 따위에게 컨설팅을 받으려고 하겠는가. 이게 바로 한국 사회를 지배하는 공리계이다. 지금 변희재는 이런 공리계와 야합해서 20대 문제를 해결해보겠다고 총대를 메고 있는 것이다. 그리고 많은 '전문가들'이 이런 돈키호테 식 발상을 실현불가능하다고 진단하고 있는 게 현재 상황이다. 이런 공리계를 떠받치고 있는 가설이 바로 20대 자질론이다. 언제부터인가 한국 사회는 좌우파를 막론하고 20대를 '무능한 세대'로 낙인 찍어버렸는데, 여기에 대한 반발이 바로 『88만원 세대』라고 할 수 있다. 엄밀히 말하자면 88만원 세대론은 최근 한국 사회에서 벌어지고 있는 '특수한 상황'에 대한 분석을 제시했다. 말하자면 과거의 계급론만을 가지고 설명할 수 없는 세대간 착취라는 새로운 화두를 던진 것이 『88만원 세대』의 핵심이라고 볼 수 있는 거다.

88만원 세대론은 이런 맥락에서 일찌감치 세대론을 만들어내고 활용해온 보수언론의 담론지형에 개입해서 논의의 주도권을 일시에 바꿔놓는 효과를 발휘했다. 합리적 우파까지도 설득시키자는 이 책의

등록금 1천만 원 시대를 연 2008년 1학기를 기준으로, 전국 4년제 국공립 대학과 사립대학의 평균 등록금 인상률은 이전 학기 대비 각각 8.6%와 6.7%였다. 당시 물가상승률인 4.3%의 2배에 가까웠던 수치였다. 또한 정부의 학자금 대출금리도 역대 최고를 기록했는데 시중 은행의 대출상품 금리 7%보다 높은 7.8%였다. 바로 이것이 비정규직 9백만 시대를 살아가는 대학생들이 직면한 현실이었다(위 사진은 2008년 7월 15일 정부중앙청사 앞에서 학자금 대출 금리 인하를 촉구한 '등록금 대책을 위한 시민·사회단체 전국 네트워크'의 시위 모습이다).

취지는 그런 면에서 훌륭하게 이뤄진 셈이다. 그러나 88만원 세대론이 '88만원 세대'라는 개념의 유행만큼 독자들에게 적절하게 자신의 문제의식을 전달했다고 보기는 어렵다. 그 까닭은 여러 가지겠지만, 우파까지 설득하겠다는 그 포부가 우파 세대론의 핵심이라고 할 '자질론'에 대한 문제의식을 약화시켰기 때문에 그런 게 아닌가 싶다.

『88만원 세대』를 진짜 88만원 세대들은 정작 잘 읽지 않는다는 박권일의 '반성'은 그런 면에서 새겨들을 만하다. 어른들은 아랫세대에게 '고유하거나 탁월한 능력'을 내놓을 것을 항상 요구하는데, 이런 기준에서 봤을 때 20대들은 '자질'이 없다는 편견이 대세인 것이다.

20대들과 달리 10대들을 공동체에서 제 몫을 다하는 고유하고 탁월한 능력을 갖고 있는 존재로 이미지화하는 게 지금 한국 사회의 문화 현상이기도 하다. 김연아나 박태환은 이를 위해 탄생한 아이콘이다. 이런 상황에서 88만원 세대론은 20대들을 무능하다고 질타하는 그 담론의 허구성을 까발리는 주장이었던 셈이다.

그런데 여기에 변희재가 반발하고 나서서 실크세대론이라는 걸 들고 나왔다. 88만원 세대론을 패배주의로 단정하면서 '우리 20대들'은 무한한 '능력'을 가졌다고 주장하면서 말이다. 얼핏 들으면 혈기방장한 청년의 자기선언처럼 들리지만, 변희재의 주장은 지금 보수언론과 자신이 그토록 싫어하는 '386세대'가 만들어놓은 프레임에 갇혀 있는 꼴에 지나지 않는다. "20대들은 능력이 없어"라는 주장에 "아니, 우리 능력 있거등"이라고 반응하는 건 결국 그 게임의 룰을 인정한다는 뜻이다. 불리한 게임의 룰을 받아들이면 도대체 누가 이길까. 당연히 강한 자가 이긴다.

따라서 불평등한 게임의 룰을 비판하고 그것을 바꿔야 하는 게 먼저이다. 변희재도 여기에 대해 생각하지 않는 건 아니다. 불리한 게임의 룰을 만든 장본인을 386세대라고 몰아 부치면서 그 대표주자로 진중권을 지목하고 있기 때문이다. 그런데 그 논리 또한 '자질론'의 틀 안에서 뱅뱅 돌고 있는 걸 어쩌겠는가. "능력도 없는 비전문가"라고 진중권과 386세대를 공격하는 걸 보면 그걸 알 수 있다. 그러면 사람들이 이렇게 물을 수밖에 없다. 그럼 너희들이 능력 있다는 걸 증명해 봐. 그래서 변희재는 주절주절 자신들의 능력을 증명하기 위한 증거를 들이대고 있는 것이다. 그러면 이 상황에서 판단은 누가 할까. 능력을 중명해보라고 요구하는 쪽에서 하게 마련이다. 이게 담론의 헤게모니 투쟁을 지배하는 법칙이다. 변희재가 얼마나 잘못 가고 있는지 이 정도면 대충 짐작이 갈 것이다.

변희재에 대한 비판은 변희재를 살릴 마지막 동아줄이다. 이건 『조선일보』처럼 썩은 동아줄이 아니다. 그 '탁월한' 『조선일보』가 변희재의 논리에 감동해서 지면을 주는 건 아닐 것이다. 뭔가 능력을 보여주기를 그들도 바라고 있다. 이를 충족시키지 못한다면 변희재의 미래도 불투명하다. 제 앞가림하기도 힘든 상황이라고 하겠다.

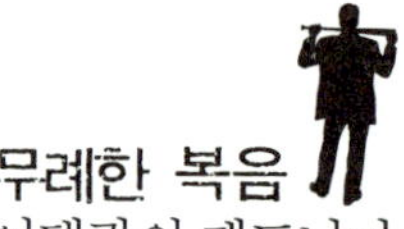

무례한 복음
이택광의 쾌도난마 한국문화 2008~2009
Copyright ⓒ 2009 이택광

초판 1쇄 발행 | 2009년 7월 24일
초판 2쇄 발행 | 2009년 9월 21일

지은이 | 이택광
편 집 | 이재원, 홍원기
마케팅 | 인현주
표 지 | Studio bemine
본 문 | 박은정, 서영심

펴낸곳 | 도서출판 난장 · 등록번호 제307-2007-34호
펴낸이 | 이재원
기 획 | 김남시, 김상운, 양창렬, 이현우
주 소 | (121-841) 서울시 마포구 서교동 458-15 하이뷰오피스텔 501호
연락처 | (전화) 02-334-7485 (팩스) 02-334-7486
블로그 | blog.naver.com/virilio73
이메일 | nanjang07@naver.com

책값은 뒤표지에 있습니다. 잘못 만들어진 책은 구입하신 서점에서 바꿔드립니다.
ISBN 978-89-961268-4-3 03300

이 도서의 국립중앙도서관 출판시도서목록(CIP)은
e-CIP 홈페이지(http://www.nl.go.kr/ecip)에서 이용하실 수 있습니다.
(CIP제어번호: CIP2009001323)